绍兴市社科特色智库成果

乡村振兴战略下的
产业发展与机制创新研究

袁建伟　曾　红　蔡　彦　钱国玲　著

浙江工商大学出版社
ZHEJIANG GONGSHANG UNIVERSITY PRESS
·杭州·

图书在版编目(CIP)数据

乡村振兴战略下的产业发展与机制创新研究 /
袁建伟等著. —杭州:浙江工商大学出版社,2020.3
(2022.9重印)
ISBN 978-7-5178-3363-5

Ⅰ.①乡… Ⅱ.①袁… Ⅲ.①农村经济—产业发
展—研究—中国 Ⅳ.①F323

中国版本图书馆 CIP 数据核字(2020)第017766号

乡村振兴战略下的产业发展与机制创新研究
XIANGCUN ZHENXING ZHANLUEXIA DE CHANYE FAZHAN
YU JIZHI CHUANGXIN YANJIU

袁建伟 曾 红 蔡 彦 钱国玲 著

责任编辑	唐 红
封面设计	王 辉
出版发行	浙江工商大学出版社
	(杭州市教工路198号 邮政编码310012)
	(E-mail:zjgsupress@163.com)
	(网址:http://www.zjgsupress.com)
	电话:0571-88904980,88831806(传真)
排 版	杭州朝曦图文设计有限公司
印 刷	浙江全能工艺美术印刷有限公司
开 本	710mm×1000mm 1/16
印 张	18.75
字 数	226千
版 印 次	2020年3月第1版 2022年9月第2次印刷
书 号	ISBN 978-7-5178-3363-5
定 价	68.00元

前　言

党的十九大报告提出,在全国范围内实施乡村振兴战略,为新时代乡村经济和社会发展确定了目标导向,更为乡村治理能力和治理体系现代化提出了新的要求。乡村振兴既包括经济、社会和文化振兴,又包括治理体系创新和生态文明进步,是一个全面振兴的综合概念。由此可见,提升乡村治理能力,建立健全"三治结合"的乡村治理体系是乡村振兴战略内涵的重要组成部分。乡村法治建设本质上是指在现代法治理念的指导下,利用本土资源,解决本土问题,即在中国共产党的领导下,依据宪法及相关法律法规、村规民约,多元主体平等协商、共同参与、协同处理乡村公共事务,并使乡村治理程序化、规范化、制度化的动态过程。乡村治理法治化,既是国家治理体系和治理能力现代化的必然要求和主要内核,也是全国推进依法治国建设的精神实质。

习近平总书记指出,产业兴旺是解决农村一切问题的前提。党的十九大报告提出要坚持农业农村优先发展,按照产业兴旺、生态宜居、乡风文明、治理有效、生活富裕的总要求,建立健全城乡融合发展体制机制和政策体系,加快推进农业农村现代化。产业兴则乡村兴。在乡村振兴的20字总要求中,产业兴旺居于首位。绿色农业代表着我国农业发展的方向。农村电商、农业物联网、智慧农业、乡村综合体等新模式、新业态不断涌现,为绿色农业发展创造了有利条件。推进产业结构变革,用绿色产业带动提质增效。多样化、个性化、差异化、优质化、品牌化的绿色农产品满足消费需求升级的市场化需求。

以农业大数据为核心推进发展农业互联网与农村电商。利用互联网对农产品上行与工业品下行以及农业服务供应链进行改造，实现农业产业机制与商业模式创新。生鲜电商的兴起与发展，很好地见证了农产品消费升级与电商产业以及物流产业的融合发展。休闲农业和乡村旅游是农村一、二、三产业发展的天然融合体，产业链长、涉及面广、内涵丰富。发展休闲农业和乡村旅游，可以发掘农业多种功能，促进一、二、三产业融合发展，让乡村资源优势变为经济优势。乡村旅游的现代管理模式和商业模式创新机制理念，有利于青山绿水新农村的建设与发展，提升人民生活水平。

发展数字农业科技，需要政府、相关研究机构、学者及农业信息科技企业的共同努力。政府应加强引导，制定相关的政策、规范，加大资金投入，尤其是加大对农业信息科技企业的补贴力度，促进创新发展、技术落地；相关研究机构应加强人才队伍的建设，将自己的经验、方法以适宜的方式传递给相应的农业从业人员，将传统的农业耕作知识变成数字化、数据化产品，为未来的智慧农业发展奠定基础。以市场化为思考逻辑，农业信息科技类企业需要深入一线，以农户为核心服务客户，思考如何帮助农户更好地发展，解决农户的根本问题，农业信息科技的发展重点在于落地。

本书的研究与写作一直得到绍兴市社会科学联合会、绍兴市社会科学院领导的学术指导与鼓励支持，是绍兴市新型智库建设的阶段性成果。本书也得到了绍兴文理学院商学院领导的学术支持与帮助。在此深表感谢。

袁建伟

2019 年 8 月 26 日

目 录

第1章 乡村振兴战略背景下乡村法治建设研究

　　1.1　乡村治理法治化建设实施背景　　004

　　1.2　乡村法治文化建设　　009

　　1.3　乡村立法建设　　012

第2章 多元目标导向下的乡村治理体系创新

　　2.1　多元目标管理的理论基础　　024

　　2.2　政府目标管理的实践成效　　027

　　2.3　目标管理在公共行政管理中应用的现实困境　　032

　　2.4　目标管理：乡村治理体系创新的基础　　036

　　2.5　乡村治理目标管理体系的创建　　039

第3章 乡村振兴战略、行动与成效

　　3.1　认识乡村战略　　045

　　3.2　乡村振兴在行动　　055

　　3.3　乡村振兴成效　　107

第 4 章　物联网在农业农村的应用现状及未来趋势

——透析数字农业生产力

4.1　概述　　131

4.2　数字农业生产力分层模型　　133

4.3　数字农业生产力分层模型解读　　134

4.4　数字农业应用现状　　144

4.5　数字农业未来趋势　　157

4.6　小结　　160

第 5 章　生鲜电商平台商业模式研究

5.1　生鲜电商模式与发展研究　　165

5.2　消费升级促使生鲜电商产业飞速发展　　176

5.3　生鲜电商行业的四大发展阶段　　178

5.4　生鲜电商商业模式的三次变革　　180

5.5　生鲜电商产业经营壁垒　　185

5.6　季节性、区域性生鲜成为各平台争相加入的领域　　192

5.7　基于现阶段主流生鲜电商平台的分析　　196

5.8　总结　　215

第 6 章　乡村旅游

6.1　休闲农业和乡村旅游属性　　224

6.2　乡村旅游　　228

6.3　乡村旅游作用　　237

6.4　民宿　　240

6.5　推动民宿建设是乡村旅游的关键　　252

6.6　民宿设计与建造　　261

6.7　民宿经营　　　　　　　　　　　　　　　　　　267

6.8　旅游风情小镇　　　　　　　　　　　　　　　273

6.9　乡村旅游案例——滕头村、西塘、画乡　　　276

第1章

乡村振兴战略背景下乡村法治建设研究

　　乡村治理被重新重视,既是当下实施乡村振兴战略的必然要求,也是新时代我国乡村经济社会结构发生的深刻变化,一定程度上导致传统治理方式失效,从而急需构建与之相适应的治理体系的现实需要。党的十九大报告提出,在全国范围内实施乡村振兴战略,为新时代乡村经济和社会发展确定了目标导向,更为乡村治理能力和治理体系现代化提出了新的要求。"乡村振兴既包括经济、社会和文化振兴,又包括治理体系创新和生态文明进步,是一个全面振兴的综合概念"。由此可见,提升乡村治理能力,建立健全"三治结合"的乡村治理体系是乡村振兴战略内涵的重要组成部分。2018年中央1号文件把"治理有效"作为乡村振兴的基础,是对当下乡村社会治理过程中出现的种种问题,以及由此导致的社会不稳定因素大量增加的社会现实的制度回应。

　　国以农为本,国治以农治为先。故乡村振兴战略是书写民族复兴大计的首要篇章,完善乡村治理是实现国家善治的基石,法治乡村建设是法治中国建设的重要阵地。因此,中共中央于2014年通过《关于全面推进依法治国若干重大问题的决定》,提出:"全面推进依法治国,基础在基层,工作重点在基层。"党的十九大提出,到2035年,基本建成"法治国家、法治政府、法治社会""加强农村基层基础工作,健全自治、法治、德治相结合的乡村治理体系"。2018年,中共中央、国务院《关于实施乡村振兴战略的意见》提出:"实施乡村振兴战略,是决胜全面建成小康社会、全面建设社会主义现代化国家的重大历史任务,是新时代'三农'工作的总抓手。""乡村振兴,治理有效是基础",乡村法治建设是关键。

乡村法治建设本质上是指在现代法治理念的指导下,利用本土资源,解决本土问题,即在中国共产党的领导下,依据宪法及相关法律法规、村规民约,多元主体平等协商、共同参与、协同处理乡村公共事务,并使乡村治理程序化、规范化、制度化的动态过程。乡村治理法治化,既是国家治理体系和治理能力现代化的必然要求和主要内核,也是全国推进依法治国建设的精神实质。我国要建设怎样的法治乡村? 2019年6月,司法部在浙江省宁波市宁海县召开的全国法治乡村建设工作会议上给出了答案,即"我们要建设的法治乡村,是人人遵法守法,事事找法用法,干部带头依法办事的乡村;是有最高的安全感、最低的违法犯罪率,小事不出村、大事不出乡、矛盾不上交的乡村;是法治可信赖、权利可保障、义务须履行、道德应遵守,乡风文明、治理有效的乡村"。会议还提出,"到2022年,经过3年奋斗,努力实现"两完善三提高",即涉农法律制度更加完善、乡村公共法律服务更加完善,农村执法质量明显提高、干部群众遵法学法守法用法的自觉性明显提高,乡村治理法治化水平明显提高"。

1.1　乡村治理法治化建设实施背景

1.1.1　乡村治理格局发生历史性变革

随着乡村社会城镇化、市场化、工业化建设的不断推进,原有相对自足、闭塞、静止的乡村社会发生了急剧变化,这必然要求及时更新治理理念和治理模式。乡村治理基础出现全面而深刻的变革,主要表现为以下几个方面。

(1)经济方面

生产力发生变革。随着农村工业化、自动化、城镇化建设向纵深发展,传统耕种模式发生改变,统一耕种、统一施肥、统一灌溉、统一喷洒农药等大农业的集约化发展取代了小块经营模式。农村剩余劳动力转移可能造成的土地闲置问题,引发人们采取积极措施改变治理模式,出现了包括"三权分置"在内的多个土地改革措施,以支持土地转包、转租和经营权流转。"截至 2016 年 6 月,全国 2.3 亿流转土地的农户超过了 7000 万人,比例超过 30%,东部沿海发达省份农民转移多的地区这一比例更高,超过 50%。"①土地等生产要素的流转也带来了大量的矛盾纠纷。矛盾纠纷的解决,对农村治理现代化提出了新的诉求。

生产关系等待变革。在实施"三权分置"之前,我国在农村广泛实行家庭联产承包责任制——即"二权分置"(将土地所有权与土地承包经营权分设,土地所有权归农民集体所有,承包经营权归农户所有)。改革开放之初,家庭联产承包责任制极大地调动了农民的积极性,取得了重大成果,有效解决了亿万民众的温饱问题。如前所述,新时代农村生产力各要素发生变革,农村劳动力大量转移,作为重要生产力要素的土地出现撂荒现象,盘活土地资源势在必行。因此,国家进一步深化土地制度改革,顺应农民意愿,进一步将土地承包经营权分为承包权和经营权,实行所有权、承包权、经营权分置并行,是继家庭联产承包责任制之后农村生产关系的又一重大变革。中国社会科学院金融研究所 2016 年发布的《土地蓝皮书:中国农村土地市场发

---

① 张恒.土地流转变革的财富之手[N].经济观察报,2017-09-30.

展报告(2015—2016)》显示,1996 年中国只有 2.6% 的农地发生流转,2004 年流转比例提高到 10.5%,2013 年进一步提高到 25.7%,到 2014 年这一数据达 30.4%。[①]农业部农村经济体制与经营管理司司长张红宇接受经济观察报采访时说,截至 2016 年年底,土地经营权流转的面积达到 4.7 亿亩,占整个二轮承包面积的 35.1%。[②]中共中央办公厅、国务院办公厅公布的《关于完善农村土地所有权承包权经营权分置办法的意见》(以下简称《意见》)的核心,被农业部部长韩长赋定性为继家庭联产承包责任制后农村改革又一重大制度创新、中央关于农村土地问题出台的又一重大政策。

农村市场化、工业化、信息化、商业化、产业化的繁荣发展,改变了几千年来农村以农业为主的经济发展方式,新经济形态、新经济发展规律要求乡村治理适应农村现代化要求,法治化是现代化的题中之意。治理现代化的关键是法治化。促进农村一、二、三产业融合发展,培育农村经济发展新动能。

(2)政治方面

乡村政治有广义、狭义之分。广义上,乡村政治不仅包括维持乡村社会秩序的一种组织、权力结构和制度安排,还包括附着在乡村公共事务上的人与人之间的社会关系所形成的影响力和支配力。"它不仅涉及国家层面的政治权力和国家正式组织机构及体制在乡村社会的反映,还包括传统乡村社会中文化权力、道德规范等一种宽泛意义上的社会权力,依靠这种权力来处理乡村公共事务和维持公共秩序"[③]。狭义上,乡村政治仅包括维持乡村社会秩序的一种组织、权力结构和制度安排。乡村政治不同于国家政治。历史上很长的一段时期,乡村政治似乎与制度安排、组织结构、计划等这些概念相去甚远。

---

①② 张恒.土地流转变革的财富之手[N].经济观察报,2017-09-30.
③ 夏国锋.现代国家建构与近代中国乡村政治变迁[J].襄樊学院学报,2012(3):17-24.

因为,在中国传统社会乡村秩序的维系,更多地依靠礼俗而非制度建构。中华人民共和国成立后,乡村社会呈现的已经不再是相对封闭、一元、静止的政治图景,在社会主义市场经济的推动下,在旧有传统礼俗与新型国家政治的互构中,形成了一种新的乡村政治样态。随着乡村市场化、城镇化的推进,乡村社会利益分化日益严重,在农民、居民之间形成多元利益诉求,致使中国乡村传统的"差序格局"逐渐解体。民众的多元利益诉求需要表达,且表达渠道需畅通,这就迫切需要组织、机制对农民的这些需求做出回应,从而推动乡村政治结构变革。新时期,乡村政治从世俗礼法和"集权式乡村动员体制"中部分解放出来,村民自治成为乡村社会最为基本的治理方式,国家对农民权利承认和保护的制度性承诺,也使农村组织的政治化进程得以展开。

(3)文化方面

在传统乡村社会,"以农立国的理念所导致的结构松动受阻、人地关系紧张所形成和强化的家本位小农经济、以地为生的地权结构和以村而治的乡村治理,共同造就了一种'人不离土'的经济形态以及与之相对应的特定文化与价值观念"①。因此,在过去"没有国家权力的下乡,没有外在力量的嵌入,社会很少流动与迁移,具有共同的身份或共同的目的"②的情况下,"形成了以人伦次序为基础的差序格局、以'家本位'为核心的'熟人社会'、以'礼治秩序'为代表的传统文化价值规范,共同遵守着村庄社会共同体中百年难易的一元化权威伦理。在'君君臣臣父父子子'的'礼治秩序'中,乡村必然是一个身份等级的社会而不是权利平等的社会,是一个由少数乡绅统治且在

---

① 刘守英,王一鸽. 从乡土中国到城乡中国:中国转型的乡村变迁视角[J]. 管理世界,2018(10):128-146.

② 陈文胜. 城镇化进程中乡村文化观念的变迁[J]. 湘潭大学学报(哲学社会科学版),2019(4):109-113.

价值观上占据支配地位的社会,无疑不是一个价值多元的社会"①。

改革开放40年来,随着市场化、工业化、信息化、城镇化步伐的加快,乡村社会传统秩序被打破,乡土文化价值取向走向多元,在外来文化的冲击下,乡村文化碎片化瓦解:"充满诗情画意的田园风光被喧嚣和紧张的城市气氛所代替,进城期望与生存状况的冲突、乡村记忆与城市体验的冲突造成身份认同的迷茫与困惑。"②

1.1.2 实施乡村振兴战略

党的十九大报告提出,在全国范围内实施乡村振兴战略,要"坚持农业农村优先发展,按照产业兴旺、生态宜居、乡风文明、治理有效、生活富裕的总要求,建立健全城乡融合发展体制机制和政策体系,加快推进农业农村现代化"。"加强农村基层基础工作,健全自治、法治、德治相结合的乡村治理体系"。2018年《中共中央、国务院关于实施乡村振兴战略的意见》首次明确提出"建设法治乡村"。从以下几个方面对建设法治乡村提出要求:一、树立依法治理理念,强化法律在维护农民权益、规范市场运行、农业支持保护、生态环境治理、化解农村社会矛盾等方面的权威地位;二、提高基层干部的法律思维,增强乡村干部法治为民意识,将基层政府各项工作纳入法治化轨道;三、深入推进基础综合行政执法改革,整合执法队伍、下沉执法力量,提高执法能力,创新监管方式;四、建立健全基层矛盾纠纷处理机制,实现调解、仲裁、司法协调处理多元化解;五、加大普法宣传力度,引导广大农民增强法律意识、提高法律素养;六、健全基层法律服务体系,做好法律援助和司法救助。此后,各地开始落实中央决策,多地颁发

---

① 陈文胜.城镇化进程中乡村文化观念的变迁[J].湘潭大学学报(哲学社会科学版),2019(4):109-113.

② 杨同卫,苏永刚.论城镇化过程中乡村记忆的保护与保存[J].山东社会科学,2014(1):68-71.

关于在实施乡村振兴战略中加强基层法治建设的指导意见。乡村是我们国家的重要组成部分,从户籍制度看,我国有9亿农民,农村人口占据我国总人口的绝大多数。可以说乡村振兴是国家复兴的重要一环。如果没有法治乡村,法治中国就不完整。而要想实现乡村振兴,就必须建设法治乡村,必须做好乡村治理法治化建设,发挥法治在乡村的作用,就必须在建设法治乡村的过程之中注重法治文化的建设。

1.2　乡村法治文化建设

　　法治乡村是法治中国建设的基础。法治建设观念先行,因此法治文化建设是法治建设的关键一环。党的十九大报告指出:"加大全民普法力度,建设社会主义法治文化,树立宪法法律至上、法律面前人人平等的法治理念。"可见,法治文化建设在法治国家建设中起到关键作用。要推进乡村治理法治化进程,需要发挥乡村法治文化的作用。然而由于乡村法治化建设中不免出现对传统乡村礼法治理的超越,以及在很多地方家族意识、礼法观念依然浓厚,它们在一定程度上束缚了法治调解人民关系、协调解决基础矛盾的手脚,阻碍了法治乡村建设。

　　乡村治理法治化建设,就是要逐渐增加乡村治理体系中的法治要素,减少与法治要求不相符的地方,建立起有法治保障的现代治理机制,确保乡村社会和谐有序。这一目标的实现,需要国家制度的完善,以及乡村法治文化的建立健全。法治文化是指基于特定历史条件下而产生的与文化相关的法治要素,包括法律制度以及人们对于法治现象的心理、情感、态度、习惯、价值、信念、精神等。[①]法治文化作为一种文化资源,形成于人类漫长的法律实践活动之中,并得到人

---

① 刘永红,颜杨. 乡村法治文化建设的困境与路径探究[J]. 西华师范大学学报(哲学社会科学版),2018(6):94-99.

们的普遍认同,其本身包含着教育和引导的功能。①在乡村法治化建设中,我们不能只重视制度建设,忽视法治文化建设。"法治文化作为一种软实力,能为法治乡村的建设提供不竭的动力,缺乏法治文化,法治乡村的建设将会空有法治之躯而无法治之魂。"②

概括起来,乡村法治文化建设具有如下三个方面的现实意义:一、有利于维护乡村社会秩序。社会上存在一些错误意识,认为法律知识武装"刁民",农民权利意识的增加容易导致乡村社会的失序;认为稳定、有序意味着应尽量避免矛盾、避免可能致使矛盾产生的各因素,而被法律思维、法律意识、法律知识武装的个人容易成为那个应该被消灭的不稳定因素。而根据马克思主义哲学的发展观点,矛盾是推动事物发展的根本动力,矛盾的同一性与斗争性在事物发展中都起着重要作用。矛盾的斗争性在事物发展中的作用主要表现在:第一,在事物量变过程中,斗争推动矛盾双方的力量对比和相互关系发生变化,为质变做准备;第二,在事物质变过程中,斗争突破事物存在的限度,促成矛盾的转化,实现事物的质变。矛盾是事物内部包含的既对立又统一的关系。人类社会之所以存在矛盾纠纷,在于相对于人的物质精神需求来说社会资源和社会供给的稀缺性。在资源稀缺的前提下,人的理性有限与德性不足将直接产生纠纷。基层是人们生产生活实践和相互交往互动的基本依托和重要场域,因而也是社会冲突或矛盾产生演化的主要场所。社会矛盾通常源自基层、始于基层,并在基层社会中不断强化和逐渐扩展。目前,我国处于社会急剧转型时期,面临着市场化、工业化、城镇化、现代化等一系列社会

---

① 刘永红,颜杨.乡村法治文化建设的困境与路径探究[J].西华师范大学学报(哲学社会科学版),2018(6):94-99.

② 刘永红,颜杨.乡村法治文化建设的困境与路径探究[J].西华师范大学学报(哲学社会科学版),2018(6):94-99.

转型及体制机制变革,原有的所有制结构、产业结构及经济结构都发生了或发生着巨大变化,社会结构和社会心理随之变迁异动,利益格局多元化、利益诉求多样化与社会公共产品、公共服务供给不足产生反差,因民众文化心理不同、宗教信仰不同等带来的社会群体行为差异,导致一些宗族势力、家族势力等各种潜在的非正规组织势力与社会管理不善形成冲突。这些矛盾的解决主要不应靠围堵和无视,而应靠疏导和转化。乡村法治文化建设能够强化村民和基层干部的程序意识和规则意识,一方面有助于村民通过合法的渠道表达自身的利益诉求,另一方面有助于基层干部妥善地处理各类纠纷和矛盾,从而减少邻里之间不必要的摩擦,降低摩擦升级为冲突的概率。二、有助于推动“治理有效”目标的实现。社会治理格局中“治理有效”目标实现的理想状态,应是实现调解等解纷组织的社会自治化,支持和鼓励律师、公证、仲裁等解纷组织社会化运作,构建竞争有序、诚信自律、自我管理的社会解纷体系,促使解纷组织在社会化运作中提升自身发展能力,而这些都离不开规则和程序意识的培养。无论在治理结构、治理内容等方面的变革调整抑或组织体系、人员结构、设施设备的健全保障,基层治理法治化的整个过程和各个方面的问题都是通过法律规范创新和完善加以解决的。基层社会治理在矛盾调处、纠纷排查、推动法治资源和力量下沉、完善基层综治机构和法治网络等方面的实践探索与制度规范支撑是密不可分的。三、有助于乡村公权力的正确行使。基层干部在乡村法治文化建设中受到法律熏陶,其法治观念和程序意识得到增强。在过去,由于乡村社会民主、法治发展滞后,公权力运作领域一直没有建立起完善的法律程序机制,有些领域甚至法律程序完全缺位,以致为腐败滋生、蔓延提供了便利条件。公权力的正确行使主要不是靠权力制约权力(虽然权力的相互制约同样不可缺少),而主要是靠权利制约权力,靠正当法律程序制约权力。

从实践来看,保证普法工作扎实推进,还需进一步完善法治宣传教育机制。一是完善谁主管谁普法、谁执法谁普法的责任机制。实行普法责任制是促使国家机关自觉承担普法工作责任、保证普法工作贯彻落实的重要举措。二是建立健全领导干部学法制度。领导干部带头学法、模范守法对法治文化建设具有重要带动作用。可以将有关法律法规纳入干部学习培训内容,完善干部学法用法考试制度,逐步推进领导干部、国家工作人员网上学法用法考法,增强学习效果。三是完善青少年法治教育工作机制。加强青少年法治教育是推进全面依法治国、加快建设社会主义法治国家的基础工程。应把法治教育纳入国民教育体系,科学安排不同阶段法治教育内容,帮助广大青少年树立法治观念、提高法治素养。

乡村振兴战略实施以来,各地法治文化建设如火如荼。比如:拓展法治文化实体阵地、建设法治文化广场、长廊和法治文化墙等。有的地方根据信息化时代文化传播的新特点,推进"互联网＋法治文化",通过微信、微博、普法网站等途径,开展形式多样的网上法治宣传活动,打造覆盖广泛的法治文化传播平台。推动法治文化传播,创作以乡村法治文化建设为主题的影视、戏剧、文学、曲艺作品,增强法治宣传教育的影响力和感染力。利用传统节日、重大纪念日等开展法治文化活动,让人民群众在休闲娱乐中感受法治力量、接受文化熏陶。

1.3 乡村立法建设

乡村振兴战略全面实施以来,与乡村振兴有关的立法工作也已被提上议程。《中共中央、国务院关于实施乡村振兴战略的意见》提出,坚持法治为本,树立依法治理理念,强化法律在维护农民权益、规范市场运行、农业支持保护、生态环境治理、化解农村社会矛盾等方面的权威地位；要抓紧研究制定乡村振兴法的有关工作，把行之有效的乡村振兴政策法定化，充分发挥立法在乡村振兴中的保障和推动作用。[①]乡村振兴立法主要解决农村的如下问题：群众参与问题、保障农民土地权益问题、农业食品安全问题、生态环境保护问题以及村规民约的提振问题。

1.3.1　村民自治领域立法建设

《中共中央、国务院关于实施乡村振兴战略的意见》提出要"坚持农民主体地位"。充分尊重农民意愿，切实发挥农民在乡村振兴中的主体作用，调动亿万农民的积极性、主动性、创造性，把维护农民群众根本利益、促进农民共同富裕作为出发点和落脚点，促进农民持续增收，不断提升农民的获得感、幸福感、安全感。[②]党的十九大报告提出，坚持"三治融合"的乡村治理体系，关键是自治，即坚持农民主体地位，发挥农民主体作用。目前，在群众参与领域，已经出台了一系列法律法规和政策文件。在《中华人民共和国村民委员会组织法》的基础上，中共中央办公厅、国务院办公厅陆续发布多部党内法规为推进村民自治提供法治保障，有《关于进一步做好村民委员会换届选举工作的通知》《关于健全和完善村务公开和民主管理制度的意见》《关于加强和改进村民委员会选举工作的通知》。民政部印发《关于印发〈村民委员会选举规程〉的通知》《关于切实加强村民委员会选举工作指导的意见》《关于进一步建立健全村务公开制度，深化农村村民自治工作的通知》《关于在全国农村开展村民自治示范活动的通知》《全国农村村民自治示范活动指导纲要（试行）》等一系列部门规章，明确

---

① 中华人民共和国国务院公报. 中共中央 国务院关于实施乡村振兴战略的意见[Z].
② 中华人民共和国国务院公报. 中共中央 国务院关于实施乡村振兴战略的意见[Z].

提出要提升农村基层民主质量,使村民自治成为民主制度的核心内容和落实举措。国家人口和计划生育委员会、中国计划生育协会联合印发《计划生育村民自治规范》的通知。

1.3.2 农民土地权益保护立法

当前农村土地,包括宅基地在内,农村的土地所有权都属于村集体,农民只拥有使用权,农村土地承包制需要使用权得到长期保障。这就需要用法律对行使农民土地权益加以保障,明确规定农民有土地使用权,任何人都不能随意侵犯。目前,在农村土地所有权及使用权领域,我国已经颁布了《土地管理法》及其实施条例、《农村土地承包法》《农村土地承包经营纠纷调解仲裁法》《中华人民共和国农村土地承包经营纠纷调解仲裁法》、最高人民法院《关于审理涉及农村土地承包经营纠纷调解仲裁案件适用法律若干问题的解释》、最高人民法院《关于审理涉及农村土地承包纠纷案件适用法律问题的解释》和《农村土地承包经营权流转管理办法》等,保护农民的土地承包权益。中共中央办公厅、国务院办公厅《关于完善农村土地所有权承包权经营权分置办法的意见》,农业部、财政部、国土资源部、国家测绘地理信息局《关于进一步做好农村土地承包经营权确权登记颁证有关工作的通知》,农业部《关于做好农村土地承包经营权信息应用平台建设工作的通知》等,保护农民的经营权。《土地利用总体规划编制审查办法》、国土资源部《关于加强农村宅基地管理的意见》《确定土地所有权和使用权的若干规定》等一系列规章,在提高土地利用率方面做出了细致的规定。此外,《基本农田保护条例》《土地违法案件查处办法》《耕地占补平衡考核办法》等,发挥了保护农村土地、弥补农民损失、促进农业生产的重要作用。

1.3.3　生态环境保护立法

2015 年中央 1 号文件首次提出推进农村法治建设以加强农村生态保护。《2016 中国环境状况公报》显示，广大乡村地区的生态环境质量整体偏低，主要包括：耕地质量、耕地退化等问题严重；过度使用农药和化肥导致的农业面源污染；对水体和土壤的有机污染；农业生产生活中垃圾随意堆放焚烧对大气的严重污染；农村环境设施落后，环保投入不足，等等。①2014 年修订的《环境保护法》第 33 条提到了对农业环境的保护，推动农村环境综合整治，体现了我国生态文明建设的迫切要求。《固体废物污染防治法》第 49 条也做出了明确规定："农村生活垃圾污染防治的具体办法，由地方性法规规定。"一些地方已经出台了固体废物污染环境防治条例。此外，环保总局、发展改革委、农业部、建设部、卫生部、水利部、国土资源部、林业局发布《关于加强农村环境保护工作的意见》，环境保护部、财政部、发展改革委发布《关于实行"以奖促治"加快解决突出的农村环境问题的实施方案》，环保部公告发布《农村环境连片整治技术指南》等多项指导性技术文件。我国农村生态文明法律体系建设不断完善，不断从立法层面对涉及污染治理、资源节约、农村环境保护等方面给予关注，各地针对本地农村环境情况制定农村环境法规规章。

1.3.4　农村纠纷解决机制创新

过去，农村纠纷主要涉及土地权属纠纷、婚姻家庭类纠纷、合同类纠纷、邻里纠纷，随着工业化、城镇化建设的不断发展，劳动争议成为农村的一种新型纠纷。此外，医疗纠纷、道路交通事故赔偿纠纷、集

---

① 环保部 . 2016 中国环境状况公报［N］. 2017—06—06。

体经济利益再分配纠纷(如外嫁女土地补偿纠纷)、因土地调整、拆迁补偿、修建公路等引发的纠纷,特别是土地流转、土地征用补偿造成的纠纷呈不断上升趋势。因账目不清、村干部工作不力、办事不公引发的干群矛盾,因争权夺利引发的基层村组干部之间的纠纷,较之过去,也有所增加。一些地方的恶势力、地痞流氓插手邻里纠纷、征地拆迁、承包经营,出现了插手交通运输线路承包经营的"路霸",插手沙场、林场、采矿和集市贸易的"沙霸""林霸""石霸""市霸"以及村霸。

针对农村纠纷的特点,各地不断探索新型有效的纠纷解决机制,创新多元化矛盾纠纷调解体系,最终探索出一条坚持"党的领导、政府支持、社会共治、群众参与"的纠纷治理机制——新时期的"枫桥经验"。2018 年最高人民法院工作报告提出:坚持和发展"枫桥经验",为人民群众提供线上与线下结合、诉讼与调解对接的司法服务。各地法院在多元化纠纷解决机制探索中以"枫桥经验"为示范,不断丰富改革内涵,形成多样化的实践。如杭州余杭区有效整合公安、司法、保险(放心保)等部门和社会资源,由综治牵头,建立了以人民调解为基础、多部门协作配合、多机制相衔接的道路交通事故联调联处新模式。山东潍坊建设诉调对接综合平台。简案快速解决,推行"1名审判员+1名调解员+1名书记员"的配备模式,实现了"调裁一体、即调速裁"。难案合力解决。建立重大疑难纠纷"3+N"联合化解机制,根据案件的具体情况,实行"人民调解+行政调解+诉讼调解+相关部门"联动,实现重大疑难纠纷的"联防、联控、联解"。安徽马鞍山建三位一体解纷平台。马鞍山法院主动争取党委及政法委、综治办的领导,整合多种纠纷解决资源,构建科学、系统的多元化纠纷解决体系。通过优化平台建设,该院已经或初步建立与综治办、司法局及基层组织等推进力量体系,与医疗卫生、妇联、保险行业、物业管理、劳动仲裁、消协等重点领域建立工作体系,县区法院与相关单位建立诉调对接平台体系。

随着信息化、全球化、工业化时代的来临,融合互通、跨界联动是经济社会发展的基本趋势,矛盾纠纷的治理也不例外。许多原本没有相关性的矛盾纠纷和社会风险在多种因素的粘连催化下,关联性和缠绕性明显增强,出现了线上线下、境内境外、传统安全问题与非传统安全问题相互交织的复杂局面,几乎每个社会的纠纷问题都不是孤立个案,妥善应对这些问题需要统一协调、综合施策。每一个部门和单位也都需要其他部门密切配合,推动跨地域、跨部门、跨平台的联动融合,是做农村纠纷处理工作的内在要求。

1.3.5　村规民约的提振

村规民约是村民群众在村民自治的起始阶段,依据党的方针政策和国家法律法规,结合本村实际,为维护本村的村民利益、村风民俗、社会公德、社会秩序、精神文明建设等方面制定的规范、约束村民行为的一种"公约"。

依村规民约而治应当是"依法而治"。这里的"法",是指国家的宪法、法律、法规。依村规民约而治属于村民自治的范畴。村规民约本质上就是村民自己的"宪法",是村民自治的基本依据。它是村民基于法律的授权,根据当地的实际情况,依照多数村民的意愿,经由民主程序制定的自治章程。村规民约的内容一般分为两个方面。前面是村民义务部分,即规定村民应为怎样的行为,后面是责任条款,即规定村民违反和破坏规章制度的处罚条款,主要有进行教育、批评、做出书面检查等内容。村规民约作为传统乡村治理实践的沉淀,在传统社会治理过程中作用显著。

习近平总书记在党的十九大报告中强调:我们必须要加强农村基层治理工作,健全"三治"相结合的乡村治理体系。在乡村治理体系这个多元治理的角力场上,村规民约作为"三治"融合的载体,有其世代承袭的本土优势。(1)村规民约的核心是自治。1982年我国修订颁布的《宪法》第111条规定"村民委员会是基层群众自治性组织"。村民自治,简而言之,就是广大农民群众直接行使民主权利,依法办理自己的事情,创造自己的幸福生活,实行自我管理、自我教育、自我服务的一项基本社会政治制度。村规民约是全体村民共同制订、共同遵守的自治性行为规范,它是集体意志的体现,是一种集体契约。村规民约的缔结是群众自己参与修订村规民约,是把自己的价值观、社会主义核心价值观、村风民俗等内容融入日常生活的重要途径。(2)村规民约的实现路径是以德服人、以理服人。德治是中国古代的治国理论,含义如下:第一,要求统治者集团以身作则,注意修身和勤政,充分发挥道德感化作用。第二,重视对民众的道德教化,"为政以德",德主刑辅。两千多年以来,我国农村社会"按礼俗而治""依礼而行、循俗而做",礼俗一直是农村社会重要的治理方式。"村规民约治理是村民在自然状态下基于相互信任与依赖,源自他们内心的信念和道德情感,而形成的一种共识与默契的礼俗治理模式。"①村规民约作为传统道德伦理的载体,千百年来发挥着教化民众、维护乡村秩序的作用。(3)法治是村规民约的保障和约束。村规民约,首先内容要合法,村规民约的内容要遵守宪法和法律的相关规定,不得与宪法、法律、法规相抵触,不得危害国家利益、公共利益和集体利益。其次,村规民约的执行应不违背法律规定,应符合正当程序原则,征得村民的意见,保障村民参与协商、讨论、表决等环节,不得任意侵犯被处罚者个人权利,应保障被处罚者的辩护权、陈述权和知情权。再次,如果村规民约还存在违法违规的问题,应当予以清理和修订。

① 高艳芳,黄永林. 论村规民约的德治功能及其当代价值[J]. 社会主义研究,2019(2):102-109.

参考文献

[1]张恒.土地流转变革的财富之手[N].经济观察报,2017-09-30.

[2]夏国锋.现代国家建构与近代中国乡村政治变迁[J].襄樊学院学报,2012(3):17-24.

[3]刘守英,王一鸽.从乡土中国到城乡中国:中国转型的乡村变迁视角[J].管理世界,2018(10):128-146.

[4]陈文胜.城镇化进程中乡村文化观念的变迁[J].湘潭大学学报(哲学社会科学版),2019(4):109-113.

[5]杨同卫,苏永刚.论城镇化过程中乡村记忆的保护与保存[J].山东社会科学,2014(1):68-71.

[6]刘永红,颜杨.乡村法治文化建设的困境与路径探究[J].西华师范大学学报(哲学社会科学版),2018,(6):94:99.

[7]高艳芳,黄永林.论村规民约的德治功能及其当代价值[J].社会主义研究,2019(2):7-18.

第2章

多元目标导向下的乡村治理体系创新

　　创新乡村治理,总目标是导向,包括阶段性目标在内的分目标是落脚点。乡村治理体系现代化建设的主要目标是化解乡村社会主要矛盾。改革开放以来,农村经济社会得到较大发展,但城乡二元结构明显,且由此所造成的结构性矛盾非常突出。城乡差距、贫富差距扩大化、乡村发展真空化、乡村治理行政化、农村发展边缘化、基层政权"悬浮化"[①],是我国乡村发展遇到的主要问题。国家统计局公布的2018年宏观经济数据显示,"全国居民人均可支配收入28228元,城镇居民人均可支配收入39251元,农村居民人均可支配收入14617元,城乡居民人均收入倍差2.69。"[②]乡村发展不充分,城乡发展不平衡的矛盾,一时间还难以得到解决,一方面,农民收入水平增长缓慢,因病致贫、因病返贫问题依然严重;另一方面,农村基础设施建设滞后源于城市、公共服务供给不足。为了缓解乡村发展不平衡不充分与村民日益增长的物质文化需要之间的矛盾,中央提出乡村振兴战略和乡村治理体系创新。因此可以说乡村治理体系创新的主要目标是

---

① 周飞舟. 从汲取型政权到"悬浮型"政权——税费改革对国家与农民关系之影响[J],社会学研究,2006(3):1-38.
② 国家统计局. 2018年国民经济和社会发展统计公报[Z].

化解上述主要矛盾。这就要求在创新治理机制时以村民的物质文化需求为导向,民众的需求呈现多层次、多样化、多方面特征,因此要求我们对治理目标进行管理,使我们的乡村振兴政策和乡村治理制度供给上与村民的需求相匹配。

2.1 多元目标管理的理论基础

目标管理是彼得·德鲁克(Peter Drucker)于 1954 年在其著作《管理实践》中率先提出的。目标管理不仅是一种管理方式,也是一种管理哲学,德鲁克主张目标应该从"我们的事业是什么? 我们的事业将是什么? 我们的事业应该是什么?"①这三个问题的答案中得出。德鲁克认为,"管理的真正含义就在于设定目标"②,管理是一种围绕目标决策的实践。与传统管理学家不同的是,德鲁克将目标管理从实践的一部分上升到管理哲学的层面提出来,视目标为行动的先导。

德鲁克目标管理思想的出发点是企业管理。他认为:"企业的目标是企业的最根本的策略,它既是借以实现企业使命的一种投入,也是一种用以衡量工作绩效的标准"。③德鲁克认为,企业的目标必须是多元的,而非唯一。④各目标之间相互联系、相互制约,形成一个完整的目标系统。对目标的追求不应有所侧重,若有失偏颇将误入歧途。强调目标的多元性、系统性,源于企业组织目标管理体系本身所具有的复杂性,因此各子目标之间的协调显得格外重要。这就要求我们在治理过程中对各个不同阶段、不同层面的目标和需求按照比例原则进行权衡,对各目标的重要程度进行甄别,并按其重要程度进

---

① 彼得·德鲁克. 管理:任务、责任、实践[M]. 北京:机械工业出版社,2006:184.
李睿炜. 论德鲁克的行政管理思想[D].长春:吉林大学,2007.
② 彼得·德鲁克. 管理:任务、责任、实践[M]. 北京:机械工业出版社,2006:184.
③ 邱国栋,王涛. 重新审视德鲁克的目标管理——一个后现代视角[J]. 学术月刊,2013(10):20-28.
④ 彼得·德鲁克. 管理的实践[M]. 北京:机械工业出版社,2006:53.

行排序,区分主要目标和次要目标,通过目标管理把人、财、物、司法等资源集中起来合理配置,以促成总体目标的实现。目标不是一个战术,而是一种战略。"目标的战略性要求组织结构动态变化并与之相互匹配,现实管理中僵化不变的组织结构是阻碍目标实现的内部障碍。"①为此,应该根据目标规定组织中每个人的职能和权限。岗位权限的设置、管理者的责任应以有利于总体目标实现为目的。德鲁克认为:"管理的原则就是让个人充分发挥特长,确定共同的愿景和一致的努力方向,实行团队合作,调和个人的目标并实现共同的福祉。目标管理是唯一能够做到这一点的管理原则。"②目标管理的内在逻辑是:总目标→支持性目标→岗位→义务→责任→自我控制→(自我实现)成果→成果测评→激励。③

目标管理内在逻辑的展开,大概经过目标的确立、实现和成果检测三个阶段。其中,"确立目标"是首要环节。对于如何"确立目标",德鲁克分析了影响企业生存的八个领域的目标制定思路,并得出以下目标管理原则:(1)目标应具体明确;(2)制定目标应注意各子目标的平衡,比如应注意短期目标与长期目标之间的平衡,保持直接目标与根本目标之间的平衡;(3)制定目标时明确优先次序,尽量就如何克服目标冲突做好预判。目标的实现和成果检测也是目标管理的必要环节。自我控制和参与式管理是行为科学理论在目标实现中的具体运用。从本质上讲,自我控制是一个不间断管理自我的过程。德鲁克认为:"目标管理的主要贡献在于,我们能够以自我控制的管理

---

① 邱国栋,王涛.重新审视德鲁克的目标管理——一个后现代视角[J].学术月刊,2013(10):20-28.
② 邱国栋,王涛.重新审视德鲁克的目标管理——一个后现代视角[J].学术月刊,2013(10):20-28.
③ 德鲁克认为,并不是有了工作才有目标,相反,而是有了目标才能确定每个人的工作。所以"组织的使命和任务,必须转化为目标",如果一个领域没有目标,这个领域的工作必然被忽视。因此管理者应该通过目标对下级进行管理,当组织最高层管理者确定了组织目标后,必须对其进行有效分解,转变成各个部门以及各个人的分目标,管理者根据分目标的完成情况对下级进行考核、评价和奖惩。

方式来取代强制性管理。目标管理可以把客观的需要转化为个人的目标,通过自我控制取得成就,这是真正的自由。"①目标实现的过程还需要实行"参与式管理",通过自上而下和自下而上相结合的双渠道方式对治理目标进行反复权衡和磋商,以使组织机体所确定的目标更具主体性和创造性,有助于增强目标的执行力,便于实现。

德鲁克的目标管理理论提出以后,便在西方国家迅速流传。第一批的应用主体以企业为主,后来被许多国家的行政组织采用。其中比较广为人知的是美国和日本政府均采用目标管理方法,且已取得较大成效。②我国很多地方政府和部门也曾大力推广目标管理,1997年,重庆市人民政府通过《重庆市人民政府目标管理工作细则》;2001年,安徽省政府出台《关于加强政务督察、规范目标管理工作的通知》;同年,湖北荆门市公布《信访工作目标管理责任书考评实施细则》;2004年,河南省人民政府通过了《2004年度省辖市目标管理体系的通知》。财政部于2018年发布《机关服务中心经营单位经营目标管理和绩效考评暂行办法》;2010年,中国气象局发布《中国气象局关于印发2010年气象部门目标管理考核方案和省(区、市)气象局工作目标及评分标准的通知》;同年,当时的国家人口计生委办公厅发布《关于扩大人口和计划生育目标管理责任制改革试点的通知》;2015年,财政部关于印发《中央对地方专项转移支付绩效目标管理暂行办法》的通知;2016年,农业部办公厅、国家农业综合开发办公室发布《关于做好2016年农业综合开发农业部项目绩效目标管理工作的通知》。

---

① 彼得·德鲁克. 管理:任务、责任、实践[M]. 北京:机械工业出版社,2006:66.
② 德鲁克在他的著作中曾提到"当加拿大的武装部门在1968年的春天统一之后,全体将官召开的第一次会议就以'目标管理'为主题"。见彼得·德鲁克. 功能社会[M]. 曾琳,译. 北京:机械工业出版社,2007:79. 美国总统尼克松在1973年3月18日发布了一个行政条例,要求联邦政府中二十一个部门中的每一个部门提供一个表,列上十至十五个他们最重要的目标。李睿炜. 论德鲁克的行政管理思想[D]. 长春:吉林大学,2007:37-38.

2.2　政府目标管理的实践成效

我国于 20 世纪 80 年代初开始引入政府目标管理理念,并已取得初步成效,同时形成了武汉模式、连云港模式和青岛模式等。

2.2.1　武汉模式

(1)武汉政府目标管理实践[①]

武汉市是全国较早实行政府目标管理的城市之一。2002 年,为提高政府目标管理效能,武汉市委办公厅、武汉市政府办公厅联合发布《武汉市目标管理办法》。武汉市党政机关实行分级分类目标管理责任制,市委工作部门,市人大常委会机关,市法院、检察院机关,市政府工作部门和派出机构,市委、市政府议事协调机构的常设办事机构,市政协机关,市人民团体机关,市委、市政府授权承担相应党政管理职能的事业单位,各区党委、政府,中央在武汉和省垂直管理部门,为市一级目标责任单位。并入、归口或挂靠市一级目标责任单位的党政机关以及市一级目标责任单位的内设机构,原则上列为市二级目标责任单位,由主管部门对其实行目标管理。列为市一级目标责任单位和二级目标责任单位的名单,由武汉市目标管理领导机构根据全市目标管理工作需要研究确定并予以公布。各目标责任单位确定之后,根据统筹兼顾、突出重点,责权利相统一,先进可行、高效规范的原则制定和下达目标,确定目标管理指标体系和目标值。武汉市政府专门成立目标办负责建立目标管理分析协调会制度,对各目标责任单位的目标执行情况进行跟踪分析、协调服务和监督检查,定期对目标实施过程中的有关问题进行分析和协调,监督检查目标实

---

① 武汉市政府办公厅,武汉市委办公厅. 武汉市目标管理办法[Z].

施进度,保证工作目标顺利执行。目标管理的监督检查主要采取日
常跟踪、季度通报、半年抽查、年终考核等方式进行。政府行政工作
目标实施过程中出现的问题,属于哪一级职责范围内的就由哪一级
责任单位协调解决;涉及其他部门或单位的问题,由目标主办单位负
责与目标协办单位协商解决;经协商不能达成一致意见的,由牵头单
位上报市委督查室和市政府目标办,呈请市目标管理领导小组决定。
最后,每年年终,由目标管理单位根据目标执行情况对目标责任单位
年度目标的绩效实行考核。

(2)武汉市政府目标管理成效

武汉市实行政府目标管理培育了以人为中心,以目标为导向,以
成果为标准的政府文化。年度工作目标的制定和下达是采取自上而
下、自下而上、科学论证、民主集中的办法进行的。这种参与式的目
标制定方法,一定程度上把组织目标和个人需求结合起来,调动了工
作人员的积极性、主动性和创造性。实践中,根据年终考评情况,对
目标责任单位分为立功、先进、完成、基本完成和末完成五个等次,分
别予以奖惩。根据《武汉市目标管理办法》,获立功单位的目标责任
人由市委、市政府授予目标管理"优胜责任人"荣誉称号;对在目标管
理工作中做出突出成绩的工作人员,由各目标责任单位申报,市委督
查室和市政府目标办审核汇总后提请市目标管理领导小组审定,经
市长办公会、市委常委会审议通过后,由市委、市政府授予目标管理
"先进工作者"荣誉称号。对目标管理的优胜责任人和先进工作者,
市委、市政府颁发荣誉证书和奖金。被市委、市政府授予目标管理
"优胜责任人"和"先进工作者"荣誉称号的,经市组织、人事部门批
准,退休时可享受提高5%退休费标准的待遇。由于将组织利益与个
人利益紧密联系起来了,因而政府目标管理能激励工作人员为实现
组织目标而努力,能鼓舞士气。由此可见,政府目标管理具有很好的

激励功能。

政府工作"朝令夕改"的弊病得到改善。灵活性是政策的一大特征,但过于灵活也是一大弊病。虽然政府在决策上有其权力上的自由,也是我们通常所说的权力上的优势,但政府的决策,特别是公共决策有强大的溢出效应,直接或者间接影响社会生活和市场秩序,因此应尽量杜绝决策的任性,因为"朝令夕改"的任性决策在一立一废之间,带给群众的是无所适从和深深的不信任,带给政府的则是公信力的一落千丈和决策成本的巨大浪费。目标管理制度通过对目标的制定和下达、目标的实施和监督,目标的考核和奖惩进行自上而下、由面到点的全方位管理、由此在政府内部建立了一个相互联系、相互依存的目标体系,通过网状目标体系把各单位工作人员有机组织起来,一方面使组织的集体力量得以发挥,另一方面也实现了任务目标化、目标体系化、管理民主化、政策法制化,从而使决策、执行、评估的稳定性成为可能。

2.2.2 连云港模式

1988—1990年间,连云港市人民政府决定在全市二十四个委、办、局试行政府岗位目标管理责任制,各单位的管理目标由单位自己制定,市政府统一年终考核,最终评定出先进个人和先进集体,并予以表彰。各部门以市政府工作报告为依据,在上级主管部门下达任务的基础上,结合本单位实际工作情况确立自身目标。年终考核主要以本单位工作实绩增幅、其他部分的评价、在省内同行业中的地位为评价指标。经过三年的试行,连云港市开始全面实行目标管理。1990年,连云港市政府办公室颁发的《关于考评和制订目标管理责任制的通知》提出全市政府系统全面实施目标管理责任制。1992年,连云港市政府办公室发布的《关于印发连云港市人民政府目标管理实施细则的通知》中确定了目标管理的指导思想、目标制定的基本原则、目标的主要内容。提出建立多项目标管理制度,包括例会制度、报表制度、协调制度、跟踪抽查制度、请示汇报制度。规范了考评办法、考评体系、考核评价加减分标准、考评程序等,将县区奖励与市级部门奖进行了区分,将组织人事安排与目标考评结果挂钩,初步形成了纵向到底、横向到边的目标管理体系。[①]

连云港按照不搞横向攀比、不搞上下对口的要求,摒弃就目标考核目标的僵化教条,在全国率先建立了各条线自成体系的独立的考核评比系统。如在目标管理考评中,将驻连部从市直部门中分离出来,按照规范、统一、可比的要求单设目标考核体系。将区县与市直部门的目标任务和考评指标进行划分。通过实施政府目标管理,上级对下级的管理由直接控制转向间接控制,使上级管理机关有更多的精力专注于宏观管理。由于实施目标管理的过程中,评比绩效、分析偏差所需的时间、精力和费用等比传统管理方式有更加充分的保证,因此有助于及时发现出现的偏差并采取补救措施。连云港目标管理模式在目标设计上实现了总目标与分目标相统一,目标设定与目标考核相统一,目标落实与目标督查相统一,突出了群众性和导向性,整体性和层次性,为连云港目标管理模式成为全国其他城市学习的标杆奠定了基础。

2.2.3 青岛模式

1998 年,青岛市委、市政府在全市推行目标管理考核机制。运行五年之后,结合多年经验,市委市政府颁发《关于加强目标管理绩效考核工作的意见》,首次将"物质文明、精神文明、政治文明"建设纳入

---

① 关闻. 连云港市目标管理的发展历程及其问题与对策研究[J]. 连云港职业技术学院学报,2011(3):70-73.

目标考核指标,并开发了管理绩效考核的计算机软件系统。青岛目标管理绩效考核新体系根据"三个文明"建设中的重点工作分为三大板块。物质文明指标主要由经济总量、经济发展速度、发展质量和重大经济项目目标组成。考虑到以经济建设为中心的要求,这一板块被赋予较高权重。为处理好基数总量与增长速度的关系,体系中对总量指标和增长速度指标实行加权处理;为引导经济良性发展,保证数据信息真实性,对一些重要目标利用其相互制约关系,用关联度系数指标体系进行多角度控制,如财政收入的占比、外贸出口的占比、高新技术产值占规模以上工业总产值的比重、农民收入中非农收入的比重等。[①]政治文明包括社会稳定和党风廉政建设等内容,而且结合本地特色,将"深化五项工程、创建四型机关"纳入其中。精神文明考核包括创建文明城市考核以及社会发展目标体系。新的社会发展目标体系实行差别化量化管理,为体现不同机构的特点,增强目标绩效考核的科学性、一致性、可比性。对不同区市在目标任务、考评指标、指标分值和权重的侧重上有所区别,体现不同地区战略布局和发展方向上的不同要求。一些重大项目被纳入考核体系,比如涉及城市发展战略的重大项目,特别是把四大工业基地建设、三大特色经济等关系城市工业化水平和核心竞争力的重大项目纳入考评范围,并赋予较高的分值权重。同时,为完善运用现代化管理手段提高重要环节的考核水平、提高效率、扩大成果,青岛市开发了目标管理绩效计算机考核系统。"该系统划分为考核上报子系统、动态考核子系统、汇总分析子系统、结果反馈子系统、体系设置子系统五个子系统"[②]。其中,目标上报子系统包括目标制定、目标调整两个部分,其中目标制定又包括目标分解、目标下发、目标拟定、目标审核(内部审核)、目

① 政府目标管理在武汉、连云港、青岛的实践[J]. 领导决策信息,2005(3):16-17.

② 罗红霞. 昆明市政府目标管理研究——基于目标管理理论的分析[D]. 昆明:云南大学,2014.

标上报、目标审核(考核委审核)、目标调整、目标确认、目标入库等九个环节(可根据具体情况采用以上环节)。①目标管理绩效计算机考核系统的应用,很大程度上满足了市监督考核委员会对各单位目标完成情况的统计分析、计算汇总、定期督查和动态掌握,且降低了管理成本,减轻了人员负担,缩短了数据处理期限,减少了人为干预,使绩效考核工作更加科学、规范、便捷。

2.3 目标管理在公共行政管理中应用的现实困境

自20世纪80年代我国公共行政领域引入目标管理理论以来,全国200多个城市建立了政府目标管理体系。相较于传统的政府管理和督查制度,目标管理展现了其强大的效用优势,如在目标的设定、督查和考核过程中使管理由自发走向自觉,从闭着眼睛埋头做事向抬头看路、有章可循转变,从自上而下的单线管理向有条件双向互动转变。目标管理在公共行政管理领域展现出其优于传统行政管理的一面,也遭遇了一些不可忽视的障碍。

2.3.1 公共目标设置困难

目标管理的核心是设置目标,设置目标是政府目标管理的第一步。德鲁克曾在其著作中指出,"目标在一个组织中具有非常重要的作用,没有了目标就像轮船没有了罗盘"。设置目标是一项重要且困难的工作,可以说它的难度可与重要性相媲美。

首先,目标冲突难以克服。政府职能部门通常是依据党的纲领性文件、年度《国民经济和社会发展计划》以及地方人大通过的《政府工作报告》制定政府管理总目标——即建设中国特色社会主义五位一体

---

① 曲振.青岛政府绩效考核系统的具体实现[J].信息化建设,2008(6):28-30.

总布局。因此各级地方政府管理指标体系中的一级指标与五个文明建设呈一一对应关系。如《昆明市县(市)区、开发(度假)区经济社会发展年度工作目标差别化考核指标体系(2010年)》一级指标包括经济发展、社会发展与人民生活、生态建设与环境保护、招商引资与投融资、园区建设与发展五个方面。①五个方向不同的目标存在冲突时如何化解是难解之题。

其次,目标权重分配难,量化难。设置政府目标需要综合考虑多种因素,而非仅仅考虑量化性更强的效益指标,应更多考虑的是服务效果、社会影响、公平需求,以及生态和环保等因素。例如:给小微企业提供政策支持,目标不仅是为了增加税收、释放产能,更多地是为了增加就业容量,帮助就业人员在劳动中实现自我认同,继而维护社会稳定。有些公共目标由于不可量化,因此数量指标难以反映多维度的公共目标。

2.3.2　缺少来自组织外部的参与

首先,政府目标管理缺少群众参与。政策制定过程中,群众的参与程度是衡量一个政府民主发展水平的重要指标。习近平在党的十九大报告中指出:"加强协商民主制度建设,形成完整的制度程序和参与实践,保证人民在日常政治生活中有广泛持续深入参与的权利。"政府应吸收群众广泛参与政府公共决策,以参与促民主是建设法治政府的必然要求。目前建立目标管理指标体系的地方政府的多元化管理机制基本已经形成,但实际参与其中并发挥作用的有效主体仅限于组织内部的管理层,其他工作人员参与度有限,组织外部的参与者对政策表达意见和建议的机会更少,往往仅限于受邀参与某

---

① 罗红霞.昆明市政府目标管理研究——基于目标管理理论的分析[D].昆明:云南大学,2014.

些特定程序,并未形成固定制度,且服膺于领导偏好。①

其次,组织内部一般工作人员的参与度较低。罗红霞博士曾就昆明市目标管理几大环节存在的内部参与度低的情况做过调查。虽然在目标设置阶段管理层之外的普通工作人员的参与是存在的,但调查显示,采取目标管理模式的单位的多数受访者表述没有签过《目标责任书》,而且表示"上下级不会在一起讨论,下级无权提出修改意见,下级提出的合理意见不会得到采纳,上级不会为下级配备完成任务所需权限,《目标责任书》没有包含考核办法,《目标责任书》没有包含奖惩办法,如客观问题确实不能协调处理,仍然不能修改《目标责任书》"②。由此可见,内部参与徒有其表,单位下属对目标任务施加影响的可能性微乎其微,责权利不统一,内部参与未被彻底激活。

2.3.3 目标管理指标体系的科学性不足

根据目标管理理论,政府实施目标管理的目的是鼓励群众参与、刺激竞争意识、摆脱官僚主义和形式主义、追求实效。然而梳理我国政府文件可以发现,我国很多地方政府引入目标管理体系的直接目的是提升执行力、狠抓督查落实和作风建设、提高工作效率。实践中,本应具有导向作用的目标异化成为政府自上而下推动政策落实的手段。就目标管理实现过程来看,首先,地方政府以党的重要决定、中央和地方的政府工作报告为蓝本设置中长期目标和年度目标,这一阶段主要实现了中央和地方任务的目标化进程,是目标异化的第一步;目标设置后的第二步为过程管理,主要内容是监督、整改;第三步目标考核的主要功能是奖优罚劣。由此可见,目标管理突出最多的是管理职能中的控制、协调和计划功能,对民主化法制化效用较

① 罗红霞. 昆明市政府目标管理研究——基于目标管理理论的分析[D]. 昆明:云南大学,2014.
② 罗红霞. 昆明市政府目标管理研究——基于目标管理理论的分析[D]. 昆明:云南大学,2014.

少关心。功利性较强的指标体系设计，极易引发统计上的虚假行为，影响党风廉政建设。单位领导者的知识结构和管理理念与目标管理要求相去甚远，在即有"命令——服从"公共管理模式下，目标管理的效用有限。

鉴于政府目标管理实施中的上述问题，有学者对"政府部门是否应该应用目标管理"①产生怀疑，认为目标管理理论不应该应用于公共部门。不可否认，我国地方政府推行目标管理制度既取得了一定成效也存在不足之处。但深究可知，目前目标管理实行中存在的问题很少是源于目标管理理念本身，而是在制度的移植过程出了问题。任何有效的制度，不过是制定者、执行者、遵守者就某种特定理念达成共识之后的行为表达。没有形成共识，制度的正能量就不可能被有效激活，缺乏理念的制度，不过是无源之水。在行政机制改革取得巨大成功之前，在群众有能力、有渠道参与政治决策之前，在我们经济挂帅、效率优先、兼顾公平的观念改变之前，在"命令——服从"公共管理模式向"分工——协作"管理模式转变之前，我们就放弃任何有益尝试吗？我们可以尝试进一步扩大部门自主决定权、提高目标管理过程的科学性、民主性以及结果应用性。首先，我们可以尝试由各部门内部经由民主审议自主决定是否在本部门推行目标管理，而不是搞一刀切，由上级部门自上而下大面积推动。其次，在小范围试行阶段，部门上下所有人员尽可能都参与到年度目标设置和讨论中来，并邀请有关专家全程跟踪调研，细致观察、认真总结、反复调整之后再逐步推进。最后，在绩效评估阶段，坚持公平公开透明原则，将数据信息向所有利益相关者公开，与预算分配和人事安排挂钩。

---

① 王梦,刘明德. 对目标管理应用于公共部门的探讨[J]. 行政与法,2017(12):20-27.

2.4 目标管理：乡村治理体系创新的基础

目标对于一个人、一个组织、一次行动、一项政策、一部法律乃至一个战略的重要性无须讳言，所有的计划、任务都是围绕目标展开的。所谓成功，常常不过是通过目标管理而达到的各要素互相成全、有机共生的一种状态。过去乡村建设运动没有逾越一些本该成功逾越的障碍的重要原因在于没有做好目标管理，存在目标手段混同、目标冲突等问题。

乡村振兴战略背景下的乡村治理，应是为乡村振兴而治理，而非为治理而治理，然而传统乡村建设运动没有逃出为治理而治理的老路。乡村建设和乡村振兴的主要出发点和落脚点应是促进农民共同富裕、维护农民根本利益，不断提高农民的物质文化水平，不断提升农民的安全感、幸福感和获得感。上述目标的渐次实现仰赖不断创新乡村治理方式，把"亿万农民的积极性、主动性、创造性"从外生型治理方式中释放出来，实现"治理有效"。如《国家乡村振兴战略规划（2018—2022年）》中提到的，重新把"坚持农民主体地位"确立为基本原则，"充分尊重农民意愿，切实发挥农民在乡村振兴中的主体作用"。因为，村民自治是乡村治理的基础。然而，长期以来，本应占主体地位的农民常常成为"他治"的客体。他治，就是"被统治""被治理"或"治于他"的意思。按照政治学的话语来说，就是由一部分人（村干部）或者一个人（村支书）作为权力享有和使用者，广大村民作为被治理者。乡村治理史上，治理主体不断发生变化，从保甲、士绅到"村委""村两委"，权威来源不断变化，但农民"治于人"的社会地位没有得到根本改变。村民的"公民身份"没有得到法律和制度保障、村民民主参与的渠道不畅，使得乡村权威的公共性被营利性所取代，村民对公共利益的关心转而变为灰心，从而对公共事务愈发漠视。

因此,我们可以总结说,过去的乡村建设活动成效是比较低的,如今乡村振兴战略的总要求之一为治理有效。"任何一场剧烈的社会变革运动,要实现其预定的目标,不仅要从根本上改变旧的国家治理体系及其制度安排,进而创造新的国家治理体系,形成新的制度机制,而且要在新的国家治理体系及其制度依托的基础上,致力于建构有机的乡村社会治理秩序,释放广大社会民众建设新国家与新生活的巨大社会能量中。"[1]人们通过有效治理获得发展和秩序。探索创新治理方式的根本目标是满足人们不断增长的物质文化需求,实现群众的根本利益。背离治理总目标的改革即使路径再精致也不会取得应有成效。

对此,党的十九大报告重提"村民自治",《国家乡村振兴战略规划(2018—2022年)》将"坚持农民主体地位"确立为基本原则,起到拨乱反正的作用。我国实施村民自治制度70年,过程曲折复杂。中华人民共和国成立之初,国家乡村建设的重心是通过重构国家制度恢复和建构乡村秩序,通过土地改革和农业合作化运动为建构乡村治理新秩序提供了社会经济条件。在土地改革中,国家注重引导村民自治,1950年的《土地改革法》和《农民协会组织通则》均规定由农民协会作为土地制度改革的执行者。农民协会是农民自愿结合而成的群众组织,其主要任务是改善农民生活条件,保障农民经济利益和政治权利,提高农民文化水平。然而,农业合作化运动、人民公社和农业的社会主义改造迫使村民自治进程发生了转向。"在中华人民共和国成立之后相当长的一段时间内,由于'苏联模式'的影响,加之根深蒂固的传统基础以及国际国内的实际情况,建构了一个高度集权化的政治、经济与社会体制,国家对社会经济生活实行一元化的全面

---

① 公丕祥. 新中国70年进程中的乡村治理与自治[J]. 社会科学战线,2019(5):10-23.

控制,整个社会生活缺乏应有的活力。"此后,撤社建乡成为下个时期恢复村民自治制度、创新乡村治理体系、重塑国家与农村关系格局的重要举措。乡政村治和农村家庭联产承包责任制的不断推进在一定程度上给村民松了绑,释放了部分活力。此后,村民自治成为乡村治理的"基础性制度载体"。1982年《宪法》第111条第1款规定:"城市和农村按居民居住地区设立的居民委员会或者村民委员会是基层群众性自治组织"。1979年9月28日党的十一届四中全会通过的《关于加快农业发展若干问题的决定》明确提出要"充分发挥我国八亿农民的积极性","在经济上充分关心他们的物质利益,在政治上切实保障他们的民主权利","人民公社、生产大队和生产队的所有权和自主权应该受到国家法律的切实保护,任何单位和个人都不得任意剥夺或侵犯它的利益","任何单位和个人,绝对不允许无偿调用和占有生产队的劳力、土地、牲畜、机械、资金、产品和物资。国家各部门在农村举办各种企事业(农民自愿举办和各种企事业不在内),除了国家有法律法令规定的以外,决不允许给集体和社员增加任何负担。"[1]在法律和制度保障下,人们在实践中不断因地制宜地发展多种形式的农业生产合作方式,探索新型乡村治理模式。党的十八大以来,我国乡村治理体系建设进入新时代。党的十八大报告明确提出,"要健全基层党组织领导的充满活力的基层群众自治机制",党的十九大报告重申要"加强农村基层基础工作,健全自治、法治、德治相结合的乡村治理体系"。这些都充分表明了国家与乡村关系格局的重大转向。历史经验告诉我们,村民自治、还权于民,是新时代乡村治理体系建设的必然抉择。

村民自治是相对于他治而言的,是村民对于自身事务享有自主决

---

[1] 党的十一届四中全会通过的《中共中央关于加快农业发展若干问题的决定》,1979年9月28日。

定权、对自身相关事务具有参与权，并对其行为承担责任的一种治理方式。自治的基础性地位的确立，源于人们对以下几个认识达成共识：（1）个人是自身利益的最佳判断者；（2）个人是自身事务的最佳决定者；（3）相较于他治，个人对自身利益的追逐、对自身事务的管理，成本更低、效果更好；（4）个人自治的界限是他人自治的边缘；（5）人们对自治与他治界限的共识形成法治。由此，我们有理由认为，相比于他治，自治更有助于促成一个社会迸发潜在动力、形成基础性秩序。村民自治的价值和力量使得人们在寻求符合社会发展需要的乡村治理方式时被重新重视。

2.5　乡村治理目标管理体系的创建

党的十九大报告首次提出在全国范围内实施乡村振兴战略。乡村振兴战略是根据新形势需要对十六届五中全会提出的新农村建设的升级和发展。乡村振兴战略的总要求——"产业兴旺、生态宜居、乡风文明、治理有效、生活富裕"，是对十六届五中全会提出的"生产发展、生活宽裕、乡风文明、村容整洁、管理民主"总要求的升级和发展。从两者之间的变化中，我们可以发现，在治理要求上，"治理有效"取代了"管理民主"。"管理"存在着目标与手段、主体与对象、主体与客体的严格二元界分。"治理"则预示着"多元协同治理"，突出社会多元主体的共同参与。在这种模式下，参与其中的各主体互为手段和目标，融合为一个有机整体。虽然政府依然是公共管理职能的主要承担者，但是由于村民、民间组织、当地企业、村民委员会、镇政府等多个主体为着共同的目标相互配合，形成了一种有机合作关系，从而使过去的被管理者以更加积极的身份出现，和政府一起关心公共利益，承担一定的公共责任。"管理民主"强调过程、方式，即通过民主的方式吸引、保障更多的相关主体参与其中。但由于管理者的理念没有根本转变，目标也相对单一，依旧延续着以往"管理农民"的思路，以维护乡村秩序为目标，更多着眼于依靠行政强制力量"管住"村民。在这种管理模式下，管理者（村民委员会、村党委及其他实际管理者）对村庄事务享有决定管理权，形式上民主参与，实则搞"一言堂"，村民参与感低，从而对村庄建设和村庄事务漠不关心。鉴于过去"民主管理"效果不佳，新时期乡村治理体系的建设更注重成效，因此乡村振兴战略提出以"治理有效"为基础。

如何治理才称得上有效？有效的字面意思是有效果、有成效。乡村治理欲达到怎样的效果？实现什么目标？党的十九大报告中没有予以明确。但报告有要求各地方"加强农村基层基础工作，健全自治、法治、德治相结合的乡村治理体系"。对此，我们可以理解为：建成三治融合的乡村治理体系是乡村有效治理的基础，也是目标之一。2018 年中央 1 号文件《关于实施乡村振兴战略的意见》再次重申要"坚持农民主体地位"，把满足农民不断增长的物质文化需要作为乡村振兴的出发点和落脚点，并提到乡村振兴，治理有效是基础。尽管对于何为有效治理，同样没有予以明确，但形成了较为清晰的制度框架，即建立"党委领导、政府负责、社会协同、公众参与、法治保障的现代乡村社会治理体制"，目标是"确保乡村社会充满活力、和谐有序"。同年，中共中央、国务院印发了《乡村振兴战略规划（2018—2022年）》（以下简称《规划》）。《规划》进一步明确了乡村振兴的发展目标，并初步建立了治理有效的指标体系，包括"村庄规划管理覆盖率，建有综合服务站的村占比，村党支部书记兼任村主任的村占比，有村规民约的村占比，集体经济强村比重"。由此可见，以乡村振兴总要求为出发点的乡村治理体系的目标是多元的，并已经呈现出多元发展局面。乡村治理目标管理体系的创建解决的是由多元发展目标向多元发展指标体系转化的问题，如何实现转化？解决这一问题亟须克服治理有效指标体系中的目标冲突问题,克服目标冲突是对主要目标进行数字化管理的第一步。

乡村治理中存在的目标冲突是指有效治理的指标体系中存在多个预选目标,且多个目标具有同等强度吸引力,受条件所限无法同时获取时所引起的冲突。乡村治理所欲实现的目标至少包括:实现三治融合、维护农民权益、化解农村矛盾、规范农村秩序、治理生态环境。上述目标可能存在以下冲突:村民自治与他治的冲突、法治与德治的冲突、增加农民收益与治理生态环境的冲突,维护农民权利与维护农村秩序的冲突。目标冲突的客观存在,需要我们积极应对,因为目标冲突问题处理不好,直接影响乡村振兴总目标的实现。

根据目标管理理论,一个规划得以顺利落实所需的步骤和条件包括:第一,目标清晰、明确;第二,制定具体的子目标及评价标准;第三,检测目标实现情况;第四,反思不足并调整、取消部分子目标。上述步骤和条件的实现是围绕总目标展开的,包括目标设置、目标分解、指标预选、目标实施、目标评估等目标管理全过程。因此可以通过目标管理预防、缓解、消除目标冲突。首先设定目标指标体系,构建包括村民自治、德治支撑、法治保障、权益增加、秩序井然、环境友好在内的六个二级指标,每个二级指标向下设置若干个观测指标,每个观测指标分配相应的权重,从而形成一张目标管理量表,根据量表实现情况打分,对参与乡村治理的各基层单位进行绩效评估,奖优罚劣,激励各组织各群体提升乡村治理成效。

参考文献

[1]周飞舟. 从汲取型政权到"悬浮型"政权——税费改革对国家与农民关系之影响[J]. 社会学研究,2006(3):1-38.

[2]彼得·德鲁克. 管理:任务、责任、实践[M]. 北京:机械工业出版社,2006:184.

[3]李睿炜. 论德鲁克的行政管理思想[D]. 长春:吉林大学,2007.

[4]邱国栋,王涛. 重新审视德鲁克的目标管理——一个后现代视角[J]. 学术月刊,2013(10):20-28.

[5]关闯. 连云港市目标管理的发展历程及其问题与对策研究[J]. 连云港职业技术学院学报,2011(3):70-73.

[6]罗红霞. 昆明市政府目标管理研究——基于目标管理理论的分析[D]. 昆明:云南大学,2014.

[7]曲振. 青岛政府绩效考核系统的具体实现[J]. 信息化建设,2008(6):28-30.

[8]王梦,刘明德. 对目标管理应用于公共部门的探讨[J]. 行政与法,2017(12):20-27.

[9]公丕祥. 新中国70年进程中的乡村治理与自治[J]. 社会科学战线,2019(5):10-23.

第3章

乡村振兴战略、行动与成效

3.1　认识乡村战略

在中国特色社会主义进入新时代的关键时期、全面建成小康社会决胜阶段，为全面建设社会主义现代化国家，解决人民日益增长的美好生活需要和不平衡不充分的发展之间矛盾，实现全体人民共同富裕、两个百年的第一个百年奋斗目标，党的十九大报告中提出坚定实施乡村振兴战略。

3.1.1　乡村振兴战略

党的十九大报告关于乡村振兴战略的全文如下："农业农村农民问题是关系国计民生的根本性问题，必须始终把解决好'三农'问题作为全党工作重中之重。要坚持农业农村优先发展，按照产业兴旺、生态宜居、乡风文明、治理有效、生活富裕的总要求，建立健全城乡融合发展体制机制和政策体系，加快推进农业农村现代化。巩固和完善农村基本经营制度，深化农村土地制度改革，完善承包地'三权'分置制度。保持土地承包关系稳定并长久不变，第二轮土地承包到期后再延长三十年。深化农村集体产权制度改革，保障农民财产权益，壮大集体经济。确保国家粮食安全,把中国人的饭碗牢牢端在自己手中。构建现代农业产业体系、生产体系、经营体系,完善农业支持保护制度,发展多种形式适度规模经营,培育新型农业经营主体,健全农业社会化服务体系,实现小农户和现代农业发展有机衔接。促进农村一、二、三产业融合发展,支持和鼓励农民就业创业,拓宽增收渠道。加强农村基层基础工作,健全自治、法治、德治相结合的乡村治理体系。培养造就一支懂农业、爱农村、爱农民的'三农'工作队伍。"这为我国乡村振兴战略设定了方针、方向与指引。

(1)坚持农业农村优先发展

以往多次提过"把解决好'三农'问题作为全党工作重中之重",但党的十九大首次明确提出"坚持农业农村优先发展",同时提到优先发展的还有教育与就业。由此可见,十九大报告将农业农村工作与教育、就业放在同等重要的地位,这是观念上、认识上、工作部署上的重大突破和重大创新,同时将农业农村放在一起表述也是对"重农业、轻农村"观念的矫正。贯彻农业农村优先发展指导思想,要进一步调整理顺工农城乡关系,在资源条件、要素配置、公共服务等上面优先保障、优先满足、优先安排农业农村,加快农业农村经济社会等的发展,加快补齐农村基础设施、信息流通及公共服务等方面的短板。

(2)乡村振兴的总要求

2005 年 10 月党的十六届五中全会提出建设社会主义新农村的20 字发展方针:"生产发展、生活宽裕、乡风文明、村容整洁、管理民主",党的十九大报告在这个表述的基础上,提出了乡村振兴战略的20 字总要求"产业兴旺、生态宜居、乡风文明、治理有效、生活富裕",无论是内涵还是外延,都扩展、升级社会主义新农村建设的思想,对新时代农业农村发展提出了更高的要求、设定了更高的目标。

乡村振兴的各项要求之间并非简单的并列关系。产业兴旺带来农民的生活富裕,富裕起来的乡村,邻里关系可能变得融洽、争吵变少,农村公共事务的协商合作也可能因此变得容易起来,当然这其中可能也与乡村治理变革有关;富裕到一定程度以后,农民可能开始重视干净的空气、怡人的景观、便捷的城乡交通、适宜的人口密度等生态宜居要素,也更有能力将更多的资源投入生态环境的改善,实现生态宜居的要求。另一方面,乡风文明、生态宜居、治理有效也可能推动产业兴旺和生活富裕,乡风文明建设有助于农村人力资本水平的提升,从而促进农民收入的提高与农业的进步;生态宜居程度提升,可以推动乡村旅游业等产业的发展;社会治理的改善可能会激励乡村精英发挥作用,一部分从农村流出的精英也可能回乡反哺乡村建设。由此可见,生活富裕和产业兴旺相对于乡村振兴的其他三项要求具有基础性的意义,同时这两者也会从治理有效、乡风文明和生态宜居的发展中受益,五者并进形成乡村振兴。

(3)建立健全城乡融合发展的体制机制和政策体系

针对城乡关系,党的十六大提出"城乡统筹"的路线方针,主要依托政府主导、通过宏观统筹解决优良的医疗条件、教育资源、基础设施等"城市有而农村没有""两者差距较大"的问题。经过十多年的重大部署及实践推动,我国初步形成了工业反哺农业、城市支持乡村发展的良好局面,但是城乡二元分割的结构仍然非常明显,农村落后于城市,城乡发展不平衡、融合水平不高。在这样的背景下,乡村振兴战略提出"城乡融合发展",强调城乡共生共荣,相互依赖需求;强调打破政府单一主体,依托市场、主要靠市场调节,解决市场作用偏弱的状况;努力破除城乡二元体制,积极发展农村要素市场。在专业化不断加深、分工越来越细、城乡之间连接性日益增强的背景下,"建立健全城乡融合发展体制机制和政策体系"的提出,是新时期党在"三农"工作思路上的创新与进一步拓展,体现了城乡一体化发展的新思路,准确地把握了当前的形势,顺应了我国城乡未来发展的趋势。

(4)农业现代化

习近平同志强调,没有农业的现代化,国家的现代化就是不全面、不完整、不牢固的。现代农业是现代化经济体系的重要基础。当前,农业现代化仍是"四化同步"的矮板短腿。党的十九大报告针对如何实现农业现代化,就一些重点方面提出了要求:①构建现代农业生产体系、经营体系和产业体系;②健全农业的支持保护体系,完善各种大宗农产品的定价机制、补贴政策、收储制度,它们将影响农业各类具体产品的发展方向和技术应用;③发展多种形式适度规模经营,健全农业社会化服务体系,培育新型农业经营主体,以期协调现阶段大量的小规模经营的农户与现代农业要求的规模经营之间的矛盾。

(5)农村现代化

农业现代化以前多次被提到过,可党的十九大报告还是提到农村现代化,其目的就在于协调农业现代化带来的效率提升、可容纳就业机会减少与大量的从事农业人口之间的矛盾,在实现农业现代化的同时需要解决大量的农民的就业生计问题;只有这样,才有全面小康、现代化强国的实现。通过推动农村一、二、三产业融合,给农民的创业就业开拓更大的空间,创造虽然在农村、但主要不依赖于耕地的新的就业机会,让农民在农村新产业、新业态中去就业,让他们有更多的收入来源。农村现代化就是要全面实现"产业兴旺、生态宜居、乡风文明、治理有效、生活富裕",五位一体的建设一个都不能缺,最首要的是要实现产业兴旺。

(6)深化农村土地制度改革

习近平同志指出,新形势下深化农村改革,最主要的仍然是处理好农民与土地的关系。党的十九大报告指出:"保持土地承包关系稳定并长久不变,第二轮土地承包到期后再延长三十年",这意味着农村土地承包关系从第一轮承包开始保持稳定长达七十五年,彰显了中央保护农民土地权益的决心,土地承包期再延长三十年与我国第二个百年奋斗目标的时间节点契合,既稳定了农民预期,又为下一步再完善政策预留了空间。

党的十八大以来,中共中央、国务院出台了《关于完善农村土地所有权承包权经营权分置办法的意见》,将土地承包经营权分为承包权和经营权,实行所有权、承包权与经营权"三权"分置,实现了土地承包"变"与"不变"的辩证统一,为土地流转创造了条件,推动了土地资源的优化配置与规范使用。党的十九大报告提出,完善承包地"三权"分置制度,当下需要继续开展农村土地承包经营权确权登记颁证工作、探索"三权分置"的多种实现形式,真正让农户的承包权稳下去、经营权活起来,并对现实操作中出现的一些急需解决的问题,如如何协调承包农户与经营主体间的利益、进一步规范农村土地流转过程以保障农村土地用途的规范性与科学性等做出了回答和应对。

(7)深化农村集体产权制度改革

2016年中共中央、国务院针对当时农村集体资产产权归属不清晰、保护不严格、权责不明确等问题日益突出,侵蚀了农村集体所有制的基础,影响了农村社会的稳定的情形,发布了《关于稳步推进农村集体产权制度改革的意见》,旨在通过农村集体产权制度改革保障农民财产权益,壮大集体经济,调动农民建设社会主义新农村和发展现代农业的积极性,建立产权关系更加明晰、农业经济与市场竞争更匹配以及社区公共服务更有利于农村长远发展的基层社会经济组织系统。一段时间以来,取得了一些成绩,现阶段要继续贯彻落实该意见,做好农村集体资产清产核资工作,摸清摸准集体家底;循序渐进扩大农村集体资产股份权能改革试点范围,推广有效经验和做法;盘活农村集体资产,优化农村各类资源要素的配置、提高资源利用效率,多途径发展壮大集体经济;探索路径方法赋予农民更多财产权利,明晰各类产权的归属;完善各项权能,激活农村各类生产要素的潜能,建立与市场经济要求匹配的农村集体经济运营新机制。

(8)确保国家粮食安全,把中国人的饭碗牢牢端在自己手中

解决好我国十几亿人的吃饭问题自始至终都是治国安邦的头等大事,是农业的首要任务。新世纪以来,我国的经济社会结构发生了很大的改变,各类生产要素的供给及价格变化显著,资源禀赋问题不断推高粮食生产成本,粮食的安全与自给问题日益凸显。在这样的背景下,以习近平总书记为核心的党中央审时度势,适时提出了"以我为主、立足国内、确保产能、适度进口、科技支撑"的国家粮食安全战略。为贯彻落实这一国家战略,需大力实施、全面推进粮食供给侧结构性改革,提高我国粮食的综合生产能力;实施藏粮于地的战略,坚守耕地保护红线,节约集约利用土地,大规模进行高标准农田建设,保护提升耕地质量;加快划定和建设重要农产品生产保护区和粮食生产功能区,建立健全主产区利益补偿机制,充分调动地方政府重农抓粮以及农民务农种粮的积极性;统筹运用国际国内两个市场、两种资源,探索粮食进口的合理途径,依照互惠互利的原则发展可持续的、良性互动的国际农业贸易关系;实施藏粮于技的战略,坚持依靠科技进步、科技创新促进粮食生产能力的提高,鼓励粮食领域的重大技术创新和设备研发,做好与粮食生产相关的新机械、新技术、新品种的研发和推广工作,加强生物技术、信息技术等与传统农业的融合,提高农业良种化、科技化、机械化、信息化水平,努力实现我国粮食科技事业从跟跑、并跑到领跑世界的升华与蜕变。

(9)健全自治、法治、德治相结合的乡村治理体系

健全自治、法治、德治相结合的乡村治理体系思想是在对地区实践探索进行经验总结与理念提升的基础之上提出的,有着坚实的社会实践基础。自治不仅要求在建构乡村治理机制中去体现村民意志、保障村民权益,还要完善村民自治制度,为村民参与治理搭建平台、拓宽渠道、丰富形式,努力激发村民的创造活力。法治要求培育村民法治理念、法治意识与法治精神,通过宣传、培训、教育等方法,村民提高学法、尊法、守法、用法的思想意识和行为自觉,并逐步养成运用法治思维和法治手段化矛盾、解决问题的行为习惯。德治要求将道德规范融入乡规民约,让村民了解什么是鼓励做的、什么是不应该做的;营造崇德向善、诚实信用、遵守规则的乡村文化;培育和弘扬地方性优秀道德传统,鼓励以合乎时代特征的表达方式增强村民对其的归属感、认同感、责任感和荣誉感。同时,加强自治、法治、德治的融合,以法治保障自治、规范自治,以德治支撑自治、滋养自治,在法治中体现德治,在德治中促进法治;在自治中实现法治,践行德治;实现民意、法律和道德的相辅相成,自治、法治和德治的互相促进、相得益彰,最终促成乡村社会的善治。

3.1.2 对乡村振兴战略的评述

(1)是对党在过去四十多年里所形成的"三农"战略思想的继承与发展

改革开放至今四十多年的发展历程中,不同的阶段党对农村发展的战略思想有着不同的侧重与表述。1978年党的十一届三中全会总结历史经验教训,提出了政治上尊重农民的民主权利、经济上保障农民的物质利益的农民工作思想总纲,为当时国家处理与农民的关系确立了准则。2005年10月党的十六届五中全会立足新世纪发展时机、统揽全局,提出了建设社会主义新农村的重大历史任务及统筹城乡经济社会发展的方针,并进一步明确了"生产发展、生活宽裕、乡风文明、村容整洁、管理民主"的二十字社会主义新农村建设发展要求。

2007年10月基于对"三农"在国民经济发展中重要地位的判断,党的十七大报告指出要把解决好"三农"问题作为全党工作的重中之重,并提出了打造城乡经济社会一体化发展新格局的工作方针。2012年11月党的十八大再次强调要将解决好"三农"问题摆在全党工作的重中之重,并将城乡发展一体化作为解决农业农村农民问题的根本途径,进一步明确指出了推动城乡发展一体化的基本方向与着力重点。2015年中央1号文件再次强调围绕城乡发展一体化,要深入推进新农村建设,并明确提出"繁荣农村,必须坚持不懈推进社会主义新农村建设""中国要美,农村必须美"等论断。2017年10月党的十九大提出要坚定实施乡村振兴战略,要求农村发展要以"产业兴旺、生态宜居、乡风文明、治理有效、生活富裕"二十字为目标,城乡关系要以"建立健全城乡融合发展体制机制和政策体系"为思路,明确了"加快推进农村现代化"的总任务。由上可见,从经济与政治上保障与尊重农民,到社会主义新农村建设、统筹城乡发展,再到提出"三农"问题是全党工作的重中之重、打造城乡经济社会发展一体化格局,再到城乡融合发展,党的十九大关于乡村振兴的战略部署继承与发展了党在过去四十多年里所形成的"三农"战略思想。

(2)是新时期对城乡关系的正确决策

中华人民共和国成立七十年来,城乡关系经历了巨大变迁。以改革开放为界,可以把城乡关系的发展历程分为改革开放前、后两个阶段。改革开放前,为推进工业化,国家建立了计划经济体制,这种围绕工业化建立的体制将城市和农村分割为两个部门;在计划经济体制的人民公社和统购统销制度下,国家通过工农产品的不等价交换,从农业部门获取了巨额资金,改革开放前二十多年,国家以工农产品价格"剪刀差"形式从农业中提取了大约6000亿—8000亿元的经济剩余;且从20世纪50年代开始,国家逐渐加强了城乡之间的人口流动控制,建立了城乡分割的户籍制度;这些举措为我国在人均收入水平较低的条件下,较早地达到了较高的工业化水平做出了巨大的贡献,但同时强化了中国经济和社会的二元特性,使城市和农村在生产、生活、消费等方面表现出极大的差异,城乡发展失衡,城乡间产品不能等价交易,生产等要素不能自由流动,城乡之间没有正常的市场联系,工农业发展失调,工业化没有惠及农民,农民处于贫困状态。

改革开放后,市场机制逐步引入,城乡要素交流的范围和规模逐步扩大,城乡联系不断增强,特别是党的十六大以来,党中央、国务院做出了多项重大决策部署,在统筹城乡经济社会发展方面实施了一系列的变革,取得了多项成就,城乡关系发生了积极的变化:取消农产品统购派购制度、逐步放开大多数农产品的经营,极大地释放了农村社会生产力的潜力,人均农产品生产量和消费量快速上升达到世界中等以上水平;乡镇企业迅速崛起,改变了中国国民经济结构的形式——由改革前的农村农业、城市工业二元结构转变为城市工业、农村工业、农村农业结合的多元新型经济结构;农村劳动力流动的体制性障碍的消除,使得农民外出务工有效地促进了工业带动农业、城市带动农村、发达地区带动欠发达地区;农村工业化带动了农村小城镇的复苏与发展,后者又弱化了原有城乡隔离的二元格局,奠定了城市化快速发展的基础;农村税费改革开启了"工业反哺农业、城市支持农村"的历史征程;近年来,财政支出从主要面向城市逐步转向兼顾城乡,支持包括农村社会保障、农村公共服务等在内的各项农村社会事业发展。

如上所述,改革开放以来,城乡关系虽发生了一系列积极的变化,但不得不承认计划经济体制下形成的城乡二元结构并未从根本上得到改变:农业基础地位尚不稳固,缩小城乡居民收入、社会公共事业差距的任务艰巨,土地收益在农与非农之间分配不合理,不平等的城乡劳动者就业制度依旧等。

城乡二元结构可能导致城市的"膨胀症"和农村的"凋敝症",甚至导致所谓"马太效应"——城市越来越强、农村越来越弱。在当下的中国,村落空心化或过疏化、老年人空巢化、妇女儿童留守化、熟人社会陌生化、无主体熟人社会等等乡村问题普遍存在,大量乡村正面临凋敝,乡村凋敝可能带来恶性循环,农村人口持续净流出、大量土地废耕。同时城市又需要多功能农业的产品供给,需要广大乡村绿色空间的生态支撑;农业农村承载着我国十几亿人的吃饭问题。党的十九大提出的乡村振兴战略则是对当下的城乡关系做出的正确回应,旨在遏制乡村的凋敝,平衡城乡关系,实现城乡的共生共荣。

(3)是对国际经验与教训的学习与吸取

从世界各国的发展历程来看,随着城市化及现代化进程的推进普遍会出现乡村衰落现象,其主要是由人口的迁移引发的,城市化伴随着大量的农村人口离开农村、向城市集聚,农村人口大幅减少。从发达国家来看,无论是过去的一百年还是最近的三十年,在繁华兴起的大都市背后往往会伴随着乡村的衰落。发展中国家的现代化进程更是呈现出农村人口大量涌向城市、乡村人口急剧减少、城市的贫民窟规模日趋扩大的现象。这似乎是全世界各国都难以避免的"现代化陷阱",似乎城市化、现代化的发展必然伴随着乡村衰落,乡村衰败是现代化的必然代价。

面对乡村衰落的困境,世界各国也都各自采取了应对措施。美国、欧盟等发达国家和地区最早制定了单一的农业政策,试图借其来促进农业发展和农民增收。然而,效果并不佳,乡村衰落的局面并没有因此得到改善。由此,这些国家和地区逐渐由实行单一的农业政策转为综合性的政策,综合考虑农业生产、乡村环境、农民福利等问题,制定实施了一系列的农业农村发展政策,借其来扭转乡村衰败的局面。日本和韩国的城镇化、工业化发展到一定阶段后,也都为解决乡村衰落问题先后实施了复兴乡村计划,其中,韩国采取了农民自发推动、政府政策引导的自下而上的"新乡村运动",取得了较大的成功,为其日后创造"东亚经济奇迹"打下了坚实基础。与上述国家与地区相反,拉美一些国家,在城市化发展到一定阶段后并没有实施乡村复兴,大量无法就业或不能充分就业的人口聚集在城市边缘形成贫民窟,带来了大量的社会问题,如墨西哥、阿根廷等,由于任由农村衰落,被城市化和现代化推入了"发展中国家陷阱"。

与世界大多数国家发展的进程相似,经过过去多年城市化与现代化的发展,当前中国的许多农村地区都呈现出衰败的景象,青壮年劳动力流出,农村大都是老人与孩子,村容、农田、水利、人文、生态环境等都不再欣欣向荣,农村的凋敝衰败与城市的繁华向荣形成了鲜明的反差,若不下大力气从根本上应对这一问题,则伴随着城市化现代化推进过程的乡村衰落并引发恶性后果的现象,很可能也会在中国重演。在总结世界各国的发展历程,吸取失败教训,借鉴成功经验的基础上,党的十九大提出坚定实施乡村振兴战略。

3.2　乡村振兴在行动

在党的十九大提出坚定实施乡村振兴战略后,中央及地方政府相关部门、媒体、金融机构、高等院校、社会组织、研究者等机构及个体纷纷围绕乡村振兴部署工作、开展活动,用实际行动贯彻落实及支持乡村振兴战略。

3.2.1　中央政府及部门

(1)设立组织机构

党的十九届三中全会通过了《深化党和国家机构改革方案》,其中提到为加强党对"三农"工作的集中统一领导,统筹实施乡村振兴战略,将中央农村工作领导小组办公室以及农业部的职责,财政部的农业综合开发项目、国家发展和改革委员会的农业投资项目、水利部的农田水利建设项目、国土资源部的农田整治项目等管理职责整合,组建农业农村部,作为国务院组成部门之一;中央农村工作领导小组办公室设在农业农村部。根据该方案,乡村振兴战略的贯彻落实主要由新组建的农业农村部负责。中央农村工作领导小组作为中国共产党中央委员会领导农村工作、农业经济的议事协调机构,其职责也与乡村振兴紧密相关;另外国家发展和改革委员会、财政部、国土资源部、水利部等部门的部分职责也与乡村振兴关系密切。更进一步地,国务院关于落实《政府工作报告》重点工作部门分工的意见又明确了乡村振兴的各项具体任务的负责部门。为支持乡村振兴战略的实施,中央各部委也纷纷成立乡村振兴组织机构,如民政部成立"实施乡村振兴战略领导小组"、交通运输部成立"服务乡村振兴战略推进'四好农村路'建设和脱贫攻坚领导小组"等。

(2)制定指导意见、办法、规划等

在党的十九大提出坚定实施乡村振兴战略,并对乡村振兴战略的方针、目的、工作重点等进行了概要性的阐述之后,中央政府围绕实施乡村振兴战略的核心事项、乡村振兴战略如何落地、具体从哪些方面开展工作、如何展开相关工作以实现乡村振兴等方面,结合我国的实际情况,在系统整体思考的基础上进行了进一步的部署,循序渐进制定了一系列的意见、规划,如表3-1所示,为相关部门及地区开展乡村振兴工作指明了方向、提供了指导、提出了要求。

表3-1　中央政府制定的支持乡村振兴战略落地的相关政策

发文单位	发文时间	政策名称	政策简介
国务院	2017年12月8日	关于探索建立涉农资金统筹整合长效机制的意见	在资金有限的背景下,为提高支农资金使用效益,有效助力乡村振兴而制定的相关意见。在明确总体要求(围绕实施乡村振兴战略等)的基础上,从推进行业内涉农资金整合、推进行业间涉农资金统筹、改革完善涉农资金管理体制机制、保障措施等几个方面提出了相关意见、责任分工与要求
中共中央	2018年1月2日	关于实施乡村振兴战略的意见	对党的十九大提出的乡村振兴战略的意义、总体要求进行了更具体的阐述,明确了乡村振兴的工作思路与重点:提升农业发展质量、繁荣兴盛农村文化、推进农业绿色发展、提高农民民生保障水平、加强农村基层基础工作、打好脱贫攻坚战、推进机制体制创新、强化人才支撑、开拓投融资渠道、完善党对"三农"工作的领导
中共中央、国务院	2018年9月26日	乡村振兴战略规划(2018—2022年)	据《中共中央、国务院关于实施乡村振兴战略的意见》,对实施乡村振兴战略进行阶段性的谋划,分别明确了到2020年全面建成小康社会和2022年党的二十大召开时的各项目标任务,提出了到2022年的22项具体指标,细化工作重点、实化政策措施,部署重大工程、重大行动、重大计划,是指导各地区、各部门落实乡村振兴战略、分类有序推进乡村振兴行动的重要依据
中共中央、国务院	2019年1月3日	关于坚持农业农村优先发展做好"三农"工作的若干意见	为贯彻落实党的十九大乡村振兴战略"坚持农业农村优先发展"方针提出了以实施乡村振兴战略为总抓手,精准施策,决战脱贫攻坚;夯实农业基础,保障重要农产品供给;扎实推进乡村建设,加快补齐农村公共服务和人居环境短板;发展乡村产业,拓宽农民收入来源;深化农村改革,激发乡村活力;完善乡村治理,保持农村社会和谐;发挥农村党支部作用,加强农村基层组织建设;加强党对"三农"工作的领导等八个方面工作的意见

发文单位	发文时间	政策名称	政策简介
中共中央、国务院	2019年4月15日	关于建立健全城乡融合发展体制机制和政策体系的意见	为贯彻落实党的十九大乡村振兴战略提出的建立健全城乡融合发展体制机制及政策体系的方针政策制定的指导性意见。提出了建立健全有利于城乡要素合理配置、城乡基本公共服务普惠共享、城乡基础设施一体化发展、乡村经济多元化发展、农民收入持续增长的体制机制等意见
国务院	2019年6月17日	关于促进乡村产业振兴的指导意见	为贯彻落实党的十九大乡村振兴战略提出的按照产业兴旺等总要求,加快推进农业农村现代化的政策方针制定的指导性意见。提出了突出优势特色,发展壮大乡村产业;优化乡村产业空间结构;促进产业融合发展,增强产业聚合力;推进质量兴农绿色兴农;推动创新创业升级;优化乡村产业发展环境;强化组织保障等意见

更进一步地,中共中央办公厅、国务院办公厅、农业农村部(原农业部)、中央农办、国家发展改革委等中央政府的相关部门又在党的十九大乡村振兴战略思想指引下、中央政府制定的上述意见规划的基础之上,针对不同类型的工作内容分别制定了支持与配合乡村振兴战略实现、指导各项具体工作开展的政策(办法、意见、方案、制度等),如表3-2—表3-5所示,使得乡村振兴更具操作性、更具体、更现实可行。

表3-2 中共中央办公厅、国务院办公厅印发(转发)的支持乡村振兴
战略的政策

发文单位	发文时间	政策名称	支持乡村振兴战略的举措、政策要点
国务院办公厅	2018年1月3日	关于印发《省级政府耕地保护责任目标考核办法》的通知	《中共中央、国务院关于实施乡村振兴战略的意见》提出稳步提升耕地质量、强化地方政府责任,办法是对该意见的落实;新的办法是在2005年10月28日印发的《省级政府耕地保护责任目标考核办法》基础上修订的,能更有效地适应当前的环境

续表

发文单位	发文时间	政策名称	支持乡村振兴战略的举措、政策要点
中共中央办公厅、国务院办公厅	2018年2月5日	农村人居环境整治三年行动方案	《中共中央、国务院关于实施乡村振兴战略的意见》提到要实施农村人居环境整治三年行动计划,方案是对该意见的落实
国务院办公厅	2018年3月10日	关于印发跨省域补充耕地国家统筹管理办法和城乡建设用地增减挂钩节余指标跨省域调剂管理办法的通知	《中共中央、国务院关于实施乡村振兴战略的意见》提到要改进完善耕地占补平衡管理办法、建立高标准农田建设等新增耕地指标和城乡建设用地增减挂钩节余指标跨省域调剂机制、将所得收益全部用于巩固脱贫攻坚成果和支持乡村振兴战略。这个管理办法则是对该意见的回应与具体落实,《办法》规定了有效期限,跨省域补充耕地国家统筹管理办法有效期至2022年12月31日,城乡建设用地增减挂钩节余指标跨省域调剂管理办法有效期至2020年12月31日
国务院办公厅	2018年4月25日	关于全面加强乡村小规模学校和乡镇寄宿制学校建设的指导意见	《中共中央、国务院关于实施乡村振兴战略的意见》提出要全面改善薄弱学校办学条件、加强寄宿制学校建设。这个指导意见是对上述意见的回应与具体落实
国务院办公厅	2018年8月12日	关于同意建立农村留守儿童关爱保护和困境儿童保障工作部际联席会议制度的函	《中共中央、国务院关于实施乡村振兴战略的意见》提出要健全农村留守儿童、老年人、妇女以及困境儿童关爱服务体系。该制度是在调整原农村留守儿童关爱保护工作部际联席会议制度基础上建立的新的相关制度,更有效地回应了上述意见
中共中央办公厅	2019年2月21日	关于促进小农户和现代农业发展有机衔接的意见	《中共中央、国务院关于实施乡村振兴战略的意见》提出要实现小农户和现代农业有机衔接,《乡村振兴战略规划(2018—2022年)》提出要促进小农户生产和现代农业发展有机衔接。该意见回应与具体落实了上述意见及规划

发文单位	发文时间	政策名称	支持乡村振兴战略的举措、政策要点
中共中央办公厅	2019年5月16日	数字乡村发展战略纲要	《中共中央、国务院关于实施乡村振兴战略的意见》和《乡村振兴战略规划（2018—2022年）》都提出了要实施数字乡村战略。该纲要是上述意见及规划的具体落实
中共中央办公厅、国务院办公厅	2019年6月10日	关于做好地方政府专项债券发行及项目配套融资工作的通知	《中共中央、国务院关于实施乡村振兴战略的意见》提到支持地方政府发行一般债券用于支持乡村振兴等公益性项目、鼓励地方政府试点发行收益自平衡和项目融资的专项债券等。该通知回应了上述相关意见；另外，该通知还专门提到了鼓励地方政府以及金融机构合法合规使用专项债券及其他市场化融资方式，重点支持京津冀协同发展等重大战略和乡村振兴战略，以及易地扶贫搬迁后续扶持、农业农村基础设施等领域以及其他纳入"十三五"规划符合条件的重大项目建设

表3-3 农业农村部（原农业部）（牵头）制定的支持乡村振兴战略的政策

发文单位	发文时间	政策名称	支持乡村振兴战略的举措、政策要点
农业部办公厅	2017年12月5日	关于支持创建农村一、二、三产业融合发展先导区的意见	党的十九大报告提到促进农村一、二、三产业融合发展，《中共中央、国务院关于实施乡村振兴战略的意见》提到构建农村一、二、三产业融合发展体系，《乡村振兴战略规划（2018—2022年）》提到发挥引领区示范作用。该意见是对上述部署要求的回应与具体落实
农业农村部	2018年4月13日	关于开展休闲农业和乡村旅游升级行动的通知	《中共中央、国务院关于实施乡村振兴战略的意见》提到要实施乡村旅游和休闲农业精品工程。该通知回应与落实了上述意见
农业农村部	2018年4月24日	关于大力实施乡村就业创业促进行动的通知	党的十九大报告提到"支持和鼓励农民就业创业"，《中共中央、国务院关于实施乡村振兴战略的意见》提到"实施乡村就业创业促进行动"。该通知回应与落实了上述相关部署与意见

续表

发文单位	发文时间	政策名称	支持乡村振兴战略的举措、政策要点
农业农村部 财政部	2018年 5月7日	关于开展2018年国家现代农业产业园创建工作的通知	《中共中央、国务院关于实施乡村振兴战略的意见》提到"建设现代农业产业园"。这个通知回应与落实了该意见
中国邮政储蓄银行	2018年 5月9日	关于加强农业产业化领域金融合作 助推实施乡村振兴战略的意见	《中共中央、国务院关于实施乡村振兴战略的意见》提到要加大中国邮政储蓄银行对乡村振兴支持力度。这个意见回应与落实了上述部署要求
农业农村部 财政部	2018年 5月10日	农业产业化国家重点龙头企业认定和运行监测管理办法	《中共中央、国务院关于实施乡村振兴战略的意见》提到要实施新型农业经营主体培育工程，培育农业产业化联合体、社会化服务组织等。该办法是对上述意见的回应支持
农业农村部	2018年 6月6日	关于实施农村一、二、三产业融合发展推进行动的通知	党的十九大报告提到要促进农村一、二、三产业融合及发展，《中共中央、国务院关于实施乡村振兴战略的意见》提到要构建农村三产业融合发展体系。该意见是对上述部署要求的回应，包括推进行动的重要意义、总体要求、目标任务、保障措施四个方面的内容
农业农村部 财政部	2018年 6月12日	关于深入推进农村一、二、三产业融合发展开展产业兴村强县示范行动的通知	十九大报告提到促进农村一、二、三产业融合及发展，《中共中央、国务院关于实施乡村振兴战略的意见》提到构建农村一、二、三产业融合发展体系、实施产业兴村强县行动，《乡村振兴战略规划（2018—2022年）》提出发挥引领区示范作用。该通知是对上述部署要求的回应与具体落实
农业农村部	2018年 7月2日	农业绿色发展技术导则（2018—2030年）	党的十九大提出必须坚定不移地贯彻绿色发展理念，《中共中央、国务院关于实施乡村振兴战略的意见》提出要深入推进农业绿色化。该导则是对上述部署要求的回应与具体落实
农业农村部办公厅	2018年 8月5日	关于批准开展2018年农业产业强镇示范建设的通知	该通知明确指出农业产业强镇示范建设工作是根据中央农村工作会议、《中共中央、国务院关于实施乡村振兴战略的意见》有关部署要求，为深化农业供给侧结构改革，推动实施乡村振兴战略而启动的

发文单位	发文时间	政策名称	支持乡村振兴战略的举措、政策要点
农业农村部办公厅	2018年9月30日	乡村振兴科技支撑行动实施方案	《中共中央、国务院关于实施乡村振兴战略的意见》多次提到科技，《乡村振兴战略规划（2018—2022年）》提到"强化农业科技支撑"。该实施方案是对上述部署要求的回应与具体落实
财政部人民银行	2018年12月19日	关于开展土地经营权入股发展农业产业化经营试点的指导意见	《中共中央、国务院关于实施乡村振兴战略的意见》提到农村承包土地经营权可以依法入股从事农业产业化经营，《乡村振兴战略规划（2018—2022年）》提到推进承包土地经营权等抵押贷款试点、探索县级土地储备公司参与承包土地经营权抵押试点工作。这个指导意见是对上述相关部署要求的回应与具体落实
科技部发展改革委财政部卫生健康委银保监会	2018年12月24日	关于进一步促进奶业振兴的若干意见	《中共中央、国务院关于实施乡村振兴战略的意见》和《乡村振兴战略规划（2018—2022年）》都提到"做大做强民族奶业"。该意见是对上述部署要求的回应与具体落实
农业农村部办公厅	2019年3月15日	关于做好2019年农业产业强镇示范建设工作的通知	通知明确提出该工作是在2018年工作的基础上，为贯彻落实《关于坚持农业农村优先发展做好"三农"工作的若干意见》的精神，培育壮大乡村产业，继续开展的相关工作
农业农村部	2019年6月21日	关于进一步做好贫困地区集体经济薄弱村发展提升工作的通知	《中共中央、国务院关于实施乡村振兴战略的意见》和《乡村振兴战略规划（2018—2022年）》都多次提到集体经济，后者更是明确提出"发展壮大农村集体经济"。该通知是对上述意见的回应与落实

表3-4　中央农办(牵头)制定的支持乡村振兴战略的政策

发文单位	发文时间	政策名称	支持乡村振兴战略的举措、政策要点
中央农办 卫生健康委 农业农村部 住房城乡建设部 发展改革委 文化和旅游部 财政部	2018年12月25日	关于推进农村"厕所革命"专项行动的指导意见	《中共中央、国务院关于实施乡村振兴战略的意见》提出"坚持不懈推进农村'厕所革命'",《乡村振兴战略规划(2018—2022年)》提出"实施'厕所革命'"。该意见是对上述部署的回应与落实
中央农办 国家发展改革委 农业农村部 财政部 住房城乡建设部 国家卫生健康委 国务院扶贫办 全国供销合作总社 共青团中央 全国妇联	2018年12月29日	农村人居环境整治村庄清洁行动方案	《中共中央、国务院关于实施乡村振兴战略的意见》和《乡村振兴战略规划(2018—2022年)》都提到"持续改善农村人居环境"。该方案是对上述部署的回应与落实
中央农办 自然资源部 农业农村部	2019年1月	关于统筹推进村庄规划工作的意见	《乡村振兴战略规划(2018—2022年)》提到推动村庄规划管理全覆盖,推进实用性村庄规划编制的实施,加强乡村建设规划的许可管理。该意见是对上述部署的具体落实
中央农办 农业农村部	2019年4月	关于做好农村"厕所革命"整村推进财政奖补政策组织实施工作的通知	通知明确指出是为贯彻《中共中央、国务院关于实施乡村振兴战略的意见》,中办、国办印发的《农村人居环境整治三年行动方案》,中央农办、财政部等八部委联合印发的《关于推进农村"厕所革命"专项行动的指导意见》而印发

表3-5　发改委（牵头）制定的支持乡村振兴战略的政策

发文单位	发文时间	政策名称	支持乡村振兴战略的举措、政策要点
国家发展改革委	2018年2月26日	关于扎实推进农村人居环境整治行动的通知	《中共中央、国务院关于实施乡村振兴战略的意见》提到"持续改善农村人居环境"。该通知是对上述部署的回应与落实
国家发展改革委粮食和储备局科技部	2018年5月11日	关于"科技兴粮"的实施意见	意见明确指出是为落实国家粮食安全战略、创新驱动发展战略、乡村振兴战略而制定的
国家发展改革委办公厅	2018年8月30日	关于建立特色小镇和特色小城镇高质量发展机制的通知	《中共中央、国务院关于实施乡村振兴战略的意见》提到落实高质量发展的要求、建设一批特色小镇。该通知是对上述部署的回应及具体落实
国家发展改革委工业和信息化部农业农村部商务部财政部文化和旅游部	2018年10月11日	国家农村产业融合发展示范园认定管理办法（试行）、评审标准	《乡村振兴战略规划（2018—2022年）》提到依托农村产业融合发展示范园等打造农村产业融合发展的平台载体、提到"发挥引领区示范作用"。该办法与评审标准是对上述部署的具体落实
国家发展改革委工业和信息化部农业农村部自然资源部商务部文化和旅游部	2019年2月2日	关于印发首批国家农村产业融合发展示范园名单的通知	同上，通过国家补助、政策优惠等激励措施及竞争性筛选，激励、扶持国家农村产业融合发展
国家发展改革委水利部	2019年4月15日	国家节水行动方案	《中共中央、国务院关于实施乡村振兴战略的意见》提到"推进节水供水重大水利工程""实施国家农业节水行动"，《乡村振兴战略规划（2018—2022年）》也多次提到节水。该方案是对上述部署要求的回应与具体落实

乡村振兴作为"三农"工作的总抓手,得到了农业农村部、中央农办、国家发展改革委这些承担国家农业农村工作主要职责部门的大力支持,他们制定了上述支持乡村振兴战略落地的相关意见、规划、方案等,同时乡村振兴战略被党的十九大列为国家战略,因此也得到了国家体育总局、财政部、商务部、科学技术部、林业局、国家旅游局、教育部等国家部委以及最高人民法院等机构的支持,这些机构也分别结合各自的职责分工,制定出台了与本部门职责紧密相关的、支持配合乡村振兴战略的相关意见、规划等,如表3-6所示。

表3-6 中央和国家其他部门及最高人民法院制定的支持乡村振兴战略的政策

发文单位	发文时间	政策名称	支持乡村振兴战略的举措、政策要点
农业部 国家体育总局	2017年12月24日	关于进一步加强农民体育工作的指导意见	意见提到发展农民体育事业是乡村振兴战略的重要组成部分,意见就推动全民健身向农民覆盖和倾斜,提高农民群众的身体素质,满足农民群众美好生活的需要,进一步加强农民体育工作提出了指导建议,并专门提到了多渠道加大农民体育工作经费投入。该政策出台之后制定的《乡村振兴战略规划(2018—2022年)》多次提到体育
国家广播电视总局	2018年3月6日	关于推荐2018年农家书屋重点出版物的通知	为指导各地做好2018年农家书屋出版物的选配以及采购工作而编制,通知明确要求推荐的出版物须助力乡村振兴战略的实施
全国爱卫会办公室	2018年5月14日	关于进一步推进农村户厕建设的通知	为贯彻落实《关于实施乡村振兴战略的意见》和《农村人居环境整治三年行动方案》精神而制定
商务部	2018年5月22日	关于推进农商互联助力乡村振兴的通知	《中共中央、国务院关于实施乡村振兴战略的意见》提到要打造农产品销售公共服务平台,健全农产品产销稳定衔接机制等。该通知是对上述意见的贯彻落实,通知明确了农商互联的意义、指导思想和主要目标、重点任务、参与主体及资质条件、工作要求等

发文单位	发文时间	政策名称	支持乡村振兴战略的举措、政策要点
中共科学技术部党组	2018年8月7日	关于创新驱动乡村振兴发展的意见	《中共中央、国务院关于实施乡村振兴战略的意见》多次提到创新。该意见回应了上述部署要求,意见论证了乡村振兴与创新的关系,明确了创新驱动乡村振兴发展的意义、总体要求、主要任务及保障措施等
财政部	2018年7月13日	关于印发跨省域补充耕地资金收支管理办法和城乡建设用地增减挂钩节余指标跨省域调剂资金收支管理办法的通知	为贯彻落实《中共中央 国务院关于实施乡村振兴战略的意见》《国务院办公厅关于印发跨省域补充耕地国家统筹管理办法和城乡建设用地增减挂钩节余指标跨省域调剂管理办法的通知》的部署要求而制定的资金收支管理办法
财政部	2018年9月27日	财政部贯彻落实实施乡村振兴战略的意见	为贯彻落实党的十九大、《中共中央、国务院关于实施乡村振兴战略的意见》精神,积极发挥财政职能作用,支持乡村振兴战略实施,推进农业农村现代化而制定。提出了把握支持实施乡村振兴战略的总体要求、健全实施乡村振兴战略的多元投入保障制度、完善财政支持实施乡村振兴战略的政策体系、提升财政资金管理水平和政策成效、加强组织保障等意见
最高人民法院	2018年2月28日	关于认真学习贯彻《中共中央、国务院关于实施乡村振兴战略的意见》的通知	在明确人民法院所肩负的为乡村振兴助力护航的职责使命基础之上,提出了严举措守卫平安乡村、挑大梁建设法治乡村、高质量护航美丽乡村、树导向培育文明乡村的四点意见

续表

发文单位	发文时间	政策名称	支持乡村振兴战略的举措、政策要点
最高人民法院	2018年10月23日	关于为实施乡村振兴战略提供司法服务和保障的意见	为贯彻落实习近平总书记关于乡村振兴战略的论述、党的十九大精神和《中共中央、国务院关于实施乡村振兴战略的意见》《乡村振兴战略规划（2018—2022年）》，发挥人民法院的作用，为实施乡村振兴战略提供司法服务和保障而制定。提出了增强为乡村振兴战略实施提供司法服务和保障的责任感和使命感，推进为乡村振兴战略实施提供司法服务和保障工作向纵深发展，夯实农业农村现代化发展的基础，助推乡村生态文明建设，促进文明和谐平安乡村建设，推动乡村治理体系和治理能力现代化等意见
生态环境部 农业农村部	2018年11月6日	农业农村污染治理攻坚战行动计划	治理农业农村污染，是实施乡村振兴战略的重要任务，计划明确了农业农村污染治理的总体要求、主要任务、保障措施等内容
文化和旅游部等17个部委	2018年11月15日	关于促进乡村旅游可持续发展的指导意见	为贯彻落实《中共中央、国务院关于实施乡村振兴战略的意见》和《乡村振兴战略规划（2018—2022年）》，推动乡村旅游提质增效，促进乡村旅游可持续发展，加快形成农业农村发展新动能，在明确促进乡村旅游可持续发展的总体要求基础上，提出了加强规划引领，优化区域布局；完善基础设施，提升公共服务；丰富文化内涵，提升产品品质；创建旅游品牌，加大市场营销；注重农民受益，助力脱贫攻坚；整合资金资源，强化要素保障等意见
中央组织部 财政部 农业农村部	2018年11月19日	关于坚持和加强农村基层党组织领导扶持壮大村级集体经济的通知	《中共中央、国务院关于实施乡村振兴战略的意见》提到推进农村集体产权制度改革，《乡村振兴战略规划（2018—2022年）》明确提出发展壮大农村集体经济。该通知是对该意见及规划的贯彻与落实

续表

发文单位	发文时间	政策名称	支持乡村振兴战略的举措、政策要点
国家卫生健康委水利部农业农村部国家市场监管总局国务院扶贫办	2018 年 11 月 29 日	关于印发地方病防治专项三年攻坚行动方案(2018—2020 年)的通知	方案提到"将地方病防治工作与乡村振兴战略和脱贫攻坚紧密结合",方案包括指导思想和基本原则、目标、重点任务、组织实施四方面的内容
生态环境部	2018 年 12 月 5 日	关于生态环境保护助力打赢精准脱贫攻坚战的指导意见	在明确总体要求的基础上提出了加大对深度贫困地区支持力度、加强生态环境保护扶贫、健全长效机制、强化支撑保障等意见
中国农业科学院	2018 年 12 月 10 日	中国农业科学院乡村振兴科技支撑规划(2018—2035 年)	明确了科技创新、引领示范、成果转化、能力建设四大重点任务,旨在围绕乡村振兴取得决定性进展、基本实现农业农村现代化的阶段目标,培育一支懂农业、爱农村、爱农民的农业科技队伍,形成定位清晰、科学管理、布局合理、支撑高效的农业科技创新平台体系,突破一批基础前沿技术,攻克一批核心技术,集成一批农业绿色发展模式,转化一批重大科技成果,打造一批乡村振兴科技示范县,加强科学普及、技术推广和技能培训,全面支撑产业兴旺、生态宜居、生活富裕和农业农村现代化
水利部办公厅	2018 年 12 月 19 日	关于实施乡村振兴战略加强农村河湖管理的通知	为深入贯彻实施乡村振兴战略,全面加强农村河湖管理,在明确总体要求的基础上,给出了重点任务与保障措施
教育部	2018 年 12 月 29 日	高等学校乡村振兴科技创新行动计划(2018—2022 年)	为深入贯彻党的十九大精神、落实《中共中央、国务院关于实施乡村振兴战略的意见》和《乡村振兴战略规划(2018—2022 年)》,推动高校深入服务乡村振兴战略实施制定,在明确总体要求的基础上,给出了高等学校乡村振兴科技创新行动计划的重点任务、支持保障等内容

续表

发文单位	发文时间	政策名称	支持乡村振兴战略的举措、政策要点
中国人民银行 证监会 银保监会 农业农村部 财政部	2019年 1月29日	关于金融服务乡村振兴的指导意见	为提升金融服务乡村振兴效率和水平制定，在明确总体要求、目标和原则基础上，给出了坚持农业农村金融改革发展的正确方向，健全支持乡村振兴发展的金融服务组织体系；明确金融重点支持领域，加大向乡村振兴重点领域和薄弱环节的倾斜力度；创新金融产品和服务方式；建立健全资金供给体系，拓宽融资来源；加强基础设施建设，营造良好的乡村金融生态环境；完善政策保障体系，加强组织领导，推动政策落实的指导意见
文化和旅游部	2019年 2月14日	关于命名2018—2020年度"中国民间文化艺术之乡"的通知	"中国民间文化艺术之乡"是自1987年起文化部设立的一个文化品牌项目。该通知命名了175个县（市、区）、乡镇（街道）为2018—2020年度"中国民间文化艺术之乡"。通知要求各级文化和旅游行政部门和有关地方要按照乡村振兴战略总体要求，加强过程管理，推动文旅融合，激发群众创新创造活力，为建设社会主义文化强国做出新的贡献等
中央宣传部 教育部 中央文明办 农业农村部 财政部 文化和旅游部 共青团中央 国家广播电视总局 中国残联 全国妇联	2019年 2月26日	农家书屋深化改革创新提升服务效能实施方案	方案明确提出为提升农家书屋质量及效能，助力乡村振兴战略实施而制定。方案包括目标、系列措施与组织保障等内容

续表

发文单位	发文时间	政策名称	支持乡村振兴战略的举措、政策要点
中国银保监会办公厅	2019年3月1日	关于做好2019年银行业保险业服务乡村振兴和助力脱贫攻坚工作的通知	通知面向各银保监局、银行、保险公司、保险专业中介机构、保险资产管理公司,提出了坚守定位,优化服务乡村振兴体制机制;精准服务乡村振兴重点领域和薄弱环节;创新产品和服务模式;加强融合,简化审批,推动基础金融服务扩面提质;精准施策,助力打赢脱贫攻坚战;净化乡村金融环境;严格考核,完善差异化监管政策等意见
中华全国供销合作总社	2019年3月7日	关于供销合作社促进小农户和现代农业发展有机衔接工作实施方案	《中共中央、国务院关于实施乡村振兴战略的意见》提到促进小农户和现代农业有机衔接。该方案旨在发挥供销合作社在促进小农户和现代农业有机衔接方面的独特优势与重要作用,包括总体要求、工作举措、保障措施等内容
财政部农业农村部	2019年4月3日	关于开展农村"厕所革命"整村推进财政奖补工作的通知	通知明确了中央财政安排资金,用大约五年的时间,以奖补方式引导和支持各地推动有条件的农村普及卫生厕所,实现厕所粪污基本得到处理和资源化利用,并进一步明确了奖补原则、奖补程序、有关要求等
国家邮政局财政部国家发展改革委商务部农业农村部供销合作总社文化和旅游部	2019年4月15日	关于推进邮政业服务乡村振兴的意见	为贯彻落实《中共中央、国务院关于实施乡村振兴战略的意见》《乡村振兴战略规划(2018—2022年)》,持续提升邮政业服务"三农"能力,加快推进农业农村现代化制定的相关意见,在明确总体要求的基础上,意见给出了推进邮政业服务乡村振兴的主要任务、保障措施等
文化和旅游部国家发展改革委	2019年6月6日	关于开展全国乡村旅游重点村名录建设工作的通知	为贯彻落实乡村振兴战略,推进乡村旅游高质量发展开展的相关工作,入选名录的旅游重点村优先享受国家有关支持政策。通知明确了工作目标、遴选标准、工作程序、工作要求、后续支持和管理等

(3)提供资金支持

除了通过制定指导意见、办法、规划等理清乡村振兴工作思路，为地方及下属机构提供方向与智力支持、引导其开展乡村振兴工作以外，中央政府还通过设立农业生产发展资金、动物防疫等补助经费、农业资源及生态保护资金、农业生产救灾补助资金等方式投入真金白银来支持农业农村发展、支持乡村振兴战略。2018 年、2019年国家资助的农业项目及实施方案与任务清单要点如表3-7、表3-8所示。

表3-7 2018 年中央财政资助农业项目、实施方案与任务清单

资金类型	项目名称	实施方案及任务清单要点
农业生产发展资金	耕地地力保护	按照《财政部、农业部关于全面推开农业"三项补贴"改革工作的通知》(财农〔2016〕26 号)相关要求执行
	粮食适度规模经营	按照《财政部、农业部关于全面推开农业"三项补贴"改革工作的通知》(财农〔2016〕26 号)相关要求执行；推进农业生产社会化服务；支持家庭农场发展
	开展农机购置补贴	具体按照《2018—2020 年农机购置补贴实施指导意见》(农办财〔2018〕13 号)相关要求执行
	国家现代农业产业园建设	根据《关于开展 2018 年国家现代农业产业园创建工作的通知》相关要求开展工作
	优势特色主导产业发展	支持各地围绕具有区域优势、地方特色等农业主导产业，发展优势特色主导产业带及重点生产区域，通过标准化绿色化生产、全产业链经营、全程化质量监管、产业融合发展，做优做大做强优势特色产业，培育打造一批有影响力的区域公用品牌、产品品牌，示范引导走产出高效、资源节约、产品安全、环境友好的农业现代化道路
	培育新型农业经营主体	新型职业农民培育；支持农民合作社发展；支持农村集体资产清产核资，依据农业部、财政部等联合印发《关于全面开展农村集体资产清产核资工作的通知》(农经发〔2017〕11号)有关要求执行

续表

资金类型	项目名称	实施方案及任务清单要点
农业生产发展资金	农业结构调整	扩大耕地轮作休耕制度试点,依据《农业部、财政部关于做好2018年耕地轮作休耕制度试点工作的通知》(农农发〔2018〕2号)有关要求执行;粮改饲试点;重金属污染耕地修复和种植结构调整
	绿色高效技术推广服务	绿色高质高效创建;基层农技推广体系改革;农机深松整地,根据《全国农机深松整地作业实施规划(2016—2020年)》有关要求执行;旱作农业和地膜清洁生产技术推广;果菜茶有机肥替代化肥试点推进
	农村一、二、三产业融合发展	实施产业兴村强县行动;农产品产地初加工补助政策实施;推进马铃薯主食开发;进一步实施信息进村入户整省推进示范
	畜牧业转型升级	畜禽粪污资源化利用;高产优质苜蓿示范基地建设;发展南方现代草地畜牧业;支持牧区畜牧良种推广;支持蜂业质量提升
	开展地下水超采区农业种植结构调整	以河北省黑龙港流域为重点,以休耕为重点开展种植结构调整,推广水肥一体化等农艺节水措施,建立旱作雨养种植的半休耕制度
农业资源及生态保护补助资金	耕地质量提升	耕地保护与质量提升;贯彻落实《东北黑土地保护规划纲要(2017—2030年)》进行东北黑土地保护利用;农作物秸秆综合利用试点,在全国范围内整县推进,打造一批全量利用样板县,探索可推广、可持续的技术路线、模式和机制
	渔业增殖放流	严格贯彻落实《农业部办公厅关于进一步规范水生生物增殖放流工作的通知》(农办渔〔2017〕49号)的相关要求
	新一轮草原生态保护补助奖励	按照《农业部办公厅、财政部办公厅关于印发〈新一轮草原生态保护补助奖励政策实施指导意见(2016—2020年)〉的通知》(农办财〔2016〕10号)相关要求执行
	长江流域重点水域禁捕	贯彻落实2018年中央1号文件"建立长江流域重点水域禁捕补偿制度"的要求

续表

资金类型	项目名称	实施方案及任务清单要点
动物防疫等补助经费	强制免疫补助	按照2017年农业部办公厅、财政部办公厅联合印发的《动物疫病防控财政支持政策实施指导意见》(农办财〔2017〕35号)的有关要求执行
	强制扑杀补助	
	养殖环节无害化处理补助	按照农业部办公厅、财政部办公厅联合印发的《动物疫病防控财政支持政策实施指导意见》(农办财〔2017〕35号)相关要求执行；根据《国务院办公厅关于建立病死畜禽无害化处理机制的意见》(国办发〔2014〕47号)的要求做好养殖环节无害化处理工作
农业生产救灾及特大防汛抗旱补助资金	农作物重大病虫害统防统治	突出开展小麦等主要农作物重大病虫及农区蝗虫防控,在合适的时机开展应急防治,大力度推进统防统治,全程承包服务模式推广。支持开展病虫绿色防控技术示范推广,加强防控技术指导和病虫害监测预警。要求项目实施区统防统治覆盖率超过50%,绿色防控覆盖率超过30%,实现重大病虫不大面积暴发成灾、蝗虫不起飞危害
	草原鼠害防治	在草原生态保护补助奖励政策实施省份和新疆生产建设兵团实施,草原鼠害应急防控体系完善,肉毒素等绿色防控技术推广,加大力度开展雷公藤等新型药剂筛选与新技术示范,扩大防治面积,提高防控比例
	草原蝗虫防治	在草原生态保护补助奖励政策实施省份及新疆生产建设兵团实施,科学划分应急防治区和生物防治区,大力推进专业化防治服务队建设,逐步扩大飞机防治面积,因地制宜开展生物防治、生态控制和化学防治相结合的综合治理措施,进一步推广牧鸡牧鸭等天敌利用和保护技术,开展微生物治蝗试验示范,提高生物防治比例
	边境草原防火隔离带建设	在内蒙古、甘肃、吉林、新疆四省区实施,建设长度为2882千米、宽度为50—150米、特殊地段加宽处理不超过300米的边境草原防火隔离带
农村土地承包经营权确权登记颁证补助资金	农村土地承包经营权确权登记颁证工作	2018年是政策实施的最后一年,是中央财政安排补助资金的最后一年
	农垦国有土地使用权确权登记发证工作	依据《中共中央、国务院关于进一步推进农垦改革发展的意见》要求开展工作,努力争取在2018年底大致完成农垦国有土地使用权确权登记发证的任务

表 3-8　2019 年中央财政资助农业项目、实施方案与任务清单

	项目名称	实施方案及任务清单要点
农业生产发展资金项目	耕地地力保护补贴	原则上补贴对象为拥有耕地承包权的种地农民。补贴资金通过"一卡(折)通"等形式直接发放到户。各省(直辖市、自治区)继续按照农业部、财政部《关于全面推开农业"三项补贴"改革工作的通知》(财农〔2016〕26号)的相关要求执行
	农机购置补贴	各省(直辖市、自治区)在中央财政补贴农机购置机具种类范围内选择确定本省补贴机具品类目录,具体政策和操作方式继续依据《2018—2020年农机购置补贴实施指导意见》有关要求执行
	全面推进畜禽粪污资源化利用	贯彻落实《国务院办公厅关于加快推进畜禽养殖废弃物资源化利用的意见》(国办发〔2017〕48号)的有关要求,支持畜牧大县开展畜禽粪污资源化利用,实现畜牧养殖大县粪污资源化利用整县治理。依据政府支持、企业主体、市场化运作的原则,以就近就地用于农村能源和农用有机肥为主要方式,(扩)建设畜禽粪污收集(利用)等处理设施、大型沼气工程、区域性粪污集中处理中心等,实现规模养殖场全部实现粪污处理和资源化利用,形成种养循环发展、农牧结合的产业格局
	推广地膜回收利用和旱作节水技术	继续在内蒙古、新疆、甘肃支持100个县整县推进废旧地膜回收利用,鼓励其余地区自主开展探索,支持建立多种方式的回收利用机制,建立健全废旧地膜回收加工体系,探索生产者责任延伸(谁生产、谁回收)制度。以玉米等作物为重点,示范推广水肥一体化等旱作节水技术,提高天然降水和灌溉用水利用效率
	推进有机肥替代化肥	支持重点县开展果菜茶有机肥替代化肥,与畜禽粪污资源化利用整县治理相结合推进工作,支持使用经畜禽粪污资源化利用产生的有机肥,配套设施设备,集中连片推广堆肥还田等技术模式。鼓励通过政府购买服务等方式,促进有机肥统供统施等社会化服务的发展,探索一批"果沼畜"等生产运营模式,促进资源循环利用及果菜茶提质增效

续表

	项目名称	实施方案及任务清单要点
农业生产发展资金项目	开展农机深松整地	根据《全国农机深松整地作业实施规划（2016—2020年）》的有关要求，支持适宜地区开展农机深松整地。通过中央财政下达预算中统筹安排支持承担任务的相关省份。广西壮族自治区及东北四省区可依据实际需要，在适宜的地区进行农机深翻（深耕）作业补助
	实施重点作物绿色高质高效行动	继续开展重点县绿色高质高效行动，突出小麦、水稻、玉米三大谷物，棉花等经济作物以及大豆等油料作物，集成推广"全环节"绿色高质高效技术模式，探索构建"全产业链"生产模式和"全过程"社会化服务体系，带动"全县域"生产水平提升，增加绿色优质农产品供给。中央财政通过下达预算中统筹安排支持承担任务的相关省份
	推动优势特色主导产业发展	围绕区域优势特色主导产业，发展一批特色产业集聚区，示范引导一县一业、一镇一特、一村一品发展。选择地理特色鲜明、市场认可度高、有发展潜力的200个地理标志农产品，进行保护提升。实施优质高效绿色循环特色农业促进项目，形成一批主要以生产、加工绿色优质农产品为基础，集科技创新、休闲观光、种养结合等于一体的农业产业集群。中央财政通过下达预算中统筹安排支持承担任务的相关省份
	创建国家现代农业产业园	立足优势特色产业，聚集多方力量建设以规模化种养基地为依托、龙头企业带动、现代生产要素聚集、集生产加工科技于一体的现代农业产业集群。2019年继续开展国家现代农业产业园创建工作，择优认定一批国家现代农业产业园。创建工作由各省（直辖市、自治区）负责，农业农村部、财政部负责认定符合条件的产业园，中央财政视情况安排部分奖补资金
	开展农业产业强镇示范建设	根据《关于批准开展2019年农业产业强镇建设的通知》《关于做好2019年农业产业强镇示范建设工作的通知》开展相关工作，中央财政安排奖补资金支持
	推进信息进村入户	依据"市场主体、政府引导"原则，支持天津、河北等七个省份开展益农信息社整省推进建设。严格依据《农业部关于全面推进信息进村入户工程的实施意见》（农市发〔2016〕7号）的有关要求组织实施。采取市场化建设运营信息进村入户，中央财政给予一次性奖补

续表

	项目名称	实施方案及任务清单要点
农业生产发展资金项目	深化基层农技推广体系改革建设	支持符合要求的农业县承担体系改革建设任务,强化乡镇级为农服务体系建设,提升基层农技人员服务水平和能力,推广应用一批符合节本增效、优质安全、绿色发展的重大技术模式。加快农技推广信息化建设。继续在浙江、江苏等八个省份开展农业重大技术协同推广工作试点,支持其他省份自主开展协同推广试点工作。在贫困地区全面实施农技推广服务特聘计划,从农业乡土专家等人员中招募一批特聘农技员,为产业扶贫提供有力支撑
	开展农村集体资产清产核资	继续按照原农业部、财政部等部门联合印发的《关于全面开展农村集体资产清产核资工作的通知》(农经发〔2017〕11号)的有关要求组织实施
	扩大耕地轮作休耕制度试点	2019年中央财政支持3000万亩轮作休耕试点。其中,2500万亩轮作试点,主要在东北冷凉区、黄淮海地区、北方农牧交错区和长江流域的大豆、油菜、花生产区实施;500万亩休耕试点,主要在地下水超采区、西南石漠化区、重金属污染区、西北生态严重退化地区实施
	推动奶业振兴和畜牧业转型升级	重点支持家庭牧场和奶业合作社的发展以及制约奶业发展的优质饲草种植。积极推进粮改饲,加快发展草牧业,大力发展苜蓿等优质饲草料生产,促进鲜奶品质提升、产量增加。将奶农发展奶业合作社、家庭牧场等纳入新型经营主体培育工程优先重点支持,支持建设优质奶源基地,中央财政通过下达预算中统筹安排支持承担任务的相关省份。在内蒙古等8个主要草原牧区省份对使用良种精液进行人工授精的肉牛养殖场(户、小区),以及牦牛能繁母牛、存栏能繁母羊进行补助。支持和鼓励推广应用优良精液和种猪。在江苏、黑龙江等10个蜂业主产省开展蜂业质量提升行动,建设优质高效蜂产业发展示范区,开展蜜源植物保护利用等,中央财政通过下达预算中统筹安排支持承担任务的相关省份
	支持地下水超采综合治理区种植结构调整	继续以河北省黑龙港流域为重点,以休耕为重点开展种植结构调整,推广水肥一体化等农艺节水措施,建立旱作雨养种植的半休耕制度
	支持重金属污染耕地治理修复和种植结构调整	继续以湖南省长潭株地区为重点,加强产品与产地重金属监测,进一步加强安全利用和修复治理示范,继续推广VIP等污染耕地安全利用技术模式,探索可复制推广的安全利用污染耕地的模式。实施耕地休耕试点,推行种植结构调整

续表

项目名称	实施方案及任务清单要点
农业生产发展资金项目	
实施新型职业农民培育工程	围绕农业职业经理人、现代青年农场主等,培育更多爱农业、懂技术、善经营的新型职业农民。支持有能力的农民合作社、农业龙头企业、专业技术协会等主体承担培训工作。各地要做好相应的培训工作,提升培育的针对性、规范性和有效性,创新培训机制、培训方式和手段,加强职业农民制度建设,完善支持政策,促进职业农民全面发展
支持农民合作社和家庭农场等主体能力建设	支持县级以上农民合作社联合社、农民合作社示范社及高质量发展,培育一批规模适度的家庭农场。支持家庭农场和农民合作社建设清选包装、烘干、冷藏保鲜等产地初加工设施,开展"三品一标"等,提高产品质量和市场竞争力
大力推进农业生产社会化服务	支持农村集体经济组织等可提供有效稳定服务、具有一定能力的主体,为生产粮油棉糖等重要农产品的农户提供土地托管、农技推广等农业生产性服务。财政进行适当补助,降低农户使用服务的价格
完善农业信贷担保体系建设	支持各地采取业务奖补、担保费补助等方式,缓解农业经营主体"贷款难、贷款贵"问题,降低适度规模经营主体融资成本。重点聚焦粮食生产等优势特色产业,农资等农业社会化服务,农村一、二、三产业融合发展等农村新业态,发挥全国农业信贷担保体系作用
农业资源及生态保护补助项目	
支持耕地质量提升	耕地保护与质量提升;贯彻落实《东北黑土地保护规划纲要(2017—2030年)》,在辽宁等四省(区)实施东北黑土地保护利用,鼓励社会化服务组织和新型农业经营主体承担实施任务,建立集中连片示范区,展示一批黑土地保护利用模式,支持控制黑土流失等技术措施和工程措施的开展;农作物秸秆综合利用试点
渔业资源保护	重点水域渔业增殖放流,严格贯彻落实《农业部办公厅关于进一步规范水生生物增殖放流工作的通知》(农办渔〔2017〕49号)的有关要求,实现渔业的可持续发展;依据《农业农村部、财政部、人力资源社会保障部关于印发〈长江流域重点水域禁捕和建立补偿制度实施方案〉的通知》(农长渔发〔2019〕1号)开展长江流域重点水域禁捕,提供长江流域重点水域禁捕补偿和渔业发展与船舶报废拆解更新补助
落实对农牧民的补助奖励政策	依据《农业部办公厅、财政部办公厅关于印发〈新一轮草原生态保护补助奖励政策实施指导意见(2016—2020年)〉的通知》(农办财〔2016〕10号)的有关要求执行

续表

	项目名称	实施方案及任务清单要点
动物防疫等补助经费项目	强制免疫补助	对购买动物防疫服务和实施强制免疫等予以补助。大力推进强制免疫的"先打后补",确保规模养殖场在2020年全面实现"先打后补"。具体实施要求继续依据财政部办公厅、农业农村部办公厅联合印发的《动物疫病防控财政支持政策实施指导意见》(农办财〔2017〕35号)以及《关于做好非洲猪瘟防控财政补助政策实施工作的通知》(农办计财〔2019〕4号)的相关规定执行
	强制扑杀补助	主要用于补偿因预防、扑灭和控制动物疫病(如非洲猪瘟等)而强制扑杀动物的所有者。中央财政和地方财政共同承担强制扑杀补助经费。实施要求继续依据财政部办公厅、农业农村部办公厅联合印发的《动物疫病防控财政支持政策实施指导意见》(农办财〔2017〕35号)以及《关于做好非洲猪瘟防控财政补助政策实施工作的通知》(农办计财〔2019〕4号)的有关规定执行
	养殖环节无害化处理补助	各省无害化处理补助经费由中央财政测算,下达到省级财政部门,用于养殖环节病死猪无害化处理。各地要依据《国务院办公厅关于建立病死畜禽无害化处理机制的意见》(国办发〔2014〕47号)的有关要求,结合地方的实际情况,完善无害化处理的补助政策,做好相关工作。实施的具体要求继续依照农业财政部办公厅、农业农村部办公厅联合印发的《动物疫病防控财政支持政策实施指导意见》(农办财〔2017〕35号)以及《关于做好非洲猪瘟防控财政补助政策实施工作的通知》(农办计财〔2019〕4号)的有关规定执行
农业生产救灾资金项目	农业生产应急救灾	坚持"地方先救灾、中央后补助",对于区域性重大农业自然灾害,在地方先行救灾基础上,中央财政予以适当补助。中央财政补助资金主要用于各地农业重大自然灾害及生物灾害的预防控制、应急救灾和灾后恢复生产所需物资购置等
	农作物重大病虫害防治	用于农区小麦等主要农作物重大病虫、柑橘黄龙病、蝗虫等重大农业植物疫情的统防统治、应急防治和绿色防控补助,鼓励病虫害防治生产者和服务提供组织推广应用生物防治等综合防治措施,确保蝗虫不起飞危害、重大病虫疫情不大面积暴发成灾

续表

项目名称	实施方案及任务清单要点
其他项目 产粮大县奖励	对符合规定的常规产粮大县、产油大县、超级产粮大县、商品粮大省、"优质粮食工程"实施省份、制种大县给予奖励。作为一般性转移支付,常规产粮大县奖励资金由县级人民政府统筹安排;其他奖励资金依据有关规定用于扶持粮油产业发展
生猪(牛羊)调出大县奖励	包括牛羊调出大县奖励、生猪调出大县奖励和省级统筹奖励资金。牛羊调出大县奖励资金和生猪调出大县奖励资金于支持本县生猪(牛羊)生产流通和产业发展,由县级人民政府统筹安排用;省级统筹奖励资金用于支持本省(直辖市、自治区)生猪(牛羊)生产流通和产业发展,由省级人民政府统筹安排
玉米、大豆和稻谷生产者补贴	在辽宁、黑龙江、吉林和内蒙古实施大豆及玉米生产者补贴。中央财政将大豆、玉米生产者补贴拨付到省,由地方制定具体的补贴实施办法,明确补贴对象、补贴标准和补贴依据等,并负责将资金补贴给大豆、玉米生产者。国家继续对主产有关稻谷的省份给予适当补贴支持,以支持深化稻谷价格形成机制和收储制度改革,保障农民种粮收益的基本稳定
草原生态保护补助奖励	在内蒙古、云南、四川、西藏、宁夏、甘肃、新疆、青海等八个省(自治区)和新疆生产建设兵团实施草畜平衡、禁牧补助奖励;在河北、辽宁、吉林、山西、黑龙江和黑龙江省农垦总局实施绩效评价奖励和"一揽子"政策,补奖资金可延续第一轮政策的好做法,可统筹用于国家牧区半牧区县草原生态保护建设
高标准农田建设	2019年,按照统一规划布局、统一建设标准、统一组织实施、统一上图入库、统一验收考核五个统一的要求,在全国建设8000万亩以上高标准农田,并向重要农产品生产保护区、粮食生产功能区倾斜。建设内容依照《高标准农田建设通则》,以土地平整、土壤改良、机耕道路、农田水利、农田输配电设备等为重点,加强农业基础设施建设,推进耕地"宜机化"改造,提高农业综合生产能力,落实好"藏粮于技、藏粮于地"战略

续表

项目名称	实施方案及任务清单要点
其他项目	
农业保险保费补贴	在地方财政自愿承担一定补贴比例、自主开展的基础上,中央财政对水稻、玉米、小麦、棉花、油料作物、马铃薯、糖料作物、能繁母猪、育肥猪、奶牛、森林、牦牛、青稞、藏系羊和天然橡胶,以及小麦、水稻、玉米制种保险给予保费补贴支持。一般而言,农民自缴保费比例不超过20%。继续开展并扩大农业大灾保险试点,保障对象覆盖试点地区的小农户和适度规模经营主体,保障水平覆盖"直接物化成本＋地租";在内蒙古、安徽、辽宁、山东、湖北、河南等六个省(自治区)各选择四个产粮大县继续开展三大粮食作物收入保险和完全成本保险试点,保障水平覆盖直接物化成本、劳动力成本、地租;中央财政启动地方特色优势农产品保险实施奖补试点
农村人居环境整治整体推进	贯彻《农村人居环境整治三年行动方案》,在中西部地区重点支持以县为单位开展整县推进农村人居环境整治工作,完成农村生活污水、生活垃圾、厕所粪污治理和村容村貌提升等任务,加快补齐农村人居环境基础设施建设落后的短板
农村人居环境整治先进县奖励	贯彻《农村人居环境整治三年行动方案》以及《国务院办公厅关于对真抓实干成效明显地方进一步加大激励支持力度的通知》(国办发2018〔117〕号)精神,依照《农村人居环境整治激励措施实施办法》对各省(市、自治州)农村人居环境整治工作进行评价,确定拟推荐激励县的名单。中央在分配年度农村综合改革转移支付资金时,适度倾斜支持农村人居环境整治成效明显的县
农村"厕所革命"整村推进	中央财政安排专项奖补资金,引导和支持各地以行政村为单位,整体组织发动,整体规划设计,同步实施公共设施配套建设、户厕改造,并建立健全后期管护机制。原则上奖补行政村卫生厕所普及率应达到85%以上。奖补资金主要支持粪污收集、运输、储存、资源化利用等设施的建设以及后续管护能力提升,兼顾户厕改造。奖补方式、标准等由各地结合实际确定

(数据来源:上表根据财政部、农业农村部《关于做好2019年农业生产发展等项目实施工作的通知》,财政部、农业农村部发布《2019年重点强农惠农政策》等汇编。)

如表3-9所示,从2017年开始,中央财政每年在"三农"上的资金投入都超过了2000亿元。2019年仅半年的时间中央财政在"三农"上的投入就已超过了2000亿元。

表3-9 2017—2019年中央财政补助农业资金项目及金额统计表
(单位:万元)

项目年度	农业生产发展资金	农业资源及生态保护资金	动物防疫等补助经费	农业生产救灾补助	农村土地承包经营权确权登记颁证补助	合 计
2017	19120760	2262906	608000	农业生产救灾及特大防汛抗旱补助资金:802300	543600	23337566
2018	19295714	2227494	675647	农业生产救灾及特大防汛抗旱补助资金:603450	163174	22965479
2019(截至6月19日)	19632995	2313511	660662	农业生产与水利救灾:222000	中央财政不再支持该项目补助	22829168

(数据来源:财政部网站 http://nys.mof.gov.cn/zxzyzf/nyscfzzj/)

另外,为支持乡村振兴,财政部还专门牵头筹建设立了中国农垦产业发展基金,基金计划规模500亿元左右,首期100亿元规模。截至2017年底,财政部已拨付中央财政出资的20亿元,其他出资人也正在陆续注资中,农垦基金主要投向垦区企业及其相关行业的上下游企业;下一步,财政部将按照"财政出资引导、社会资金参与、市场方式运作、专业机构管理、风险防范可控"的原则,继续加强对中垦基金运行的监督管理,充分发挥其在实施乡村振兴战略和推进农垦改革发展中的作用。

(4)促进信息、资金、人才等的交流与汇聚

除了为乡村振兴提供人、思路、资金以外,中央及各部门还通过召开会议、开展培训、在网站上设立乡村振兴专题、举办论坛、开展省部共建、监督考核奖励等方式,促进乡村振兴信息、资金、人才、经验等的交流汇聚。

以召开会议的形式为乡村振兴助力。为推进乡村振兴的各项工作,中共中央、国务院及各部委常采用召开会议(新闻发布会、工作推进会、对接大会、现场大会等)的方式部署落实相关意见及工作。如国务院举行新闻发布会,由中央农村工作领导小组办公室介绍《中共中央、国务院关于实施乡村振兴战略的意见》文件及有关情况,并回答记者提问;召开全国实施乡村振兴战略工作推进会议,部署落实《乡村振兴战略规划(2018—2022年)》提出的各项重点任务等;为在全国范围内有效推进产业融合发展先导区建设,积极支持各地农村一、二、三产业融合发展,农业农村部乡村产业发展司举办了全国农村一、二、三产业融合发展现场交流会;商务部流通产业促进中心举办了2018全国农商互联暨精准扶贫产销对接大会,集中展示农商互联成果,为农产品流通企业和新型农业经营主体搭建交流与合作平台;召开全国发展乡村民宿推进全域旅游现场会,相关省、市、县(区)、镇和民宿经营者代表进行了交流发言等。

开展培训。为帮助相关单位理解乡村振兴的政策、标准、管理办法、交流经验等,相关部门还举办了各种培训,如国家发改委2018年、2019年连续两年举办国家农村产业融合发展示范园创建培训班,文化和旅游部也连续两年主办乡村旅游扶贫重点村村干部培训班等。

在网站上开辟乡村振兴专题、举办论坛。农业农村部、发改委等相关部门还通过举办论坛(如农业农村部2019年1月在北京举办金融服务乡村振兴高峰论坛)、在其网站上开辟乡村振兴相关专题,如

表3-10等方式,报道与乡村振兴有关的时政要闻、工作动态、地方行动,为沟通交流乡村振兴提供了资料、信息、经验等,促进信息、资金、人才等的汇聚。除了乡村振兴专题,农业农村部、发改委农村经济司网站上还有很多其他与乡村振兴有关的信息、资料等,如发改委农村经济司网站的"农经信息"栏目中有大量的各地国家农村产业融合发展示范园经验做法总结。

表3-10 农业农村部与发改委乡村振兴相关专题网址

	网址(2019年7月17日可访问)
农业农村部"乡村振兴进行时"专题	http://www.moa.gov.cn/ztzl/xczx/
农业农村部"为乡村振兴与脱贫攻坚建言"专题	http://www.farmer.com.cn/zt2018/zxtp/#xczx
发改委农村经济司"乡村振兴"专题	http://njs.ndrc.gov.cn/xncjs/
发改委农村经济司网站农经信息栏目	http://njs.ndrc.gov.cn/njxx/

开展省部共建。中国的乡村振兴属于开创性工作,没有先例可循,更没有直接的参考方案,只能结合中国的实际情况边研究、边探索、边实践。为了探索有效的乡村振兴之路,我国采用了省部共建模式,如中国气象局与河南省政府签署了《中国气象局、河南省人民政府共建乡村振兴气象保障示范省合作协议》,合作共建乡村振兴气象保障示范省,双方将共建河南省突发事件预警信息发布中心、河南省生态与环境气象中心"两个中心";实施高标准农田气象保障能力提升工程、中部区域人工影响天气能力提升工程、突发事件预警信息发布工程、精准化气象防灾减灾工程、河南省气象防灾减灾中心暨郑州国家气象科技园工程"五项工程"等;浙江省和农业农村部签署了《共同建设乡村振兴示范省合作框架协议》,双方共同推动浙江乡村振兴示范省建设,借此带动全国实施乡村振兴战略,双方将依照省部共

建、以省为主、试点先行、示范推广、整体推进的工作路径,在高质量
发展乡村产业、多规融合引领发展、建设新时代美丽乡村、健全现代
乡村治理体系、繁荣发展乡村文化、全面深化农村改革、促进城乡融
合发展等七个方面深度合作,全面实施新时代美丽乡村建设行动、乡
村产业振兴行动、自治法治德治"三治"结合提升行动、乡村文化兴盛
行动、富民惠民行动等"五大行动",高质量高水平打造农业农村现代
化浙江样板。

监督考核奖励。为推动乡村振兴决策部署和政策措施贯彻落实,
我国还通过国务院大督查、专项督查和部门日常督查等方式,对地方
的乡村振兴相关工作进行监督考核与表扬奖励,如表3-11所示。

表3-11 党的十九大后国务院督查相关信息统计表

发文机关	发文时间	文件名称	支持乡村振兴的措施
国务院	2018年7月5日	关于开展2018年国务院大督查的通知	通知明确提出重点督查实施乡村振兴战略等六个方面
国务院办公厅	2018年11月19日	关于对国务院第五次大督查发现的典型经验做法给予表扬的通报	对内蒙古自治区阿拉善右旗、辽宁省盘山县、四川省眉山市、甘肃省酒泉市等地在推进乡村振兴方面的典型经验做法予以通报表扬
国务院办公厅	2019年5月7日	关于对2018年落实有关重大政策措施真抓实干成效明显的地方予以督查激励的通报	通报表扬了闲置土地少且用地需求量较大、土地节约集约利用成效好的地方,按规定完成高标准农田建设任务且成效显著的地方,积极发展农村电商、推进农产品流通现代化和产销对接成效明显的地方,农村危房改造工作积极主动、取得明显成效的地方,开展农村人居环境整治成效明显的地方等多项乡村振兴具体工作开展得好的地区,还分别给予了这些地区以相应的奖励

3.2.2 地方政府及部门

(1)贯彻落实中央及部门意见

在中央及各部委的指导与督促下,各省、直辖市、自治区政府及其相关部门积极贯彻中央政策,大都成立了乡村振兴领导小组,编制了乡村振兴实施意见及五年规划,一些地方还制定了乡村振兴考核办法。如浙江省出台《乡村振兴领导小组办公室关于做好乡村振兴战略实绩考核工作的通知》,四川省出台《实施乡村振兴战略考评激励办法(试行)》等。更进一步地,各省、直辖市、自治区政府及其相关部门下属的市、区县、乡镇政府及其相关部门也成立了乡村振兴领导小组,并结合自身情况制定了乡村振兴工作计划、贯彻落实省、市、县及各部门的相关意见,积极推进本地区的乡村振兴工作。一些积极的地方,甚至在中央、省、市相关政策尚未出台的情况下就已经结合本地实际制定了相关意见,开始了相关工作。各地贯彻落实中央乡村振兴政策、制定本地相关政策的大致情况,如表3-12—表3-19所示。

表3-12 各地贯彻落实中共中央、国务院乡村振兴政策的大致情况表

发文单位	发文时间	政策名称	各地、各相关部门贯彻落实情况
国务院	2017年12月8日	关于探索建立涉农资金统筹整合长效机制的意见	各省(如江苏、安徽、甘肃、贵州、江西、湖南、浙江等)、市、自治区纷纷出台实施意见,更进一步地,各省下属市、县、区也分别出台了相关意见
中共中央国务院	2018年1月2日	关于实施乡村振兴战略的意见	农业农村部专门制作了"乡村振兴进行时"专题。该专题汇总了各省(市、自治州)乡村振兴意见的编制情况,网址见 http://www.moa.gov.cn/ztzl/xczx/
中共中央国务院	2018年9月26日	乡村振兴战略规划(2018—2022年)	农业农村部专门制作了"乡村振兴进行时"专题。该专题汇总了各省(市、自治州)乡村振兴规划的编制情况,网址见 http://www.moa.gov.cn/ztzl/xczx/

续表

发文单位	发文时间	政策名称	各地、各相关部门贯彻落实情况
中共中央 国务院	2019年 1月3日	关于坚持农业农村优先发展做好"三农"工作的若干意见	各省(如江西、宁夏、福建、云南等)、市、自治区纷纷出台实施意见等;更进一步地,各省下属市、县、区也分别出台了相关意见,有个别地方甚至在省相关政策还没出来就已经展开了相关工作,如江西进贤县
中共中央 国务院	2019年 4月15日	关于建立健全城乡融合发展体制机制和政策体系的意见	一些地方在该政策出台之前就出台了相关意见。如,成都制定了《关于实施乡村振兴战略建立健全城乡融合发展体制机制加快推进农业农村现代化的意见》、张家港出台了《关于实施乡村振兴战略加快推进城乡融合发展的意见》;该意见出台后各地纷纷出台相关意见建议,如新疆博州出台《关于建立健全城乡融合发展体制机制和政策体系的建议》等

表3-13 各地贯彻落实中共中央办公厅、国务院办公厅乡村振兴政策的
大致情况表

发文单位	发文时间	政策名称	各地、各相关部门贯彻落实情况
国务院 办公厅	2018年 1月3日	关于印发《省级政府耕地保护责任目标考核办法》的通知	各省、市、县、乡镇等纷纷出台相关办法。各省、市、县、乡镇等纷纷出台相关办法
中共中央 办公厅 国务院办 公厅	2018年 2月5日	农村人居环境整治三年行动方案	各省、自治州等分别出台实施方案,如《海南省农村人居环境整治三年行动方案(2018—2020年)》《黑龙江省农村人居环境整治三年行动实施方案(2018—2020年)》《云南省农村人居环境整治三年行动实施方案》《四川省农村人居环境整治三年行动实施方案》等,https://www.sohu.com/a/242127799_656095汇总了部分地区的相关信息

续表

发文单位	发文时间	政策名称	各地、各相关部门贯彻落实情况
国务院办公厅	2018年4月25日	关于全面加强乡村小规模学校和乡镇寄宿制学校建设的指导意见	各省、市、区等分别出台了相关实施意见
中共中央办公厅国务院办公厅	2019年2月21日	关于促进小农户和现代农业发展有机衔接的意见	农业农村部、自然资源部等八部门2018年批复(农办政〔2018〕7号)在永川区开展创新小农户和现代农业发展有机衔接机制试点,之后重庆市永川区人民政府办公室印发《永川区创新小农户和现代农业发展有机衔接机制试点实施方案的通知》。该意见出台后,全国供销合作总社印发《供销合作社促进小农户和现代农业发展有机衔接工作实施方案的通知》,紧随其后,一些省供销社也陆陆续续制定出台了相关方案,见下表3-17
中共中央办公厅、国务院办公厅	2019年5月16日	数字乡村发展战略纲要	各地分别出台了相关工作分工方案,如河北省印发了《〈数字乡村发展战略纲要〉重点工作任务落实分工方案》、沧州出台《〈数字乡村发展战略纲要〉重点工作任务落实分工方案》等

表3-14 各地贯彻落实农业农村部(原农业部)乡村振兴政策的大致情况表

发文单位	发文时间	文件政策名称	各地、各相关部门贯彻落实情况
农业部办公厅	2017年12月5日	关于支持创建农村一、二、三产业融合发展先导区的意见	各地纷纷出台相关通知,如广东省农业厅印发《关于组织申报创建农村一、二、三产业融合发展先导区的通知》、湖南省农业委员会办公室印发《关于申报创建全国农村一、二、三产业融合发展先导区的通知》等
农业农村部	2018年4月13日	关于开展休闲农业和乡村旅游升级行动的通知	各省、市等地纷纷出台相关实施意见、计划等,如陕西省农业厅出台了《关于开展休闲农业和乡村旅游升级行动的实施意见》、浙江省湖州市出台了《休闲农业和乡村旅游升级三年行动计划》等

续表

发文单位	发文时间	文件政策名称	各地、各相关部门贯彻落实情况
农业农村部	2018年4月24日	关于大力实施乡村就业创业促进行动的通知	各地纷纷出台相关专项方案等，如江西省、山东省、抚州市等
农业农村部财政部	2018年5月7日	关于开展2018年国家现代农业产业园创建工作的通知	各省市积极制定相关扶持政策，对现代农业产业园进行规划，为打造国家级及省级现代农业产业园努力
农业农村部中国邮政储蓄银行	2018年5月9日	关于加强农业产业化领域金融合作 助推实施乡村振兴战略的意见	各地农业农村部门积极与当地邮储银行进行对接，谋求合作。如福州市农业农村局与邮储行福州市分行，山东省农业厅与中国邮政储蓄银行山东省分行，滨州市农业农村局与邮储银行滨州市分行，陕西省农业厅同中国邮政储蓄银行等
农业农村部财政部	2018年6月12日	关于深入推进农村一、二、三产业融合发展开展产业兴村强县示范行动的通知	各地纷纷出台相关工作通知及实施方案，如湖南省《关于创建省级农村一、二、三产业融合发展示范县和农业产业强镇工作（2018—2020年）的通知》，黄冈市黄州区推进农村一、二、三产业融合发展开展产业兴村强区建设实施方案；广东大埔县2018年农村一、二、三产业融合发展产业兴村强县示范项目农业产业强镇建设实施方案
农业农村部办公厅	2018年9月30日	乡村振兴科技支撑行动实施方案	方案出台前一些相关机构制定了相关意见，如《中国林科院乡村振兴科技支撑行动方案》等。该方案出台后，一些省以及农业科学院也出台了相关规划、计划，如河南省人民政府办公厅、河南省委办公厅联合印发了《河南省科技支撑乡村振兴三年行动计划》；中国农业科学院制定《乡村振兴科技支撑规划（2018—2035年）》等；更进一步地，各省农业科学院也制定了相关方案计划，见表3-16
农业农村部科技部	2018年12月24日	关于进一步促进奶业振兴的若干意见	各省纷纷出台相关（实施）意见等，据2019年7月在宁夏召开的全国奶业振兴工作推进会议消息，已有27个省出台奶业振兴意见或以省政府名义印发了相关工作方案

表3-15 各地贯彻落实中央农办等制定的乡村振兴政策的大致情况表

发文单位	发文时间	文件政策名称	各地、各相关部门贯彻落实情况
中央农办 农业农村部 卫生健康委 文化和旅游部 发展改革委 财政部 生态环境部	2018年 12月25日	关于推进农村"厕所革命"专项行动的指导意见	许多地方在该意见出台之前就已经展开相关工作了,如四川省先成立推进"厕所革命"工作领导小组,后又发布了《关于进一步推进全省"厕所革命"工作的意见》;福建省先出台了《福建省进一步推进"厕所革命"行动计划》,后又建立了全省进一步推进"厕所革命"工作联席会议制度等。该意见出台后,许多地方制定了相关实施意见,如《鄂尔多斯市贯彻落实推进农村牧区"厕所革命"专项行动实施意见》等
中央农办 农业农村部 科技部 自然资源部 财政部 生态环境部 水利部 交通运输部 文化和旅游部 国家能源局 国家卫生健康委	2018年 12月29日	农村人居环境整治村庄清洁行动方案	各地纷纷出台相关方案、(实施)意见等,如《青海省农村人居环境整治村庄清洁行动方案》《湖南省农村人居环境整治村庄清洁行动实施方案》《重庆市大足区农村人居环境整治村庄清洁行动实施方案》《拾万镇农村人居环境整治村庄清洁行动实施方案》等
中央农办 农业农村部 国家发展改革委 自然资源部 财政部	2019年 1月4日	关于统筹推进村庄规划工作的意见	各地纷纷转发通知、出台相关(实施)方案及召开相关工作动员部署会,如安徽省转发《关于统筹推进村庄规划工作的意见的通知》,天津市出台《统筹推进村庄规划工作实施方案》,防城港市出台《关于统筹推进2019年村庄规划工作的实施意见》,辽宁省出台《自然资源厅落实乡村振兴战略 推进村庄规划工作的实施方案》,广西编制《全面推进村庄规划编制的工作方案》,高邮市召开统筹推进全市村庄规划工作动员部署会等

续表

发文单位	发文时间	文件政策名称	各地、各相关部门贯彻落实情况
中央农办 农业农村部	2019年 4月22日	中央农办等关于做好农村"厕所革命"整村推进财政奖补政策组织实施工作的通知	各地纷纷结合该通知展开相关工作,如江苏省卫健委、省农业农村厅对全省农村改厕工作情况开展摸底调研等

表3-16　各地贯彻落实国家发展改革委制定的乡村振兴政策的大致情况表

发文单位	发文时间	文件政策名称	各地、各相关部门贯彻落实情况
国家发展改革委	2018年 2月26日	关于扎实推进农村人居环境整治行动的通知	各地纷纷转发该通知,如江苏省、山西省等
发展改革委 粮食和储备局 科技部	2018年 5月11日	关于"科技兴粮"的实施意见	各地纷纷转发通知、出台相关实施意见,如福建省粮食局《关于转发"科技兴粮"实施意见的通知》;浙江粮食局出台《关于科技兴粮和人才兴粮的实施意见》;安徽省粮食局、安徽省发展改革委员会、安徽省科学技术厅制定《关于大力推进"科技兴粮"实施意见》等
国家发展改革委 办公厅	2018年 8月30日	关于建立特色小镇和特色小城镇高质量发展机制的通知	各地各部门或转发通知或制定相关意见或结合本部门的管理职能推进相关工作,如湖南省长沙县转发该通知,东莞市制定《推进特色小镇健康发展的指导意见》,体育总局办公厅发布《关于推进运动休闲特色小镇健康发展的通知》等
国家发展改革委 水利部	2019年 4月15日	国家节水行动方案	各地纷纷编制相关方案,如《浙江省实施国家节水行动方案》(征求意见稿)、《山东省落实国家节水行动实施方案》(讨论稿)等

表3-17 各地贯彻落实商务部等制定的乡村振兴政策的大致情况表

发文单位	发文时间	政策名称	各地、各相关部门贯彻落实情况
农业部国家体育总局	2017年12月24日	关于进一步加强农民体育工作的指导意见	各地纷纷展开相关工作调研,出台相关意见,明确工作要点,召开相关工作现场会等,如福建省农民体育协会开展"农民体育助推乡村振兴战略"专题调研,江苏省制定《关于进一步加强农民体育工作的意见》,龙海市印发《2019年农民体育工作要点的通知》,河南省召开农民体育工作现场会等
商务部	2018年5月22日	关于推进农商互联助力乡村振兴的通知	各地纷纷转发相关通知,组织现场推进会议等,如浙江省商务厅《关于转发商务部推进农商互联助力乡村振兴的通知》;山西晋城市商务局组织召开农商互联工作现场推进会议等
中共科学技术部党组	2018年8月7日	关于创新驱动乡村振兴发展的意见	各地纷纷出台相关行动方案,如《强化创新驱动科技支撑北京乡村振兴行动方案(2018—2020年)》《陕西省乡村振兴科技创新行动计划》《宝鸡市乡村振兴科技创新行动方案》《安康市乡村振兴科技创新行动方案》等
财政部	2018年9月27日	财政部贯彻落实实施乡村振兴战略的意见	各地纷纷出台相关实施意见,如上海市财政局贯彻落实《上海市乡村振兴战略规划(2018—2022年)》的实施意见;陕西省财政厅《关于印发支持乡村振兴战略实施意见的通知》等
卫生健康委发展改革委财政部医保局国务院扶贫办	2018年10月10日	健康扶贫三年攻坚行动实施方案	该方案出台之前,一些地方已经制定了相关方案,如《河南省健康扶贫三年攻坚行动实施方案(2018—2020年)》《河北省健康扶贫三年攻坚行动实施方案》等;该方案出台后,陆陆续续一些省份也制定了相关方案,如《甘肃省健康扶贫三年攻坚行动实施方案》《江西省健康扶贫三年攻坚行动实施方案》等

续表

发文单位	发文时间	政策名称	各地、各相关部门贯彻落实情况
最高人民法院	2018年2月28日	关于认真学习贯彻中共中央、国务院关于实施乡村振兴战略的意见的通知	通知出台后，各地纷纷制定相关意见，如：山西省太原市岢岚法院出台了《充分发挥法院职能作用，为实施乡村振兴战略提供司法服务和保障十五条意见》；河南省洛宁县人民法院制定《关于推进乡村振兴战略提供司法服务和保障的实施意见》；湖南省高级人民法院制定了《关于为乡村振兴战略提供司法保障和服务的意见》；陕西省高级人民法院出台《关于为乡村振兴战略实施提供有力司法服务和司法保障的意见》；广西壮族自治区高级人民法院出台了《关于为乡村振兴战略提供司法服务和保障的实施意见》；云南省高级人民法院发布了《关于为实施乡村振兴战略提供司法服务和保障的意见》等
	2018年10月23日	关于为实施乡村振兴战略提供司法服务和保障的意见	
生态环境部农业农村部	2018年11月6日	农业农村污染治理攻坚战行动计划	各地纷纷制定相关实施方案，如北京通州区印发《农业农村污染治理攻坚战行动计划实施方案》；宁夏回族自治区制定印发《宁夏农业农村污染治理攻坚战行动计划实施方案》；北京市印发了《北京市落实〈农业农村污染治理攻坚战行动计划〉实施方案》；宁德市印发了《宁德市农业农村污染治理攻坚战行动计划实施方案》；重庆市印发了《重庆市农业农村污染治理攻坚战行动计划实施方案》；广东省印发了《广东省打赢农业农村污染治理攻坚战实施方案》等
中央组织部财政部农业农村部	2018年11月19日	关于坚持和加强农村基层党组织领导扶持壮大村级集体经济的通知	各地纷纷出台相关的意见、实施方案等，如：青海省《关于坚持和加强农村基层党组织领导扶持壮大村集体经济的实施方案》，广东省《关于坚持和加强农村基层党组织领导扶持壮大集体经济的意见》，海南省《关于坚持和加强农村基层党组织领导扶持壮大村级集体经济的实施方案》等

续表

发文单位	发文时间	政策名称	各地、各相关部门贯彻落实情况
中国农业科学院	2018年12月10日	中国农业科学院乡村振兴科技支撑规划（2018—2035年）	各省农业科学院纷纷出台相关规划、计划,启动相关行动等,如广东省农业科学院制定《乡村振兴科技支撑行动计划（2018—2022年）》,上海市农科院举行乡村振兴科技支撑行动启动大会,内蒙古自治区农牧业科学院启动"乡村振兴科技支撑行动"等
水利部办公厅	2018年12月19日	关于实施乡村振兴战略加强农村河湖管理的通知	在该通知出台之前,一些地区就制定了相关方案,如宁波市水利局印发《关于贯彻落实乡村振兴战略 加快推进农村水利现代三年行动计划（2018—2020）的通知》,江西省水利厅发布了《水利厅实施乡村振兴战略行动方案》,吉林省发布了《水利厅关于乡村振兴战略水利任务实施方案》等
教育部	2018年12月29日	高等学校乡村振兴科技创新行动计划（2018—2022年）	根据2019年6月12日教育部在西北农林科技大学召开新闻发布会的消息,《行动计划》出台后,各高校积极响应,已经有13所高校成立了乡村振兴学院,30多所高校制定了服务乡村振兴工作方案
中国人民银行证监会银保监会财政部农业农村部	2019年1月29日	关于金融服务乡村振兴的指导意见	在该意见出台之前,一些地方已经着手开展相关工作,如重庆人行营管部等11个部门联合印发了《关于金融服务乡村振兴战略的实施意见》;浙江农信联社联合农办制定了《关于实施浙江农信乡村振兴战略金融服务工程（2018—2022年）的意见》等。该意见出台后,多个地方出台了相关意见,如人民银行南京分行等六部门联合出台了《关于江苏金融服务乡村振兴的指导意见》;上海出台了《关于促进金融创新支持上海乡村振兴的实施意见》;宁夏出台了《关于金融服务宁夏乡村振兴的实施意见》等

续表

发文单位	发文时间	政策名称	各地、各相关部门贯彻落实情况
中华全国供销合作总社	2019年3月7日	关于供销合作社促进小农户和现代农业发展有机衔接工作实施方案	一些地方制定出台了相关方案,如《青海省供销社促进小农户和现代农业发展有机衔接工作实施方案》《云南省供销合作社促进小农户和现代农业发展有机衔接工作实施方案》《安徽省供销社促进小农户和现代农业发展有机衔接工作实施方案》等
国家邮政局 财政部 国家发展改革委 商务部 农业农村部 文化和旅游部 供销合作总社	2019年4月15日	关于推进邮政业服务乡村振兴的意见	该意见出台之前,一些地方已经开始着手相关工作,如无锡市邮政管理局与市农业委员会联合出台了《关于推进邮政业服务乡村振兴战略的实施意见》;该意见出台后,各地纷纷展开相关行动,如福建福清邮政局组织属地各品牌企业召开会议,宣传贯彻该意见等

表3-18　2018年各省现代农业产业园规划及扶持政策汇总(一)

地区	规　划	扶持政策
四川省	明确从2017—2022年,四川全省将建设1000个省、市、县三级现代农业产业融合示范园区,积极创建一批国家现代农业产业园	四川省争取国家现代农业产业园创建奖补资金3亿元,争取农业农村部一、二、三产业融合试点资金1.6亿元,重点投入融合园区建设;省级现代农业畜牧业重点县、示范市县筹集资金3.44亿元,用于融合园区建设。省财政安排专项资金2.8亿元用于扶持现代农业示范园建设
福建省	2017年启动实施现代农业产业园"3211"工程;通过3—5年集中打造,建成一批产业集聚配套、科技装备先进、产品质量安全、智慧农业领先、公共服务完善的省级现代农业产业园	"3211工程"项目列入福建农民创业园及示范基地专项资金扶持范围,重点扶持园区基础设施、公共服务平台、农业设施装备、良种繁育基地和农业产业重大项目建设

续表

地区	规　划	扶持政策
云南省	从2017年开始，到2020年，全省建成覆盖不同产业类型、不同地域特色、不同发展梯次的现代农业产业园	省级财政给予省级产业园一定的奖补，各类农业农村发展资金积极向产业园倾斜。整合各类涉农投资及项目，支持产业园建设。各级财政支农资金优先向产业园集中安排，基本建设项目优先向产业园集中布局
陕西省	从2017年开始，以现有省级现代农业园区为基础，按照"一年有起色、三年见成效、五年成体系"的总体要求，创建一批生产功能突出、产业特色鲜明、要素高度聚集、设施装备先进、生产方式绿色、经济效益显著、辐射带动有力的现代农业产业园	省财政对批准创建的省级产业园安排一定资金予以扶持
吉林省	实施"百园"创建，建设100个规划布局合理、要素有效聚集、产业体系健全、运行机制灵活、设施装备先进、生产方式绿色、综合效益显著、辐射带动有力的现代农业产业园	统筹使用国家支持农业产业园建设相关资金和省级现代农业发展专项资金、畜牧业发展专项资金，采取先建后补、以奖代补、风险补偿、贷款贴息等方式，支持产业园基础设施建设、科技创新和农业生产重大技术措施在产业园推广示范
湖北省	自2017年开始，用3—4年时间，在全省建设100个现代农业产业园。其中，粮油、蔬菜、水果和差异产业园各10个，中药材产业园5个，畜禽产业园15个，水产产业园10个，农产品加工（物流）园15个，循环产业园、休闲农业和创新园各5个	对建设较好的现代农业产业园，由省农业厅、省发改委、省旅游委等部门通过国家现代农业生产发展资金、农村产业融合发展资金、省级现代农业发展专项等，给予一定的支持；同时，择优推荐上报农业部，创建国家级现代农业产业园
湖南省	明确在全省培育扶持1000个布局合理、特色鲜明、效益明显的现代农业产业园。截至2017年，已创建现代农业综合产业园100个，认定现代农业特色产业园131个	认定后的每个省现代特色产业园农业省级示范园省级财政奖励100万元

续表

地区	规　　划	扶持政策
安徽省	从2018年开始，按照"一年有起色、三年见成效、五年成体系"的总体安排，以省级现代农业示范区为基础，建设一批生产功能突出、产业特色鲜明、要素高度聚集、设备装备先进、生产方式绿色、经济效益显著、辐射带动有力、农民增收持续的省级现代农业产业园	省级财政资金通过以奖代补方式对批准创建的省级现代农业产业园给予支持，奖补资金实行"一次规划、分期安排"
山西省	"十三五"期间，创建并认定一批"生产＋加工＋科技＋流通"的现代产业园，申报创建国家级产业园10个左右，原则上每县创建1—2个产业园，形成国家级、省级、市县级产业园梯次发展格局	中央财政通过以奖代补方式对批准创建的国家现代农业产业园给予适当资金支持，省级财政也将对批准创建的省级优区和产业园，加大项目资金支持力度

（资料来源：前瞻产业研究院整理）

表3-19　2018年各省现代农业产业园规划及扶持政策汇总（二）

地区	规划/扶持政策
浙江省	2017年8月，已出台了《浙江省现代农业园区创建导则（试行）》，启动一、二、三产业深度融合的省级现代农业园区创建。五年内，在全省建成100个左右农村一、二、三产业深度融合的现代农业园区。目前已初步确定24个省级现代农业园区创建对象
江西省	从2017年起，到2020年，全省创建200—300个现代农业示范园
甘肃省	2018年度确定16个省级现代农业示范区，开展重点建设与改革试点工作，共安排专项资金2000万元
黑龙江省	从2018年起，到2022年，全省建成并命名100个左右省级现代农业产业园，带动各地建成一批市、县级现代农业产业园
广东省	2018年启动建设50个省级现代农业产业园，到2020年创建100个省级现代农业产业园

续表

地区	规划/扶持政策
广西壮族自治区	依托目前已经建成的自治区级现代农业示范区,到2020年,创建5个国家级现代农业园;同时,到2020年力争每个涉农县(市、区)建成1个自治区级示范区、2个县级示范区,平均每个乡镇建成1个乡级示范区
海南省	依据2015年海南省颁布的《海南省级现代农业示范基地评选办法(试行)》通知,每年由省农业厅、省海洋与渔业厅、省林业厅联合下发申报通知;开展省级现代农业产业园评选工作

(资料来源:前瞻产业研究院整理)

(2)举办论坛

除了贯彻落实中央相关政策以外,各地相关部门及机构还积极举办乡村振兴论坛(部分论坛信息如表3-20所示)研讨会,交流学习乡村振兴理论、知识、经验,研讨相关办法。

表3-20 乡村振兴论坛信息统计表(部分)

召开时间	召开地点	组织机构	论坛名称
2017年12月13日	海南国际会展中心	海南省农业厅	乡村振兴战略高峰论坛
2018年10月30日	济南	山东省政府发展研究中心	首届乡村振兴(山东)高峰论坛
2018年11月1日	长沙	农业农村部和湖南省人民政府	中国乡村振兴战略高峰论坛
2019年4月13日	山东省菏泽市曹县	浙江大学中国农村发展研究院(CARD)、阿里研究院、山东曹县人民政府	第二届"电子商务促进乡村振兴"高峰论坛
2018年8月21日	成都市温江区寿安镇九坊宿墅	成都市温江区委组织部、宣传部、统筹城乡和农村发展局,成都市温江区寿安镇委员会、寿安镇人民政府	党建引领聚合力 乡村振兴谱新篇——2018温江区首届农民丰收节暨党建引领乡村振兴高峰论坛

续表

召开时间	召开地点	组织机构	论坛名称
2018年12月21日	陕西省咸阳市礼泉县烟霞镇袁家村	梁漱溟乡村建设中心、袁家村、施永青基金（香港）北京代表处、SMART度假产业平台、北京共仁公益基金	第八届全国农民合作社大会暨首届中国乡村振兴论坛袁家村峰会
2018年12月15日	临海市邵家渡街道牛头山村	中共临海市委、临海市人民政府	中国临海首届乡村振兴（规划）高峰论坛启幕

（3）设立乡村振兴研究机构

为服务于乡村振兴，开展乡村振兴研究、人才培养、社会服务等工作，打造乡村振兴智库、汇聚乡村振兴人才，吸引国内外专家学者及各界人员广泛参与乡村振兴，各地方政府及部门纷纷牵头或参与共建乡村振兴研究机构，部分统计信息如表3-21所示，助力乡村振兴。

表3-21 乡村振兴研究机构信息统计表（部分）

机构名称	建设机构	成立时间
青大-平度齐鲁乡村振兴研究院	平度市人民政府 青岛大学	2018年5月18日
永泰县乡村振兴研究院	福建农林大学 永泰县人民政府	2018年2月5日
广州市头陂村乡村振兴研究基地	广东省省情调查研究中心	2018年7月7日
长三角乡村振兴研究院	江苏、上海、浙江、安徽四地的农科院	2019年3月7日
陕西省乡村振兴规划研究院	陕西省政府	2018年9月14日
江苏宁淮乡村振兴研究院	盱眙县人民政府、江苏省农业科学院发起，南京农业大学、扬州大学	2018年12月29日

续表

机构名称	建设机构	成立时间
吉林乡村振兴战略研究院	吉林省农委 吉林农业大学	2018年8月16日
南农大(常熟)乡村振兴研究院	南京农业大学 常熟市人民政府	2019年3月1日

3.2.3　其他机构及个人

(1)新闻媒体

乡村振兴作为国家战略,也得到了新闻媒体的大力支持。从中央到地方,各个电视台纷纷推出乡村振兴节目、专栏、活动等。央视财经频道(CCTV2)《生财有道》栏目策划推出的《乡村振兴中国行!》系列节目走进全国上百个县市,寻找乡村振兴好榜样,发现乡村振兴新思路,记录全国各地在乡村振兴中的有益探索。广东广播电视台珠江频道与广东省委农村工作办公室、广东省扶贫开发办公室合办栏目,围绕《乡村振兴战略规划》重点,深入一线农村,记录实施乡村振兴的建设者们,宣传全省实施乡村振兴战略干在前、走在前的建设者们。浙江以教育科技频道和浙江之声为主平台,联合全省各类新媒体和各级广播电视台,宣传浙江乡村振兴带头人的优秀事迹;浙江广电集团还连续多年举办浙江乡村振兴带头人"金牛奖"评选活动,在挖掘和表彰全省新农村建设的典型人物,宣传他们的优秀事迹,发挥典型的激励和示范效应,激励全省人民投入乡村振兴工作。湖南经视与芒果TV联合出品,求是网特别指导拍摄了乡村振兴战略青春纪实大片《不负青春不负村》。广西台以实施乡村振兴战略为背景,自制纪录片《又是一年三月三》,讲述边疆百姓艰苦奋斗、改变落后面貌的感人故事。四川台开展"乡村振兴·美丽家园"网络视听精品节目创作培训会等。

除了中国农村网、中国农业信息网、中国农村远程教育网、南方农村报等农业类网站报纸外,其他各大报纸、网站、自媒体也纷纷展开对乡村振兴的报道,人民网美丽乡村、新华网、农视网等专门设立了乡村振兴、乡村振兴电力先行等专题。

另外,新闻媒体及机构还通过举办论坛等方式为乡村振兴战略建言献策。如2018年11月24日新华报业传媒集团、江苏省农业资源开发学会、扬子晚报在南京联合举办2018江苏乡村振兴百镇高峰论坛,2018年6月8日江西日报社在玉山举办乡村振兴高峰论坛等。

(2)金融机构

在政府及相关部门的引导带动下,金融机构也纷纷加入乡村振兴的大队伍中来。如中国邮政储蓄银行与农业农村部联合制定了《关于加强农业产业化领域金融合作 助推实施乡村振兴战略的意见》,在该意见的指引下,各地的邮政储蓄银行纷纷与当地的农业部门对接、谋求合作;中国建设银行与农业农村部签署金融服务乡村振兴战略合作协议,约定双方将围绕乡村振兴重大项目实施和重点产业发展、金融扶贫和产业扶贫融合发展、新型农业经营主体培育、农业农村基础设施和公共服务设施建设、农村信用体系建设、农村金融产品和服务创新等方面开展重点合作。

除了在总行的指导部署及建议之下开展乡村振兴工作之外,各地银行也纷纷主动与政府部门合作。如中国农业发展银行河南省分行与河南省自然资源厅签署合作协议,该行将提供1000亿元的低息贷款,用于开展河南省1000个村的国土综合整治工作;开展全域国土综合整治,对水、田、路、林、矿、村进行全要素全类型综合整治,形成建设用地集中集聚、农田集中连片、空间形态高效节约的用地格局。

再如浙江农信在党的十九大胜利召开后,第一时间与省农办联系沟通,在浙江省委及浙江省属几十个县(市、区)政府召开的农村工作会议上作典型发言,并因此被纳入全省乡村振兴战略的总体规划——浙江省委省政府印发的《全面实施乡村振兴战略高水平推进农业农村现代化行动计划(2018—2022年)》文件将浙江农信乡村振兴金融服务工程纳入重点工作,同时将浙江省联社列为省乡村振兴领导小组成员;更进一步地,根据浙江省委省政府部署,省联社与省农办联合印发了《关于实施浙江农信乡村振兴战略金融服务工程(2018—2022年)的意见》。2018年浙江农信投放贷款1125亿元助力乡村振兴,截至2019年2月,浙江农信共建设11169家金融便民服务点丰收驿站,超20000家村级金融服务点,覆盖全省绝大多数行政村,使一大批农村群众受益;目前浙江农信正围绕2018年年初提出的未来五年新增5000亿元贷款支持乡村振兴"五万工程"目标,持续加大乡村振兴领域的信贷支持力度,积极支持农民专业合作社等新型农业经营主体、美丽乡村建设、消除集体经济薄弱村等方面的乡村振兴工作重点。

各地金融机构服务乡村振兴的过程中,涌现出了很多的优秀实践及服务乡村振兴典型金融机构,如河南延津农商银行,创新性地通过评定"信用村""信用户"来简化贷款手续、支持乡村振兴;为了提高农户的信用评定参与意识,延津农商银行把普及金融知识和送科技、送电影、送戏下乡相结合,把信用户评定和农村的好人好事评比相结合,对品行端正、见义勇为、助人为乐、诚实守信、孝老爱亲、敬业奉献、群众公认的身边好人,延津农商银行不仅优先授信,还给予相应的利率优惠;截至2019年6月,该县已有296个村庄开展了信用户评定活动,占全县345个村庄的85%以上;信用评定以及金融"活水"的注入,净化了当地的信用环境、有效带动了当地经济发展,同时助推了延津农商银行的发展,截至2019年5月末,该行各项存款余额较年初增长 11.86%，达 67.85 亿元；各项贷款余额较年初增长 18.29%，达 27.77 亿元，涉农贷款较年初增长 17.46%，达 24.96 亿元。

（3）高等院校

教育机构尤其是高校，是乡村振兴的重要参与力量。近年来，高校围绕乡村振兴持续创新，通过"专家大院""科技小院""科技大篷车""百名教授兴百村"等多种做法推广农业科技，将高校人才优势与科技成果转化为推动农业农村发展的产业新动能。据不完全统计，39 所高校新农村发展研究院共建设了 300 余个各类实验站，500 余个院士、专家工作站，近 1400 个各类农业推广示范基地和特色产业基地，服务涉农企业 1700 余家，示范推广新成果 1 万余项，新增产值近 6000 亿元。

党的十九大之后，为引导及推动高校深入服务乡村振兴战略，教育部制定了《高等学校乡村振兴科技创新行动计划（2018—2022年）》。《行动计划》出台后，各高校积极响应，通过召开乡村振兴论坛（如 2018 年 12 月 16 日上海交通大学在徐汇校区举办 2018 中国乡村振兴高峰论坛）、制定工作方案、成立乡村振兴学院等方式支持乡村振兴战略，截至 2019 年 6 月已经有 13 所高校成立了乡村振兴学院，30 余所高校制定了服务乡村振兴工作方案，如西北农林科技大学计划在全国 15 个省建立示范基地 46 个，科技示范园 100 多个，产业试验示范站 27 个，破解我国农业科技成果转化"最后一公里"难题等。

（4）社会组织

乡村振兴也得到了中国慈善联合会、中国乡镇企业协会、乡镇企业家工作委员会、中国小康建设研究会、北京物联网智能技术应用协会、中国小康村创新战略联盟等各类社会组织的支持，他们纷纷通过成立乡村振兴委员会、建设乡村振兴网站、举办论坛等方式助力乡村振兴，部分论坛统计如表 3–22 所示。如中国慈善联合会与清华大学社会学系等共同倡议发起"中国慈善联合会乡村振兴委员会",致力于搭建多元主体的跨界合作平台,凝聚乡村全面可持续发展的合力,促进学术、慈善资源对接等;乡镇企业家工作委员会成立中国乡镇企业协会乡村振兴工作委员会,中国乡村振兴工作委员会主办中国乡村振兴网等。

表3-22　社会组织举办乡村振兴论坛信息统计表(部分)

召开时间	召开地点	组织机构	论坛名称
2018年4月14日	清华大学主楼	中国慈善联合会、清华大学社会学系、北京群学城乡社区发展研究院	乡村振兴行动者论坛
2018年8月25日—26日	北京农业农村部北办公区	中国乡镇企业协会乡镇企业家工作委员会、中宏国研信息技术研究院、中国中小企业家网	"乡村振兴工作委员会成立暨乡村振兴战略地方规划编制"论坛
2018年11月23日—25日	北京	中国小康村创新战略联盟	第2届中国乡村振兴高峰论坛
2019年4月1日	国家会议中心	中国农业机械化科学研究院产业创新中心、北京物联网智能技术应用协会	2019第12届中国智慧三农与乡村振兴高峰论坛
2019年6月23日	北京	中国小康建设研究会	2019乡村振兴暨中国粮食安全战略高峰论坛

(5)研究者

在党的十九大提出实施乡村振兴战略后,越来越多的国内外研究者开始关注乡村振兴、展开乡村振兴的相关研究。大致来看,研究者主要围绕以下几个方面对乡村振兴展开了研究。

乡村振兴的内涵。有研究者认为,乡村振兴提升了传统乡村转型的概念,其内涵可概括为"内在涵义"与"外在内涵",内在涵义是指在城乡平等、互补的关系下,乡村内部在经济、治理、人居以及村民生计等方面实现自给自足及繁荣昌盛;外在内涵是指依照乡村在城乡连续谱系中所具有的独特性价值,让乡村回归本位,使其在文化传承等方面发挥作用并与城市平等互补。也有研究者认为,乡村振兴是在过度城市化的发展形势下重新发现和彰显乡村"传统基因"的生命力,在保持传统文化风情和景观特质的基础上扭转乡村持续凋敝的局面。

影响农村(乡村)振兴的因素。美国学者 Korsching. P 考察了美国和加拿大两国的乡镇社区发展联盟,发现多社区协作对农村振兴发展尤为重要;Gladwin. C. H 等通过研究北佛罗里达农村企业家,认为农民创业精神是农村振兴的一个关键因素;Johnson. T. G 则认为发展农村金融是农村振兴的关键所在。就影响乡村振兴的主体要素来看,Greene. M. J 通过分析农业多元化发展倡议,认为政府在乡村振兴中有着不可替代的主体作用;Kawate. T 分析了农村复兴和改革组织在当代日本农村发展及日本农村振兴的作用;Ayobami.O.K 等研究了旅游志愿者在乡村振兴中的作用。

乡村振兴实践及经验的总结。Wood. R. E,Carr. P. J 等,Z. Li,Miletic. G. M 等,Nonaka. A 和 Ono. H 分别对日本、东亚地区及克罗地亚等国家的农村振兴实践、发展计划及经验进行了介绍。我国的魏广龙、高慧智、赵晨等分别以我国一些地区的乡村振兴为案例进行了分析,总结了这些地区的主要做法、取得的成效、成功的启示等;张静、赵毅等对我国部分经济发达地区的乡村战略实施进程进行了探索,总结了这些地区的乡村振兴模式及相关的实践经验;龙晓柏、刘震、杨希等则结合国外乡村区域振兴运动的实践经验给出针对我国乡村振兴的相关启示。

乡村振兴(复兴)的路径。较多的研究者认为,中国乡村转型与复兴的路径包括重构城乡平等互补格局、重振乡村产业活力、重组乡村治理结构、重塑乡村文化魅力及重建乡村政策保障机制。有研究者指出,中国乡村复兴不仅是经济的复兴,更应是生产和生活的多元复兴,增强社区自我发展能力对于乡村复兴至关重要,应积极发现以社区为基础的各类相关资源,努力将各类社会组织的外部支持转化为促进乡村复兴的内生动力。有研究者认为,应以村民的需求为切入点,构建以"人——技术——乡村"逻辑为基础的技术路径并借此实现乡村振兴。有的研究者以国家政权建设理论、现代化理论、国家与社会理论等为分析框架,分析了村庄精英对于乡村社会复兴的价值与意义,认为村庄精英是乡村复兴的重要实践主体,并因此提出努力做好精英回流工作、提高村庄精英的生活待遇、建立常态化的精英吸纳机制、改革现行教育体制、支持民间组织发展等实现乡村复兴的路径。有研究者重点讨论了城市与乡村间要素健康流动是实现乡村复兴的一条积极路径,进一步提出了要制定并实施促进城乡要素双向流动的政策,既要鼓励农民进城,也要引导鼓励有志青年返乡创业和企业下乡,建立城乡要素自由流动的市场机制,破除阻碍乡村发展的体制机制,完善农民地权以及推动乡村自组织化。有研究者着重探讨了资本在乡村振兴中的作用,并尝试构建了资本驱动模式,指出在资本驱动乡村复兴过程中,既需要自上而下的投入资本及建立监管机制,也需要自下而上的乡村自主发展与治理体系的成长完善。还有研究者讨论了乡村旅游与乡村复兴的关系,认为乡村复兴应该与美丽乡村建设结合起来,如将乡村公园模式视为一种促进乡村振兴的有效模式。还有研究者综合要素、空间、城乡联系三个方面探索了乡村复兴的机理,总结出了乡村复兴的四种模式:资源置换型、中间通道型、经济依赖型、城乡融合型。还有研究者结合我国现状指出,实现乡村振兴必须解决撤点并校、撤村并村、限制农民建房、城乡缺乏双向流动、不尊重小农、以脱农为荣等问题。

乡村衰败、乡村振兴与城乡关系研究。针对城市化背景下贫困乡村缺乏活力和过疏化的问题，有研究者认为，乡村复兴的提出是对当前快速城镇化过程中乡村逐渐衰败现象的反思，旨在重新唤起乡村发展的活力，实现乡村可持续发展。为此，较多的研究者提出要制定及实施促进城乡双向流动的相关政策，并把保持乡村地区活力和稳定作为国家新型城镇化战略的长期任务和重要政策取向。与此同时，也有专家指出，乡村的衰弱不是必然规律，在现代化的进程中农业、农民、农村到底会发生什么变化，实现现代化以后城乡格局到底是什么样的局面，需要我们国家自己去探索。还有研究者注意到最早关于乡村振兴的研究大多基于大城市郊区的观察，如21世纪之初在北京郊区的研究基础上，有学者指出依照城乡一体化所确定的道路和方向，传统意义上承载农民居住和农业生产功能的"农村"正在向产业活动、居住人口和就业人口多元化的"乡村"转变；乡村与城市正在融合并促成了乡村的新变化和新功能，也必将促成乡村走向复兴。

其他的一些相关研究。对乡村振兴过程中的地域重构及其机制展开的研究；为契合乡村振兴的发展目标如何调整政策机制展开的研究；结合精准扶贫、产业合作社、特色小镇、美丽乡村建设等时政热点展开对乡村振兴战略的研究；对土地制度和乡村振兴的关系进行论证的研究；以新农村建设和城乡一体化的变革视角研究乡村振兴战略的实施策略；对户籍制度改革、新型社区建设和农村基层管理等问题的研究；从乡村旅游、农村经营制度、农村金融、农村基层党建、城镇空间规划、农民职业教育等角度展开的研究；站在乡村发展和全球治理角度，或结合研究领域，或结合实务，对乡村振兴有关理论进行研究和探讨等。

3.3　乡村振兴成效

3.3.1　乡村振兴氛围浓厚

全国上下研究乡村振兴、谈论乡村振兴、实践乡村振兴、投资乡村振兴蔚然成风,形成了多方发力、上下协同的良好局面。以维普资讯为例,2017年以"乡村振兴"为关键词的文献总量仅有430篇;党的十九大提出乡村振兴战略之后,2018年该类文献数量猛涨,高达9368篇;截至2019年7月17日,2019年的文献总量为4187篇,大量的研究者开始关注并投入乡村振兴的研究。关于乡村振兴的话题、谈论、媒体报道等在党的十九大之后也陡然增多,以百度搜索引擎为例,2015年1月1日到党的十九大召开之前搜索关键词"乡村振兴",仅有5页的相关搜索结果,党的十九大召开之后截至2019年7月17日,同样用"乡村振兴"关键词检索,共获76页搜索结果。全国各地纷纷展开乡村振兴实践,形成了政府部门引导、各相关部门积极参与、基层组织积极展开实践的热烈场面,各地具体实践可参见农业农村部、发改委等网站的乡村振兴专题报道(网址见表3-10)。大量的社会资本、金融资本进入乡村振兴领域,通过建立产业基金等方式助力乡村振兴,乡村振兴产业基金信息部分汇总如表3-23所示。

表3-23　中国证券投资基金业务协会备案的乡村振兴产业基金

编号	基金名称	私募基金管理人名称	托管人名称	成立时间	备案时间
1	宜宾五粮液乡村振兴发展基金(有限合伙)	宜宾五粮液农村产业融合发展投资基金管理有限公司	中国银行股份有限公司	2018年2月8日	2018年3月17日
2	美丽乡村振兴发展私募基金	上海百恒艳阳股权投资基金管理有限公司	平安银行股份有限公司	2018年4月3日	2018年4月20日

编号	基金名称	私募基金管理人名称	托管人名称	成立时间	备案时间
3	鼎力乡村振兴股权投资私募基金	深圳前海鼎力投资基金管理有限公司	中信银行股份有限公司	2018年7月20日	2018年7月24日
4	河南农综乡村振兴产业发展私募基金	河南农开投资基金管理有限责任公司	中信银行股份有限公司	2018年7月26日	2018年8月21日
5	宿迁市洋河新区乡村振兴产业发展基金合伙企业（有限合伙）	上海凯鋆资产管理有限公司	南京银行股份有限公司	2018年4月26日	2018年8月31日
6	青岛乡村振兴股权投资基金（有限合伙）	青岛西海岸新型城镇化投资管理有限责任公司	中信银行股份有限公司	2018年8月8日	2018年10月11日
7	六安市乡村振兴基金有限公司	六安市产业投资基金管理有限公司	招商银行股份有限公司	2018年10月17日	2019年1月3日
8	济南乐知壹号乡村振兴投资开发合伙企业(有限合伙)	济南乐知股份投资基金管理有限公司	中信银行股份有限公司	2018年11月1日	2019年3月25日
9	开封壹加陆乡村振兴产业投资中心(有限合伙)	河南汴州基金管理有限公司	上海浦东发展银行股份有限公司	2019年3月13日	2018年4月23日

其他乡村振兴产业基金如图3-1所示。

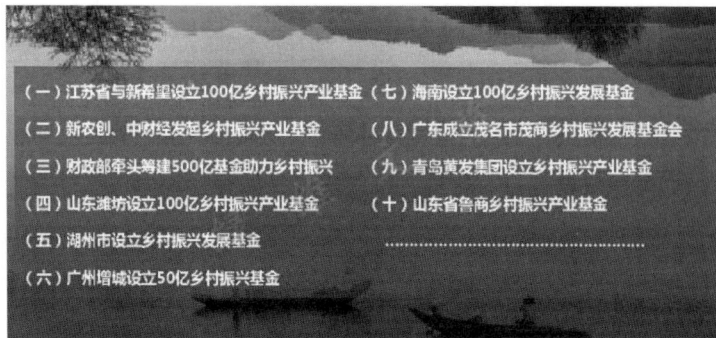

图3-1　其他乡村振兴基金

3.3.2　乡村振兴制度框架与政策体系初见雏形

基本形成了以乡村振兴组织制度、报告制度、考核制度、支持保护政策等组成的制度框架与政策体系。迄今为止,中央已出台了《中国共产党农村基层组织工作条例》《关于落实〈政府工作报告〉重点工作部门分工的意见》《中国共产党农村工作条例》等规章制度,明确了中央各部门、中国共产党各级党委及成员在乡村振兴工作上的组织分工、工作要求、考核机制等内容,上述三个政策的相关信息如表3-24所示;地方多个省(市、自治区)也都成立了乡村振兴领导小组、设立办公室、集中办公,建立了工作报告制度、定期汇报实施乡村振兴战略进展情况,制定了实绩考核制度(如浙江省制定《实施乡村振兴战略实绩考核暂行办法》)、定期进行乡村振兴工作考核评价。另外,中央还制定了一系列的农业农村补贴支持保护政策,形成了以《财政部、农业部关于全面推开农业"三项补贴"改革工作的通知》(财农〔2016〕26号)、《2018—2020年农机购置补贴实施指导意见》、《国务院办公厅关于加快推进畜禽养殖废弃物资源化利用的意见》(国办发〔2017〕48号)、《关于做好2018(2019)年农业生产发展等项目实施工

作的通知》等政策组成的政策支持保护体系,更进一层地,地方结合各地
实际也制定了一系列的农业农村补贴支持保护政策。从中央到地方,乡
村振兴组织制度、报告制度、考核机制、资助保护支持制度等初见雏形。

表3-24 中央制定的与乡村振兴有关的组织制度

发文机构	发文时间	政策名称	政策简介(支持乡村振兴战略的举措)
中共中央	2019年1月10日	中国共产党农村基层组织工作条例	条例对于实施乡村振兴具有十分重要的意义,明确了乡镇党委的主要职责是讨论和决定本乡镇经济政治文化社会生态文明建设和党的建设以及乡村振兴中的重大问题等;村党组织的主要职责是讨论和决定本村经济政治文化社会生态文明建设和党的建设以及乡村振兴中的重要问题并及时向乡镇党委报告;农村党员应当在社会主义精神文明建设与物质文明建设中发挥先锋模范作用,带头投身于乡村振兴工作,带领群众共同致富
国务院	2019年3月29日	关于落实《政府工作报告》重点工作部门分工的意见	意见就十三届全国人大二次会议通过的《政府工作报告》确定的重点工作,提出了部门分工意见,明确了乡村振兴各项具体任务的负责部门。具体来说,与乡村振兴工作有关的负责部门包括国务院扶贫办、农业农村部、国家发展改革委、国家知识产权局、人力资源社会保障部、司法部、自然资源部、住房城乡建设部、水利部、国家能源局、财政部、生态环境部、国家林草局、供销合作总社、商务部、人民银行、银保监会、农业发展银行等
中共中央	2019年8月19日	中国共产党农村工作条例	为了坚持和加强党对农村工作的全面领导,深入实施乡村振兴战略而制定,包括总则、组织领导、主要任务、队伍建设、保障措施等主要内容。明确了农村工作领导体制、党在乡村振兴各项具体任务上的职责、乡村振兴考核监督制度等

3.3.3 乡村振兴多项任务得以具体落实

在中央政府及部门的指导督促下,各地积极贯彻落实中央政策,

在涉农资金整合、农村人居环境整治、产业融合、奶业发展、资金金融助推等乡村振兴的多项具体任务的完成上取得了一定的成果。

(1)涉农资金整合

财政支持是推动乡村振兴的"有形之手",被称为"输血之源"。但在现实中,"多个部门手里都攥着一把米",涉农资金管理中项目随意化、权力部门化、效益低效化、资金碎片化等问题时有发生。为此国家提出整合涉农资金,并于2017年12月国务院发布了《关于探索建立涉农资金统筹整合长效机制的意见》,在财政部等的努力下,一段时间以来,取得了一些成果。

从中央来看,基本建立了改革的组织和协调机制,构建了上下联动的工作机制。形成了财政部与农业农村部、国家林业和草原局、水利部就涉农资金统筹整合的会商协调机制;成立了由财政部、发展改革委、农业农村部、水利部、国家林业和草原局组成的改革督察工作协调小组,督导各地改革任务落实情况;形成了实地调研、定期调度各地推进涉农资金整合情况的工作机制。

逐步完善了涉农资金管理体制机制,初步健全了统筹整合的长效机制。持续整合归并了涉农专项,同步清理、修订和完善相关管理制度,促进涉农资金在预算编制环节的源头整合,优化了涉农资金管理体系;出台了《林业改革发展资金预算绩效管理暂行办法》《水利发展资金绩效评价管理办法》《扶贫项目资金绩效管理办法》等一系列制度,完善了涉农资金绩效管理制度,优化了绩效评价指标体系,行业内涉农资金整合得以全面实施。贫困县涉农资金统筹整合得以全面实施,结合《深化党和国家机构改革方案》要求从源头统筹整合力度,行业间涉农资金整合得以深化。下放涉农资金审批权限,加强涉农资金监管等工作均取得了一定的进展。

从地方来看,大多数省(如江西、江苏、湖南、安徽、甘肃、贵州等）、市、自治区在《关于探索建立涉农资金统筹整合长效机制的意见》的指导下、中央的督促与辅导下，陆续出台实施意见、征求意见稿（如浙江等）；更进一步地，各省下属市、县、区也分别出台了相关意见，并结合意见展开了相应行动。还有一些地区早在几年前就开始探索"涉农资金整合"，如浙江宁海县早在 2015 年就按照"一个池子蓄水，多个渠道进水，一个龙头放水"的资金整合要求，通过分类、归并、握指成拳、化零为整，实现了重点突出、点面结合、统筹使用涉农资金；2016 年，宁海共计整合 21 个部门的 69 个项目类别，立项 818 个项目，整合本级财政资金 5.18 亿元；2017 年整合了 20 个部门的 75 个项目类别，立项 968 个项目，整合本级财政资金 4.82 亿元；2018 年宁海搭建了农田水利类、农业产业化类、新农村建设类三大项目管理平台，面向 18 个乡镇（街道）和 21 个部门开通项目申报受理网络端口，项目申报公开透明，村申报项目，经乡镇（街道）初审、部门复审后，再请专家组成联席评审，最后向社会公示无异议后予以立项，借此实现了项目网络受理全覆盖、责任可追溯，杜绝了人情项目，实现了涉农整合项目管理的常态化、信息化和程序化；几年的努力取得了成效，2018 年，该县农村集体经济总收入比 2017 年增长 9.9%，超过 4 亿元，村（社）平均收入达 95 万元，所有建制村集体经济收入都达到了 20 万元以上、经营性收入超过 10 万元；依据现状及发展趋势预估宁海县到 2020 年，所有建制村集体经济年可支配收入将达到 30 万元以上，半数的村集体经济年可支配收入达到 50 万元以上，村级集体经济收入稳定增长机制基本建立，村级组织服务能力得到显著提高。

(2)农村人居环境整治

党的十九大提出坚定实施乡村振兴战略后，我国先后印发《关于推进农村"厕所革命"专项行动指导意见》《农村人居环境整治村庄清洁行动方案》《关于推进农村生活污水治理的指导意见》等一系列文件,召开多次会议,对学习推广浙江"千村示范、万村整治"工程经验、推进农村厕所革命、农村生活污水治理、村庄清洁行动等进行专项部署,中央财政安排70亿元资金实施农村厕所革命整村推进奖补政策,中央预算内投资30亿元支持中西部省份整县开展农村人居环境整治,对农村人居环境整治成效明显的19个县给予激励支持,举办了深入学习浙江"千万工程"经验全面扎实推进农村人居环境整治培训班、改善农村人居环境专题研究班、农村改厕技术专题培训等活动。

在党中央大政方针的正确指引下,各地区因地制宜、真抓实干,广大农民群众积极行动、全面参与,农村人居环境整治取得新进展新成效。据不完全统计,全国80%以上的村庄已经开展了清洁行动,80%以上行政村的农村生活垃圾得到有效处理,11个省区市通过了农村生活垃圾治理整治验收,累计清理农村生活垃圾4000多万吨;近30%的农户生活污水得到处理,累计清理村沟村塘淤泥3000多万吨,污水乱排乱放现象明显减少;累计清除村内残垣断壁400多万处,一大批村庄村容村貌得到明显改善。2018年全国农村改厕共计1000多万户,农村改厕率超过一半,其中超过60%改成了无害化卫生厕所,改厕工作受到了农民群众的普遍欢迎;2019年上半年,全国新开工建设了5万多座农村生活垃圾处理设施,8万多座农村生活污水处理设施,改造了1000多万户农村户厕。各地农村人居环境整治各项重点任务正在稳步推进,预计将有大批村庄村容村貌得到明显改善。

(3)产业融合

党的十九大乡村振兴战略提出促进农村一、二、三产业融合发展,支持和鼓励农民就业创业,为此中央先后出台了《关于支持创建农村一、二、三产业融合发展先导区的意见》《深入推进农村一、二、三产业融合发展开展产业兴村强县示范行动》《关于实施农村一、二、三产业融合发展推进行动的通知》《关于批准开展2018年农业产业强镇示范

建设的通知》《关于批准开展2019年农业产业强镇建设的通知》《关于
做好2019年农业产业强镇示范建设工作的通知》《国家农村产业融合
发展示范园认定管理办法(试行)、评审标准》《关于开展首批国家农
村产业融合发展示范园认定工作的通知》《关于印发首批国家农村产
业融合发展示范园名单的通知》等文件,通过奖补、示范等方式促进
产业融合。在中央及地方的共同努力下,形成多模式推进、多主体参
与、多机制联结、多要素发力、多业态打造的产业融合格局,融合成效
显著增加。

融合模式持续创新。农业向内融合催生了"稻田养鱼(虾、蟹)"
"林下养鸡""鸭稻共生"等农业新形态,全国稻渔综合体达到3000万
亩。功能横向拓展融合,催生了教育农园、创意农业、乡村民宿等。
产业顺向延伸融合催生了中央厨房、主食工厂化、农商直供等。目前
全国主食加工业营业收入达到2万亿元。信息技术逆向融合,催生了
智慧农业、数字农业、农业众筹等。农业与城镇的多元融合,催生了
美丽乡村、产业强镇、田园综合体等。农业与各产业的多向融合孵生
了产业园、产业强镇等。目前,全国共有农业产业强镇552个,国家农
业产业园62个,各类乡村产业园1万多个。

融合主体不断壮大。一大批新型经营主体向全价值链全产业链
方向发展,形成龙头企业引领、广大农民广泛参与、新型经营主体为
主的融合格局。截至2018年年底,全国共有350万家各类新型经营
主体,其中8.7万家农业产业化龙头企业。累计780万人返乡下乡创
新创业,其中82%创办了融合类项目。

融合机制更加多元。企业与各类经营主体建立了分红式、契约
式、股权式等多种利益联结机制,产业链各主体因此组成了风险共
担、利益共享、命运与共的联合体。探索出农民"流转获租金、经营赚
现金、打工挣薪金、入股得股金"的"一地生四金"模式。初步测算,农

户经营收入因产业融合增加了67%,55%的农户通过订单方式被带动起来。一些地方通过推动产业融合,强有力地带动了农民脱贫。

融合业态丰富多样。"农业＋"加工流通,形成延伸型农业。"种植＋"林渔牧,形成循环型农业。"农业＋"文化、旅游、教育、康养等产业,形成体验型农业。"农业＋"信息产业,形成智慧型农业,呈现出"人在干、数在算、云在转、面朝屏幕背朝云"的新形象。乡村"农业＋"多业态的融合发展趋势日趋显著。

融合成效显著增加。目前我国乡村特色产业品牌达10万余个,打造了一批"独一份""特别特""好中优"的品牌。7.9万家农产品加工企业,规模以上农产品加工企业主营业务收入达14.9万亿元。乡村休闲旅游营业收入达8000多亿元,接待游客达30亿人次。农产品网络零售额达1.3万亿元,农业生产性服务业营业收入超过2000亿元。

如今,农村产业融合发展正成为一种大趋势,各方正紧锣密鼓、持续不断地进行推进,三次产业融合的乘数效应正源源不断地得以释放,为乡村产业转型升级增添新动能。

(4)奶业发展

我国奶业发展取得了显著成绩,为奶业全面振兴奠定了良好基础。2018年全国奶牛规模养殖比重达到61.4%,奶牛年均单产7.4吨,单产9吨以上的高产奶牛超过200万头,规模养殖成为主力军。主要加工企业的设施装备和技术达到国际先进水平,国产乳制品的竞争力、影响力不断增强。乳品质量安全显著提升,规模牧场的乳蛋白、乳脂肪等指标达到发达国家水平,乳制品抽检合格率在食品行业中名列前茅。

(5)资金金融助推

在中央与地方的共同努力下,银行保险行业企业积极服务乡村振兴,金融机构的涉农贷款、普惠型涉农贷款、扶贫信贷、乡镇机构覆盖率、农业保险险种等增长显著:截至 2018 年末,全国普惠型涉农贷款同比增长 10.52%,余额达 5.63 万亿元;银行业金融机构涉农贷款(不含票据融资)同比增长 5.6%,余额达 33 万亿元;全国银行业金融机构支持建档立卡贫困户 641.01 万户,发放扶贫小额信贷余额 2488.9 亿元,扶贫开发项目贷款余额较年初增加 336.8 亿元,达 4429.13 亿元;全国行政村基础金融服务覆盖率为 97%。多个银行增加了对农村市场的投入,以中国银联为例,接入银联的农村金融机构、县域以下的 POS 机终端等数据都增长显著,2018 年中国银联服务乡村振兴的数据统计如图 3-2 所示。

到 2018 年底
接入银联跨行交易网络的农商行、农信社、村镇银行共 **1000** 余家

613 万台
县域及以下 POS 终端达 613 万台

6 亿人
服务农村居民超过 6 亿人

27.64 亿笔
2018 年实现 POS 交易笔数 27.64 亿笔

14.45 万亿元
交易金额 14.45 万亿元

同比分别增长 53%、64%

208.69 万笔
2018 年农民工银行卡特色业务共计实现交易笔数 208.69 万笔

42.47 亿元
交易金额 42.47 亿元

中国银联联合银行卡收单机构推出助农取款业务

3579.21 万笔
2018 年累计实现助农取款交易笔数 3579.21 万笔

247.65 亿元
交易金额 247.65 亿元

图 3-2 中国银联 2018 年服务乡村振兴相关数据统计图

全国银行业保险机构和金融机构乡镇机构覆盖率分别达到 95%
和 96%；全国农业保险全年实现保费收入 572.65 亿元，承保粮食作物
面积 11.12 亿亩，为 1.95 亿户次农户提供风险保障 3.46 万亿元；实现涉
农小额贷款保证保险保费收入 4.1 亿元，帮助 20 万农户撬动"三农"融
资贷款 138 亿元，赔付支出 8.3 亿元。为 1.4 亿多间农房提供了农房保
险，提供风险保障 3.6 万亿元；为 22 个省区的 60 种农作物开发了扶贫
专属农业保险产品 147 个。

2018 年中央 1 号文件明确指出，要充分发挥财政资金的引导作
用，撬动金融和社会资本更多投向乡村振兴。自 2018 年 7 月至今，
四川、山东、河北和江西相继发行了乡村振兴专项债券。构成了金
融机构资金、政府债券、产业基金（部分产业基金信息如图 3-2）为主
的乡村振兴资金来源体系。

3.3.4　结语

党的十九大提出实施乡村振兴战略以来，围绕乡村振兴战略的核
心思想，人们展开了热烈的讨论。上文在详解乡村振兴战略思想的
基础上，对我国乡村振兴战略实施的现状进行了梳理，列举了中央政
府及部门、地方政府及部门、新闻媒体、金融机构、教育机构、社会组
织、研究者等围绕乡村振兴战略采取的各类行动，最后总结了党的十
九大以来我国乡村振兴取得的一系列成绩。

虽然如上所述，我国乡村振兴取得了一些成果，但乡村振兴仍受
限于基础设施滞后、地区发展失衡等问题，如我国农村电网发展相对
滞后，农电网发展不平衡不充分的问题依然突出，特别是中西部地区
农村电网欠账较多，供电可靠性较差，供电能力不足；"十三五"期间，
国家电网公司农电网规划投资 6354 亿元，现存在较大的资金缺口，农
电网融资因工程投资规模大、新增电量少、运行成本高、经济效益低

（特别是中西部地区农网投入产出水平远低于东部地区）估计会存在很大困难。

期望阻碍我国乡村振兴的问题能逐步得到解决，实现中国乡村的真正振兴。

附录：党的十九大后我国政府及相关部门制定的其他涉农文件（政策）

文件（政策）名称	发文机构（文号）	发文时间
特色农产品优势区建设规划纲要	国家发展改革委、农业部、国家林业局	2017 月 10 月 31 日
国家级海洋牧场示范区建设规划（2017—2025 年）	农业部 农渔发〔2017〕39 号	2017 年 10 月 31 日
粮食安全保障调控和应急设施中央预算内投资专项管理办法	国家发展改革委 国家粮食局 发改经贸规〔2017〕1987 号	2017 年 11 月 17 日
兽药生产企业飞行检查管理办法	农业部公告第 2611 号	2017 年 11 月 21 日
关于支持深度贫困地区脱贫攻坚的实施意见	中共中央办公厅 国务院办公厅	2017 年 11 月 21 日
村级档案管理办法	档案局 民政部 农业部 第 12 号	2017 年 11 月 23 日
保障农民工工资支付工作考核办法	国务院办公厅 国办发〔2017〕96 号	2017 年 12 月 6 日
重点流域水环境综合治理中央预算内投资计划管理办法	国家发展改革委 发改地区规〔2017〕2136 号	2017 年 12 月 9 日
关于金融支持深度贫困地区脱贫攻坚的意见	人民银行 银监会 证监会 保监会 银发〔2017〕286 号	2017 年 12 月 15 日
生态环境损害赔偿制度改革方案	中共中央办公厅、国务院办公厅	2017 年 12 月 17 日

续表

文件（政策）名称	发文机构（文号）	发文时间
关于加强贫困村驻村工作队选派管理工作的指导意见	中共中央办公厅　国务院办公厅	2017 年 12 月 24 日
关于下达气象基础设施 2018 年中央预算内投资计划的通知	国家发展改革委 发改投资〔2017〕2243 号	2017 年 12 月 26 日
关于下放政府出资水利项目审批事项的通知	国家发展改革委 发改农经〔2017〕2296 号	2017 年 12 月 29 日
关于印发首批国家农村产业融合发展示范园创建名单的通知	国家发展改革委　农业部　工业和信息化部　财政部　国土资源部　商务部　国家旅游局 发改农经〔2017〕2301 号	2017 年 12 月 30 日
土地储备管理办法	国土资源部　财政部　人民银行　银监会	2018 年 1 月 3 日
拖拉机和联合收割机驾驶证管理规定	农业部令 2018 年第 1 号	2018 年 1 月 15 日
拖拉机和联合收割机登记规定	农业部令 2018 年第 2 号	2018 年 1 月 15 日
关于改进和加强海洋经济发展金融服务的指导意见	人民银行　海洋局　发展改革委　工业和信息化部　财政部　银监会　证监会　保监会 银发〔2018〕7 号	2018 年 1 月 15 日
关于取消国家储备糖和储备肉交易服务价格政府定价有关事项的通知	国家发展改革委办公厅　财政部办公厅 发改办价格规〔2018〕65 号	2018 年 1 月 16 日
关于推进农业高新技术产业示范区建设发展的指导意见	国务院办公厅 国办发〔2018〕4 号	2018 年 1 月 16 日
土地储备资金财务管理办法	财政部　国土资源部 财综〔2018〕8 号	2018 年 1 月 17 日
关于大力实施乡村振兴战略加快推进农业转型升级的意见	农业部	2018 年 1 月 18 日

乡村振兴战略下的产业发展
与 机制创新研究

文件（政策）名称	发文机构（文号）	发文时间
关于粮食产业科技创新联盟建设的指导意见	粮食局 国粮储〔2018〕17号	2018年1月29日
农业综合开发财务管理办法	财政部 财发〔2018〕2号	2018年1月30日
深化农田水利改革的指导意见	水利部 水农〔2018〕54号	2018年2月25日
长江经济带绿色发展专项中央预算内投资管理暂行办法	国家发展改革委 发改基础规〔2018〕360号	2018年2月28日
试点发行地方政府棚户区改造专项债券管理办法	财政部 住房城乡建设部 财预〔2018〕28号	2018年3月1日
全国农药登记评审委员会章程	农业部	2018年3月4日
残疾人服务机构管理办法	民政部 人力资源社会保障部 卫生计生委 中国残联 民发〔2018〕31号	2018年3月5日
关于促进全域旅游发展的指导意见	国务院办公厅 国办发〔2018〕15号	2018年3月9日
重点流域水生生物多样性保护方案	生态环境部 农业农村部 水利部 环生态〔2018〕3号	2018年3月22日
政府工作报告——2018年3月5日在第十三届全国人民代表大会第一次会议	中华人民共和国国务院总理 李克强	2018年3月22日
农村公路建设管理办法	中华人民共和国交通运输部令 2018年第4号	2018年4月8日
智能光伏产业发展行动计划（2018—2020年）	工业和信息化部 住房城乡建设部 交通运输部 农业农村部 能源局 国务院 扶贫办 工信部联电子〔2018〕68号	2018年4月11日
关于促进"互联网＋医疗健康"发展的意见	国务院办公厅 国办发〔2018〕26号	2018年4月25日
《母婴安全行动计划（2018—2020年）》和《健康儿童行动计划（2018—2020年）》	卫生健康委 国卫妇幼发〔2018〕9号	2018年4月27日

续表

文件（政策）名称	发文机构（文号）	发文时间
关于"人才兴粮"的实施意见	发展改革委 粮食和储备局 教育部 人力资源 社会保障部 国粮发〔2018〕86号	2018年5月3日
中央专项彩票公益金支持贫困革命老区脱贫攻坚资金管理办法	财政部 国务院扶贫办 财农〔2018〕21号	2018年5月4日
关于进一步放活集体林经营权的意见	林草局 林改发〔2018〕47号	2018年5月8日
中国森林旅游节管理办法	林草局 林场发〔2018〕50号	2018年5月11日
扶贫项目资金绩效管理办法	财政部 国务院扶贫办 国家发展改革委 国办发〔2018〕35号	2018年5月14日
关于推动民营企业创新发展的指导意见	科技部 全国工商联 国科发资〔2018〕45号	2018年5月18日
快递末端网点备案暂行规定	邮政局 国邮发〔2018〕60号	2018年5月28日
国务院关于同意设立"中国农民丰收节"的批复（每年农历秋分设立为"中国农民丰收节"）	国务院 国函〔2018〕80号	2018年6月7日
关于打赢脱贫攻坚战三年行动的指导意见	中共中央 国务院	2018年6月15日
关于全面加强生态环境保护坚决打好污染防治攻坚战的意见	中共中央 国务院	2018年6月16日
关于建立残疾儿童康复救助制度的意见	国务院 国发〔2018〕20号	2018年6月21日
关于创新和完善促进绿色发展价格机制的意见	国家发展改革委 发改价格规〔2018〕943号	2018年6月21日
中央对地方重点生态功能区转移支付办法	财政部 财预〔2018〕86号	2018年6月25日
林业生态保护恢复资金管理办法	财政部 林草局 财农〔2018〕66号	2018年6月25日

续表

文件(政策)名称	发文机构(文号)	发文时间
关于全面加强生态环境保护坚决打好污染防治攻坚战的实施意见	交通运输部 交规划发〔2018〕81号	2018年6月26日
打赢蓝天保卫战三年行动计划	国务院 国发〔2018〕22号	2018年6月27日
关于扩大进口促进对外贸易平衡发展意见的通知	国务院办公厅 国办发〔2018〕53号	2018年7月2日
关于成立京津冀及周边地区大气污染防治领导小组的通知	国务院办公厅 国办发〔2018〕54号	2018年7月3日
关于加强新时代少数民族医药工作的若干意见	中医药局 国家民委发展改革委 教育部 科技部 财政部 人力资源社会保障部 商务部 文化和旅游部 卫生健康委 医保局 药监局 知识产权局	2018年7月12日
关于加强滨海湿地保护严格管控围填海的通知	国务院 国发〔2018〕24号	2018年7月14日
关于在脱贫攻坚三年行动中切实做好社会救助兜底保障工作的实施意见	民政部 财政部 国务院扶贫办 民发〔2018〕90号	2018年7月16日
互联网诊疗管理办法(试行),互联网医院管理办法(试行),远程医疗服务管理规范(试行)	卫生健康委 中医药局 国卫医发〔2018〕25号	2018年7月17日
关于调整国家应对气候变化及节能减排工作领导小组成人员的通知	国务院办公厅 国办发〔2018〕66号	2018年7月19日
关于促进新时代退役军人就业创业工作的意见	退役军人部 中央组织部 中央政法委 教育部 公安部 民政部 财政部 人力资源社会保障部 国资委 税务总局 国务院扶贫办 中央军委政治工作部 退役军人部发〔2018〕26号	2018年7月27日
扩大和升级信息消费三年行动计划(2018—2020年)	工业和信息化部 发展改革委 工信部联信软〔2018〕140号	2018年7月27日

续表

文件（政策）名称	发文机构（文号）	发文时间
国务院办公厅关于调整国务院农民工工作领导小组组成人员的通知	国务院办公厅 国办发〔2018〕76号	2018年7月31日
关于开展儿童白血病救治管理工作的通知	卫生健康委 发展改革委 人力资源社会保障部 医保局 中医药局 药监局 国卫医发〔2018〕16号	2018年8月23日
关于支持长江经济带农业农村绿色发展的实施意见	农业农村部 农计发〔2018〕23号	2018年9月11日
完善促进消费体制机制实施方案（2018—2020年）	国务院办公厅 国办发〔2018〕93号	2018年9月24日
关于加强文物保护利用改革的若干意见	中共中央办公厅 国务院办公厅	2018年10月8日
关于进一步支持杨凌农业高新技术产业示范区发展若干政策的批复	国务院 国函〔2018〕133号	2018年10月26日
关于加快推进长江经济带农业面源污染治理的指导意见	国家发展改革委 生态环境部 农业农村部 住房城乡建设部 水利部 发改农经〔2018〕1542号	2018年10月26日
大气污染防治资金管理办法	财政部 生态环境部 财建〔2018〕578号	2018年10月30日
关于做好家庭经济困难学生认定工作的指导意见	教育部 财政部 民政部 人力资源社会保障部 国务院 扶贫办 中国残联 教财〔2018〕16号	2018年10月30日
清洁能源消纳行动计划（2018—2020年）	国家发展改革委 国家能源局 发改能源规〔2018〕1575号	2018年10月30日
关于做好当前和今后一个时期促进就业工作的若干意见	国务院 国发〔2018〕39号	2018年11月16日

续表

文件（政策）名称	发文机构（文号）	发文时间
关于实施进一步支持和服务民营经济发展若干措施的通知	税务总局 税总发〔2018〕174号	2018年11月16日
关于建立更加有效的区域协调发展新机制的意见	中共中央 国务院	2018年11月18日
促进大中小企业融通发展三年行动计划	工业和信息化部 发展改革委 财政部 国资委 工信部联企业〔2018〕248号	2018年11月21日
渤海综合治理攻坚战行动计划	生态环境部 发展改革委 自然资源部 环海洋〔2018〕158号	2018年11月30日
关于对真抓实干成效明显地方进一步加大激励支持力度的通知	国务院办公厅 国办发〔2018〕117号	2018年12月6日
关于加强农村假冒伪劣食品治理的指导意见	农业农村部 商务部 公安部 市场监管总局 知识产权局 供销合作总社 农质发〔2018〕11号	2018年12月11日
关于加快发展体育竞赛表演产业的指导意见	国务院办公厅 国办发〔2018〕121号	2018年12月11日
关于支持山东省开展现代化海洋牧场建设综合试点的复函	国家发展改革委、农业农村部发改农经〔2018〕1860号	2018年12月14日
全国道地药材生产基地建设规划（2018—2025年）	农业农村部 药监局 中医药局 农农发〔2018〕4号	2018年12月18日
关于贯彻落实《国务院关于加强滨海湿地保护严格管控围填海的通知》的实施意见	自然资源部 发展改革委 自然资规〔2018〕5号	2018年12月20日
关于在海南博鳌乐城国际医疗旅游先行区暂时调整实施《中华人民共和国药品管理法实施条例》有关规定的决定	国务院	2018年12月21日
国务院关于加快推进农业机械化和农机装备产业转型升级的指导意见	国务院 国发〔2018〕42号	2018年12月21日
农业机械试验鉴定办法	中华人民共和国农业农村部令 2018年第3号	2018年12月30日

续表

文件（政策）名称	发文机构（文号）	发文时间
柴油货车污染治理攻坚战行动计划	生态环境部 发展改革委 工业和信息化部 公安部 商务部 市场监管总局 财政部 交通运输部 能源局 铁路局 中国铁路总公司 环大气〔2018〕179号	2018年12月30日
关于深入开展消费扶贫助力打赢脱贫攻坚战的指导意见	国务院办公厅 国办发〔2018〕129号	2018年12月30日
关于加强和改进永久基本农田保护工作的通知	自然资源部 农业农村部 自然资规〔2019〕1号	2019年1月3日
关于支持服务民营企业绿色发展的意见	生态环境部 全国工商联 环综合〔2019〕6号	2019年1月11日
中央预算内投资补助地方医疗卫生领域建设项目管理办法	国家发展改革委 国家卫生健康委 国家中医药局 发改社会规〔2019〕257号	2019年1月31日
关于做好2019年农业农村工作的实施意见	中央农村工作领导小组办公室 农业农村部 中农发〔2019〕1号	2019年2月22日
中央农办、农业农村部、国家发展改革委关于深入学习浙江"千村示范、万村整治"工程经验扎实推进农村人居环境整治工作的报告	中共中央办公厅 国务院办公厅	2019年3月6日
关于做好水电开发利益共享工作的指导意见	国家发展改革委 能源局 财政部 人力资源社会保障部 自然资源部 宗教局 发改能源规〔2019〕439号	2019年3月8日
关于同意建立自然灾害防治工作部际联席会议制度的函	国务院办公厅 国办函〔2019〕30号	2019年3月29日
关于推进养老服务发展的意见	国务院办公厅 国办发〔2019〕5号	2019年3月29日
关于促进中小企业健康发展的指导意见	中共中央办公厅 国务院办公厅	2019年4月7日
关于统筹推进自然资源资产产权制度改革的指导意见	中共中央办公厅 国务院办公厅	2019年4月14日

续表

文件（政策）名称	发文机构（文号）	发文时间
关于促进 3 岁以下婴幼儿照护服务发展的指导意见	国务院办公厅 国办发〔2019〕15 号	2019 年 4 月 17 日
长江经济带绿色发展专项中央预算内投资管理暂行办法	国家发展改革委 发改基础规〔2019〕738 号	2019 年 4 月 21 日
国产婴幼儿配方乳粉提升行动方案	国家发展改革委 工业和信息化部 农业农村部 卫生健康委 市场监管总局 商务部 海关总署 发改农经〔2019〕900 号	2019 年 5 月 23 日

参考文献

[1]韩俊.关于实施乡村振兴战略的八个关键性问题[J].中国党政干部论坛,2018(4):19-24.

[2]韩长赋.认真学习宣传贯彻党的十九大精神 大力实施乡村振兴战略[J].中国农业会计,2017(12):26-27.

[3]葛笑如、刘硕.十九大以来的乡村振兴研究文献综述[J].山西农业大学学报,2019(1).

[4]陈锡文.实施乡村振兴战略,推进农业农村现代化[J].中国农业大学学报,2018(2).

[5]张强,张怀超,刘占芳.乡村振兴从衰落走向复兴的战略选择[J].经济与管理,2018(1).

[6]韩俊.中国城乡关系演变60年:回顾与展望[J].改革,2009(11).

[7]廖彩荣,陈美球.乡村振兴战略的理论逻辑、科学内涵与实现路径[J].农林经济学报,2017(6).

第 4 章

物联网在农业农村的应用现状及未来趋势
——透析数字农业生产力

4.1 概述

农村社会关系在前面的章节已经全面剖析。中国是一个农业大国,农业在国民经济中占有重要的地位。而现在,中国农业普遍存在几个典型问题:中国人均耕地面积远小于世界平均水平,同时农业人均 GDP 远低于中国人均GDP,农业生产效率较低;化肥、农药单位面积使用量远高于世界平均水平,致使耕地质量逐渐降低,严重影响作物产量与农产品质量;中国农业用水量巨大,且近47%的农业用水被浪费;农村劳动力大量减少,中国农业人工成本逐渐增高,老龄化加剧等现状。本章主要讲述以物联网、大数据、人工智能等新兴技术带来的农业生产力变革,在这里我们统称为数字农业,有望改变现有的农业生产方式,促进农业发展,推动乡村振兴。

数字农业可能离我们很远也难以理解,但数字政府的例子也许可以给出一个参照,让我们先说说数字政府。"让数据为老百姓跑腿""最多跑一次",这是数字政府的口号、真实写照和老百姓可以轻易理解的大白话。政府各个部门的联网、文件数字化、信息采集终端等等,让数据为各项民生事业进行数字画像,进而可以清晰地对自然人、家庭、单位、行政手续等进行定义和描绘,借助这些充分、多维度、信用的数据,数字政府和单位如银行可以秒批各项手续。鉴于数字政府为全社会办事效率提升了多少,同时又节省了多少社会资源,近年来大家是深有体会。政府各部门信息孤岛变成互动的数据网络已经带来巨大的社会效益,农业农村的各个环节和要素的数字化和网络化,即数字农业的到来虽然不会太快,但绝不会缺席。

数字农业是一种数字生产力,适用于经典的生产力生产关系的理解,因此不在这里赘述。如果单纯从技术上来举例说明,数字农业可以理解为:利用传感器收集作物的生长数据、土壤数据、环境数据以及气象数据等,将传感器收集到的数据传输至农田或设施内安置的小基站(低功耗广域网LPWAN传输),而后再将数据通过2G/3G/4G/GPRS等传输至大基站,后传输至云端,最后运用大数据、人工智能等技术构建农业数字模型,包括作物生长模型、作物灌溉模型、作物病虫害模型、温室控制模型等。除此之外,还可以控制滴水灌溉和水肥一体化等设备,监测设备运行状态,如风机、湿帘、电磁阀、保温被、卷被电机等,通过手机APP、PC电脑、微信小程序等实时在线查看作物长势,最终实现物理世界与数字世界的融合,实现农业数字化。

广义的农业分为农林牧副渔,其中农业(种植业)、牧业(畜牧业)、渔业(水产)三者的总产值占比为农林牧副渔总产值的90%。这里主要讲述农业信息科技如何应用于这三大领域。

本章主要揭示了数字怎样驱动农业生产力的改变,具体内容安排如下:首先,整体说明数字农业的生产力分层结构的缩略图,阐述数据贯穿和串联的各个生产要素,驱动农业生产力实现质的跨越;然后,按照底层到上层,即基础要素到应用层的逐层概述说明;其次,举例说明数字农业的应用现状、效果和局限;最后,展望数字农业生产力的未来趋势。

4.2 数字农业生产力分层模型

4.2.1 模型说明

分为八层结构,从下到上分别是:(1)设施层–(2)执行层–(3)控制层–(4)链路层–(5)数据层–(6)计算层–(7)应用层–(8)生产关系层。

第一层设施层如同人的骨骼支架是载体。

第二层执行层包含传感器和执行器,如同人的感觉器官和四肢一样,完成数据采集产生数据并根据上层发来的指令完成相应动作。

第三层控制层如同人的末端中枢能够无须人脑的思考自发控制,比如人的走路并不需要大脑思考而自动完成。

第四层链路层如同人的神经网络与大脑和全身进行信息传输,物联网就是农业的神经网络之一。

第五层数据层如同人的实时感受和经验记忆,即当前的身体状态和知识体系,又如人的血液贯穿全身、驱动所有器官运行。

第六层计算层如同人的大脑,具备各种能力,如学习能力、逻辑思维能力、智商、情商等,结合知识对当前形势做出判断。人的价值就在于大脑,数字农业的能力就在于计算层如云计算和人工智能的水平。

第七层应用层如同人想的办法、人心和脑的作用,能够对个体产生实际效用。

第八层生产关系层如同人组成的组织和团体,已经不属于个体的范畴,而是集体效用,具体到数字农业上就是农业和农村、社会、工业、服务业、政府等等的数字信息互联,产生裂变式的社会经济效益。

数字农业生产力八层结构并非一成不变的,之所以参照人体结构进行划分,只是便于本文从技术方面进行探讨。即便如此,随着技术和产业的发展,它一定会有更为简洁准确的模型。进一步来说,简化模型结构,以下对数字农业生产力八层结构进行分组归类。

4.2.2 按照生产力三要素分类

邓小平同志提出"科学技术是第一生产力"。生产力公式为:生产力=(劳动者+生产工具+劳动对象)×科学技术。数字化技术对生产力三要素即劳动者、生产工具和劳动对象同时赋能。数字农业生产力图的1~5层主要涉及生产工具和劳动对象,第5~6层涉及劳动者,第7~8层与生产关系紧密相关。

4.2.3 按照现场和远程进行分类

数字农业生产力图按照是否在农业现场分为两大部分:第1~5层在农业现场为主,通过现代化农业设施实现,合并称为数字化设施农业;第6~8层可以在网络的任何地方,也可以与任何其他行业共用设施,属于远程或云端层级。

4.2.4 按照数据产生和数据消费分类

数字设施农业所在的第1~5层产生数据,其他层消费数据如图4–1所示。

4.3 数字农业生产力分层模型解读

4.3.1 设施层

设施层主要包含农业设施和农业经营场所等对象。农业按照种植方式的不同,可分为设施种植和大田种植。设施种植由于成本等原因,主要以种植经济作物为主,包括蔬菜、水果、花卉等;而大田种植主要以粮食作物(水稻、玉米、小麦)为主,也包括部分经济作物,如苹果、柑橘等作物。设施种植又可分为温室大棚、植物化工厂两种种植方式,温室大棚种植既包括连栋温室种植,又包括日光温室种植;植物化工厂是设施农业中的一种,指的是利用荧光灯、LED 等人工光源为植物提供光照,并配备有循环风机空调、二氧化碳施肥系统、营养液循环系统等设备,满足植物对生长发育需要部分或全部的生产要素,可实现全程自动化调控,并具有一定的植物生产空间自动管理功能,实现高效化生产。植物化工厂能够实现工业化生产,可比传统种植单位面积的产量高几十倍甚至上百倍。植物化工厂主要包括立体种植系统、制冷系统、紫外杀菌系统、照明系统、智能控制系统、换气加湿系统等。设施种植受天气气候及病虫害等因素的影响较少,可以提高作物的产量,增加效益。植物化工厂能够不使用农用耕地、用营养液代替农药、化肥,最终保证生产出来的农产品的品质。目前,植物化工厂主要生产的农产品分两种:一种是叶类菜、瓜类等农产品,包括生菜、小白菜、黄瓜等;另一种是高经济价值的药用或者食菌类产品,包括人参、牛樟芝、金针菇、平菇等。目前,大田种植主要运用空对地的定位和遥感技术无须相应设施,也有采用物联网技术的小型气象站监测室外的天气气候、病虫害以及农作物生长情况等数据;而设施种植的智能化就比较容易和领先。

4.3.2　执行层

执行层主要包括传感和执行两方面的功能。

需要什么传感器取决于人们关心什么、需要采集产生什么数据便于上层决策;进一步地,取决于需要做出什么决策、什么是重要的决策;最终来说,取决于当前农业生产存在什么问题,哪些问题是可以通过数字农业高性价比解决实现高效农业。比如,化肥用量是影响农业生产成本和土壤质量的最主要因素之一,数字农业通过传感器获得土壤肥力来实现精确施肥就具有现实意义;再比如,孙正义愿景

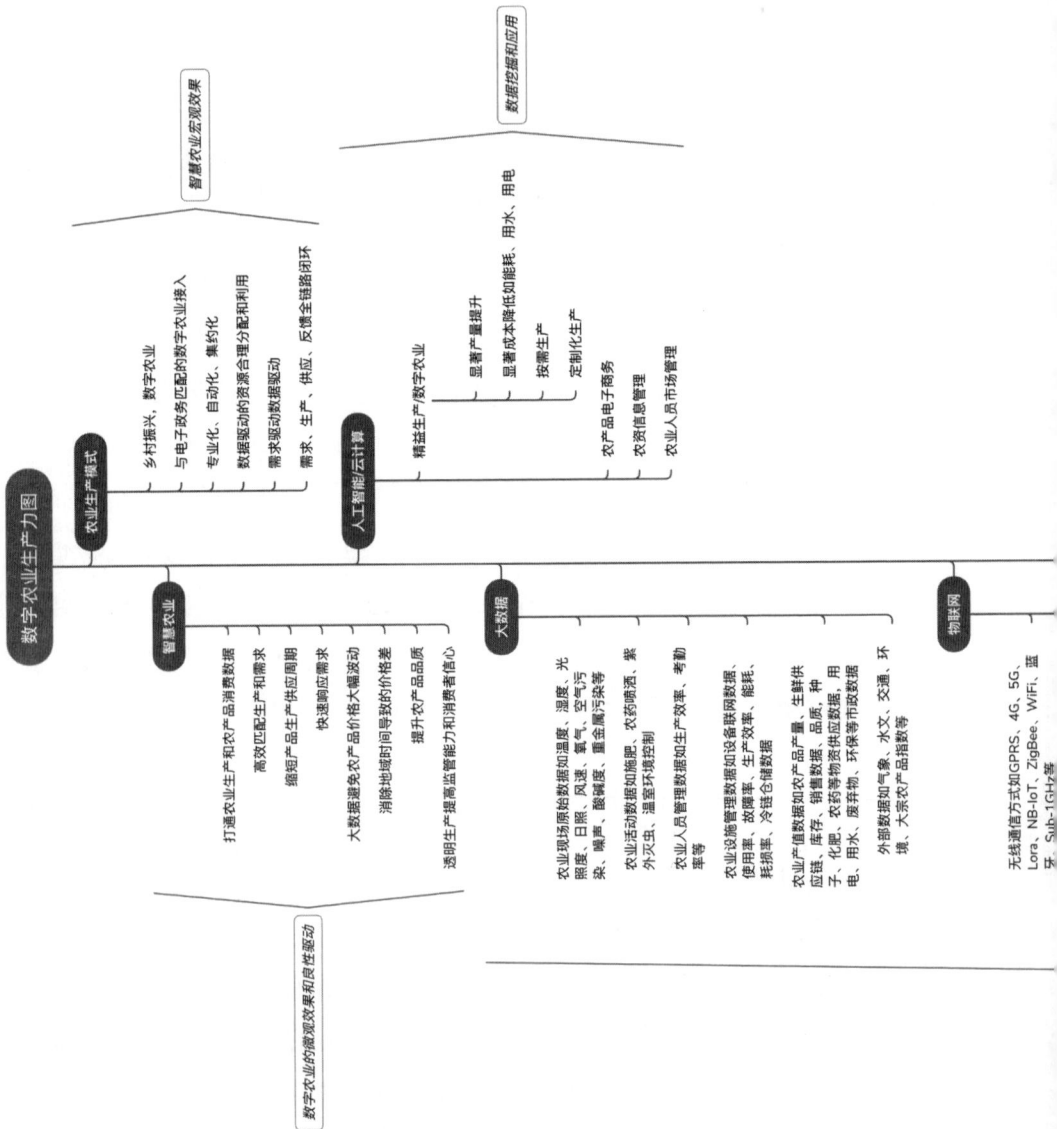

数字农业生产力图

农业生产模式（智慧农业宏观效果）
- 乡村振兴，数字农业
- 与电子政务匹配的数字农业接入
- 专业化、自动化、集约化
- 数据驱动的资源合理分配和利用
- 需求驱动数据驱动
- 需求、生产、供应、反馈全链路闭环

人工智能/云计算（数据挖掘和应用）
- 精益生产/数字商务
  - 显著产量提升
  - 显著成本降低如能耗、用水、用电
  - 按需生产
  - 定制化生产
- 农产品电子商务
- 农超信息管理
- 农业人员市场管理

智慧农业（数字农业的微观效果和良性驱动）
- 打通农业生产和产品消费数据
- 高效匹配生产和需求
- 缩短产品供应周期
- 快速响应需求
- 大数据避免农产品价格大幅波动
- 消除地域时间导致的价格差
- 提升农产品品质
- 透明生产提高监管能力和消费者信心

大数据
- 农业现场原始数据如温度、湿度、光照度、日照、风速、噪声、酸碱度、氧气、空气污染、重金属污染等
- 农业活动数据如施肥、农药喷洒、紫外灭虫、温室环境控制
- 农业人员管理数据如生产效率、考勤率等
- 农业设施管理数据如设备联网数据、使用率、故障率、生产效率、能耗、耗损率、冷链仓储数据
- 农业产品数据如农产品产量、品质、生鲜供应链、库存、销售数据、品质、种子、化肥、农药等物资供应数据、用电、用水、废弃物、环保等市政数据
- 外部数据如气象、水文、交通、环境，大宗农产品指数等

物联网
- 无线通信方式如GPRS、4G、5G、Lora、NB-IoT、ZigBee、WiFi、蓝牙、Sub-1GHz等

加密通信如加密密钥和X509数字证书，通过安全传输层协议（TLS）实施

加密数据如加盐密码哈希，非对称加密算法，Base64等

设备安全如签名固件（Signed Firmware）与安全引导启动（Secure Boot）

数据完整性保障措施如CRC校验、签名算法等

终端处理器（边缘计算）

适用于电池供电的低功耗处理器

强计算需求的处理器如DSP、ARM、FPGA

单芯片方案SOC包括业务处理单元、运算单元、通信单元等

传感器/执行器

电化学传感器应用于土壤酸碱度、二氧化碳浓度等

物理学传感器应用于压力、液体流量等

半导体微机电器件MEMS应用于温度、加速度、光照等

供电

电能收集如太阳能发电、无线电波能量收集

电池供电

电网供电

无需供电

执行器如电子开关应用于温度、湿度、肥料等控制

农业设施

数字化设施农业的赋能

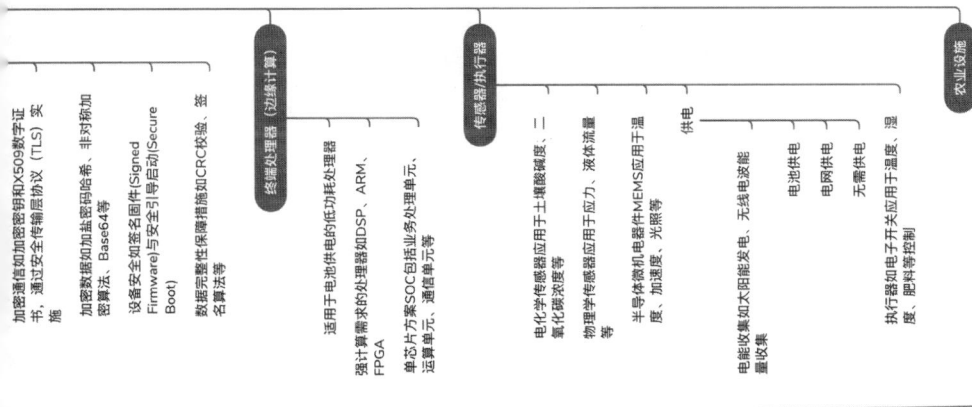

图 4-1 数字农业生产力图

基金投资的 Plenty 公司的联网系统会根据传感器获得的农作物生长情况,输送具体的光、空气成分、湿度和营养物,在相同的土地面积上农作物产量是传统农场的 350%,而用水量仅相当于传统农场的 1%,数字农业经济效益显著。如图 4-2 所示。

图 4-2　Plenty 公司的垂直立体农场①

　　传感器作为数据采集获取的终端,让农业生产的各个环节由信息黑洞变为光明流量,让农业管理变得可视化、作为信息数据可交换可交易,照亮农业生产前行的所有道路。到目前为止,作物生长数据可以监测叶面温度、叶面湿度、果实大小、茎秆变化等,环境数据主要可以监测空气温湿度、二氧化碳浓度等,土壤数据可以监测土壤温湿度、土壤水势、土壤电导率、土壤 pH 值等,气象数据可以监测太阳光照强度、风速风向、降雨量、大气压力等。

① http://mini.eastday.com/a/170720093647378.html。

执行器是能够自动控制的设备统称,比如水闸就是一种执行器。能够通过网络远程关闭和开启,草坪花洒是一种执行器,只要通水就开始工作,无人机作为一种执行器实现施肥和杀虫。相比传感器,执行器种类相对单一,人们目前能够操控的农业设备还很少,主要用于播种、排水、滴灌、光照、施肥、杀虫、冷链、收割等。执行器怎么工作取决于数字农业生产力模型上层的决策,后文有叙述。

4.3.3 控制层

控制层主要是用于终端本地决策来实现对传感器和执行器的操控。比如,蘑菇种植屋的防火喷淋系统通过烟雾传感器监测到火情时,无须远程系统的干预即可做出决策通过执行器喷淋系统自动灭火,同时发送火情信息到数字农业生产力模型的上层。又比如,通过无线或有线传感节点,太阳能供电系统、信息采集设备、传输系统等获取的植物生长环境信息监控环境动态变化,监测土壤水分、土壤温度、空气温度、空气湿度、光照强度、植物养分含量等参数,根据以上各类参数的反馈对农业园区进行自动灌溉、自动降温、自动卷膜、自动进行液体肥料施肥、自动喷药等控制。

控制层一方面通过传感器获取数据、通过处理器做出决策和通过执行器完成动作实施,另一方面协助上层完成分配的运算,终端就近处于工作现场而远离处于上层的中心节点,因而被称为边缘计算,而众多的终端分布在农业现场的各个位置,数量众多因而又被称为雾计算。这样理解虽然比较狭隘,但与计算机科学的并行计算、分布式计算是同样原理,便于实时响应现场的需求,便于实现负载均衡,便于更高的容错处理。在今天低延迟、高带宽、高并发、高连接数的网络支持下,更不用说5G网络的引入,终端的互联和数据传输并不是瓶颈。

4.3.4 链路层

链路层作为信息高速公路,如同农田的机耕道,是信息的基础设施,打通农业生产各个环节的信息孤岛,主要用于安全连接、低延时、可靠信息的传输。安全是链路层的第一要义,要求全链路加密。HTTP时代黑客通过模拟使得人们不小心上了假的官网,而安全连接HTTPS引入后,官网能够证明"我是我",进而解决了网络欺骗的问题。低延时是实现实时控制的基础,使得我们能够实时了解现场情况、实时实施措施。可靠传输保证了数据的完整性,识别数据传输出错和数据篡改,保证源头可追溯,忠实执行指令。它主要涉及的模块及常见方案如下,方方面面,一个都不能少。

(1)无线通信,如 GPRS、4G、5G、Lora、NB-IoT、ZigBee、WiFi、蓝牙、Sub-1GHz 等。

(2)有线通信,如互联网络、电话网、串口等。

(3)通信协议,如 REST/HTTP、COAP、MQTT、AMQP、XMPP 等。

(4)加密通信,如加密密钥和 X509 数字证书,通过安全传输层协议(TLS)实施。

(5)加密数据,如加盐密码哈希、非对称加密算法、Base64 等。

(6)设备安全,如签名固件(Signed Firmware)与安全引导启动(Secure Boot)。

(7)数据完整性,如 CRC 校验、签名算法等。

4.3.5 数据层

数据层是数据、信息本身的汇总,大致分为原始数据和挖掘数据两大类,原始数据是未经处理的现实数据,而挖掘数据是通过第六层以上通过云计算、人工智能、多维数据融合等处理之后的信息,被反馈回第一至五层执行或者输出到系统以外成为智慧城市智慧国家的一部分。

主要的原始数据右：

（1）农业现场数据，如温度、湿度、光照度、日照、风速、氧气、空气污染、噪声、酸碱度、重金属污染等。

（2）农业活动数据，如施肥、农药喷洒、紫外灭虫、温室环境控制。

（3）农业设施管理数据，如设备联网数据、使用率、故障率、生产效率、能耗、耗损率、冷链仓储数据。

（4）农业产值数据，如农产品产量、生鲜供应链、库存、销售数据、品质、种子、化肥、农药等物资供应数据，用电、用水、废弃物、环保等市政数据。

（5）农业人员管理数据，如生产效率、考勤率等。

（6）外部数据，如气象、水文、交通、环境、大宗农产品指数等。

数据层是数字农业的核心基础，面临类型多样、结构化非结构化不统一、实时非实时不同、数据清洗程度不一致、信息量大小差别巨大、安全性要求不同等挑战。归根到底，这取决于我们怎样对数字农业的各个要素进行抽象建模，在数字的世界里建立真实世界的充分倒影，从而使得我们在第六层计算层能够通过运算模拟真实世界的运行，解决具体到农业生产的实际问题。

4.3.6　计算层

云计算、人工智能、数据挖掘等是计算层的主要动作。来自第五层的数据通过计算层得出大家能够直接理解的信息，能够用于农业生产、交换、管理方方面面的事务。其计算算法取决于第七层应用层的要求。计算层采用通用的算法等技术，与其他领域的计算并没有什么不同，通用性强，随着计算机IT技术、互联网技术、人工智能等新兴领域的快速发展而发展,从此连接上了信息技术高速公路,不再受制于农业计算科学的发展进度。

数字农业的特殊性体现在数据层抽象的数据结构,与其他领域在计算层并无差异。在数字农业领域的研发和创新,需做到"眼尖、脑快、手灵",看重全局数据控制和信息管理,在一个区域以及农业和其他产业的相互关联上起到解决整个过程的数据分析、控制、挖掘以及决策支持、传递的作用。计算层根据现有的研究布局和特长,通过大数据的融合治理与并行计算、机器视觉与表型、农作物模型和全局的信息管理以及计算育种等关键技术和方法,构建了数字果园、智慧蜂业、数字小麦、数字玉米等模型,智慧兽药、物联牧场、物联菜园等全局信息管理平台,计算育种大数据平台和智慧农业大数据平台等应用平台,推出了"1+1+N"的模式,即一个智慧农业的大数据中心,一个支撑智慧农业大数据的决策指挥平台,带动 N 个面向区域特色的智慧农业的具体应用,将政府的监管、电子商务、质量溯源、监测控制应用和整个生产过程全部集成到一个平台。大数据将会对农业产生颠覆式的影响,最终智慧农业的模式必将为节本提质增效发挥作用。

4.3.7 应用层

技术没有黏性,人心才有黏性。数字农业技术的落脚点即为解决人们在农业生产、流通、消费等整个闭环的实际问题,并且数字技术方案一定要比其他解决方案具备显著优势,比如成本削减、人员需求减少、周期缩短、周转加快、库存减少、生产计划精准等等,切切实实解决各个环节的问题,真真实实地为人们带来收益的增加。坚持大数据驱动和多元数据的融汇,加强流程信息的管理,以软件替代硬件来降低成本,做动态的智慧决策等相应解决方案。

本层主要从各个农业实体单位角度说明数字农业的微观效果和

良性驱动。下面举例说明数字农业的几点直接应用。

（1）农业生产实现精益生产：显著产量提升，农产品品质提升，显著成本降低，如能耗、用水、用电，按需生产，定制化生产。

（2）农产品供需更为匹配：打通农业生产和农产品消费数据，缩短产品生产供应周期，高效匹配生产和需求，快速响应需求，大数据避免农产品价格大幅波动，消除地域时间导致的价格差。

（3）农业监管负担减少：跟监控系统减少了交警工作量一样的道理，数字农业提高监管能力，提振消费者信心。

（4）农业人员变得专业化：减少人员需求，提高从业者技能，人力资源精准匹配。

比如数字农业技术可广泛应用于现代农业园区、大农场、农机专业合作社。浇水、施肥、温度、湿度、灯光、CO_2浓度，如何实现按需供应？这些问题在过去我们只是模模糊糊地了解作物的生长周期，而农业物联网可以做到实时定量检查。物联网创造的种植模式的出现已成为打破传统农业弊端的新型农业模式。通过物联网技术，农业实现了"环境可测量、生产可控、质量可追溯性"的目标，确保农产品质量安全，引领现代农业发展。

4.3.8　生产关系层

生产力和生产关系是无法独立开来的，前文已介绍了农业生产关系，这里主要把数字农业宏观效果，对农业生产关系模式的改变归为单独的一层。比如实现需求、生产、供应、反馈全链路闭环，数据驱动的资源合理分配和利用，实现农业生产的专业化、自动化、集约化，与电子政务、智慧城市的接入，为乡村振兴助力。

4.4 数字农业应用现状

4.4.1 处于初级阶段

中国农业的发展需要经历四个阶段,中国农业大学李道亮教授将其定义为农业1.0到农业4.0。农业1.0指的是传统农业,此时使用简单的工具,生产效率较低、无法抵抗自然灾害,只是解决了农产品的短缺问题;农业2.0指的是小型规模化农业,利用农业机械化工具,实现部分地区规模化发展,提升劳动生产率;农业3.0指的是自动化农业,利用计算机、硬件设备等产品,提升专业化水平,实现资源的合理利用;农业4.0指的是智慧化农业,利用多种设备获取相应的数据,实现数字化、智能化生产,将各个设备获取的数据打通,进行资源整合,实现无人化生产。

当前,以物联网、大数据为主的农业信息技术应用于农业,处于自动化农业阶段,而查找相关资料,得知此时实现的比例仅为13%,主要应用在沿海以及东、西部经济发达地区,农业信息科技还刚刚起步,中国目前还正处于农业2.0向农业3.0的关键过渡阶段。数字农业技术是传统农业向高品质、高产量、安全现代农业转型的重要途径。

农业领域的生产环节分为产前环节、产中环节和产后环节。(1)农业种植在产前环节主要是准备作物需要的农资及农机具等;产中环节需要对作物进行播种、施肥、除草、灌溉以及病虫害防治等操作;产后环节需要对农产品进行采摘和分拣。(2)畜牧养殖在产前环节需要选址、建设养殖舍以及选种、准备农资等;在生产中环节,需要进行繁育、饲养以及疾病防疫和环境清理等;产后环节需要对畜禽进行称重和屠宰。(3)水产养殖(多指淡水养殖)在产前环节需要选址、建池塘以及准备农资等;产中环节需要监测水质、池塘清理、投饵以及供氧及病害防治等;产后环节需要捕捞、称重等。目前,以物联网、人工智能、定位等为主的数字农业新技术,主要应用于农业、畜牧和水产业的产中环节。

数字农业发展尚处于初级阶段。下面以种植业和养殖业为例让我们一窥究竟。

目前,农业亩均科技投入不足,科技示范效应不足。比如,我国种植面积靠前的几大水果为柑橘、苹果、梨、葡萄、桃等,分别占总种植面积的19.7%、17.9%、8.6%、6.2%、5.9%。在大的分类下,每种水果的种类又可分为许多小类,而农业信息科技应用于果树种植,也只是用于喷洒农药、滴水灌溉等,若想运用大数据实现工业化、标准化生产,实现难度还较大。目前在灌溉耕地面积中,各地区使用滴水灌溉方式的耕地面积不均衡,2016年使用滴水灌溉设备的农田耕地比例仅16%,远小于以色列的90%、法国的47%、美国的27%。但水肥一体化前期投入很大,没有政府扶持一般农业单位难以投入。目前我国农业技术服务费的投入严重不足,仅为0.01元/亩,成本数据暴露了我国农业科技水平低下的事实。如何运用农业种植信息,科技是关键。

除了粮食、水果以外,蔬菜、茶等作物的种植也应用了数字农业技术。蔬菜种植分为传统种植和设施种植两种情况,而运用农业科技主要体现在设施种植上,可以普遍提高单位面积产值10倍以上。虽然植物化设施工厂能够实现工业化生产,但是现阶段还存在前期投入成本高、能耗大以及盈利差等问题。目前多以种植经济价值高的作物才可能实现盈利。现阶段设施环境调控仍以人工为主,环境自动调控缺乏、肥水管理不科学等问题仍很突出。

在水产养殖方面,在渔业家庭人均支出构成中,饲料以及苗种费用占比超过了一半。将以物联网为主的农业信息科技应用在渔业养殖中,可以降低饲料以及苗种费用,减少雇工费用等,实现按需投喂、精准投喂,最终提高渔民收入。当前行业内相关企业的商业模式主要是通过为传统养殖企业提供设备进行盈利,一套设备价格在3000—10000元不等,且理论上只应用在一口池塘,面积为几十亩到上百亩。提高盈利水平,主要依靠养殖高附加值产品,如小龙虾、大闸蟹等。除了靠设备盈利之外,也有部分企业通过上游的饲料以及鱼药等价差赚钱。目前水产物联网控制系统及传感器价格还较昂贵,实现行业应用普及,时间还较长。行业内整体的水产物联网应用还未形成,主要原因在于测量数据不准、高端传感器及控制系统价格昂贵、设备故障率高、维护较差、实现行业应用普的时间还较长。

种植业的无人机植保可以说明情况。无人机植保包括的三个关键因素是农药、无人机和植保队。农药主要以液态药剂为主,通过专用喷头,以雾状的形式喷洒在农作物上;无人机制造核心部分包括控制系统、电池、药箱、水泵以及长短臂、折叠桨、喷头等配件;植保队在进行作业之前,需要进行专业性的培训,作业效率决定了最终开销。植保无人机若想实现连续性作业,至少需要3组电池、2个充电器和1个遥控器,若以此配套价格计算,购买大疆公司的无人植保机T16比购买极飞公司植保无人机P30便宜大约8000—10000元。当前,国家对购买植保无人机的服务组织或个人进行补贴,根据各省份的不同、载药量的不同补贴也不同,通常来说补贴金额为1万—2万元不等,所以购买植保无人机及配套设备需要花费3万—4万元。以小麦、水稻、油菜、果树、棉花等为例,植保队每天可作业70—200亩,以平均每亩4—5元计算,一年农忙大约6个月,一年收益大约为5万—18万元,除去电费、配件电池等损耗、农药费用、培训费、无人机检修时间、人员成本等,第一年只有一些植保队能够赚钱,植保行业利润率较高的还是植保机制造商。仍然是先进农业设备购置成本高企这个原因阻碍了数字农业的普及速度。

总的来说，贯穿产前环节、产中环节和产后环节的全闭环农业科技采用不是简单的商业问题，目前还处于局部环节数字化科技化的阶段。

4.4.2 提高农业收益

根据《2017 全国农产品成本收益资料汇编》，我国三种粮食（水稻、玉米、小麦）种植成本主要包括土地成本、人工成本、物资与费用成本三个方面，其中土地成本包括流转地承租、自营地折租，人工成本包括家庭用工折价与雇工成本，物资与费用成本包括种子、化肥、农药等农资成本、租赁作业费、技术服务费以及其他物资费用等成本。从 2004—2016 年，我国三种粮食种植亩均成本逐年增高。

（1）从人工成本上来说明

根据数据显示，2016 年三种粮食作物每亩总成本为 1094 元，其中土地成本、人工成本以及每亩物资与服务费用分别占 20.3%、40.4%、39.3%，农业人工成本还是主要成本来源，并且人工成本还主要以家庭用工为主。

无人机植保可以节省大量人工开销。根据农药喷洒时节以及规律，使用无人机进行喷洒农药、化肥及作物营养等进行作业。在 2008 年，以油动为主的植保无人机就开始应用；2013 年，开始出现电动或油电混动的无人机；到 2016 年，电动无人机基本统治植保市场。现阶段，无人机植保主要以喷洒农药为主。无人机植保能够解决农村劳动力短缺、劳动力成本高、农民植保作业效率低、农药/水资源浪费严重等问题。

根据公开资料，2018 年我国飞防植保总面积突破 3 亿亩，农业植保无人机制造企业超过了 200 家，飞防植保的服务组织已超过 400 家。从农田管家获悉，植保队正在从年青一代（80/90 后）向老一代

（60/70后）过渡。截至2018年，市场上共有植保无人机近35000台。中国植保无人机发展迅速，已成为全球保有量第一的国家。这些植保无人机主要来源于大疆和极飞两个企业。根据大疆数据，截至2018年11月，大疆植保无人机在中国已超过了20000台；而据极飞介绍，截至2018年10月，其在中国的植保无人机已经超过了13000台，这大大降低了农业人工成本。

（2）从农资成本开销上来说明

农业农田常见的开销有用肥、灌溉等。目前先进的滴水灌溉按照技术手段不同，分为漫灌、喷灌、滴灌等，通过向土壤或者其他基质提供水分，代替向作物直接供水。水肥一体化更为先进，利用压力和管道灌溉系统，将可溶性固态肥料或者液态肥料溶解在水中，而后通过滴头和管道，将营养供给作物，通过收集各个作物在各个时期对水肥的需求规律，实现定时、定量、精准的作物供给。使用滴水灌溉或者水肥一体化技术，能够降低农业生产成本，达到节水节肥、增收的目的。根据实验证明，实行水肥一体化技术比常规方式平均每亩节水86立方米，节水成本43元；每亩节肥26.8千克，节肥成本176.6元；每亩节约人工2—5个，节约成本200—300元；每亩增加收入150—300元，作物产量每亩提高315—1819千克，增加收入1253—4321元。

（3）从农业生产效率上来说明

以种植业为例。2017年，相对传统种植，设施蔬菜种植面积近6000万亩，占蔬菜种植总面积的20%，设施栽培的主要蔬菜种类包括茄果类、瓜类、豆类、甘蓝类、白菜类、葱蒜类、叶菜类、多年生类、食用菌类等10余大类上百种作物，主要分布在山东、河北、河南等地。据农业农村部印发的《全国设施蔬菜重点区域发展规划（2015—2020）》数据，设施蔬菜单位面积产值是大田作物的25倍以上，是露地蔬菜的10倍以上，到2020年，全国新增日光温室、塑料大中棚等面积将达到

70万公顷(1050万亩)以上,届时种植业的生产效率将大为提升。

以生猪养殖行业为例。

中国主要食用肉类包括猪肉、牛肉、羊肉和禽肉四种。猪肉始终是肉类供应的主体,占比超过总产量的60%。中国是世界上最大的猪肉生产国。这里以养猪企业为代表说明数字科技对农业生产效率的现状。

我国生猪养殖市场规模巨大,养猪行业现状是"大行业、小公司、利润薄、风险大"。全国每年出栏猪大约7亿头,以出栏体重250斤、平均价格20元/公斤计算,生猪养殖市场规模高达万亿元。2017年,行业规模最大的企业温氏股份公司出栏1900万头,市场占有率仅为2.8%。根据《2017全国农产品成本收益资料汇编》数据,2016年平均每养一头猪成本在1930.41元,净利润只有288.70元,成本费用主要来源于仔畜费、饲料费、人工费及医疗防疫等费用。对比规模养殖与散户养殖的数据来看,散户养殖的人工成本主要来源于家庭用工折旧,且青粗饲料费更高;而规模养殖企业的医疗防疫费和死亡损失费更高。为了减少成本,散户应向规模养殖发展;而对于规模化养殖来说,若想提高收益,就要考虑用新技术减少饲料费用、医疗防疫费以及猪死亡损失费等。

对于养殖户来说,饲料、医疗防疫、死亡损失以及家庭用工折旧是几项最大的生产成本费用。其中,饲料、医疗防疫与死亡损失等分别可以用料肉比、PSY(Pigs Weaned per Sow per Year)等指标来衡量。料肉比指的是猪生长一公斤所消耗的饲料量,料肉比越低,说明生长到同重量的猪所需要的饲料越少。中国生猪的料肉比大约为2.8—3.2之间,高于丹麦、西班牙(2.6)等国家。而PSY指的是每头母猪每年提供断奶仔猪数,即一头母猪每年能提供的断奶仔猪数,中国的PSY数大约在16—25之间,远小于丹麦(近30)、荷兰(28.9)等国家。

养猪场工作的核心是降低料肉比、提高猪仔存活数 PSY。降低料肉比主要包括饲料营养、基因品种、健康状况、环境控制和饲养管理等五大关键因素；而提高 PSY，需要选择优良的种猪，加快母猪的周转，提高母猪排卵率、降低胚胎死亡率，保证饲料营养供给胚胎发育，通过管理手段提高活仔猪数和仔猪成活率，做好猪群的健康管理、防控流行疾病的发生和传播等。以物联网、人工智能等为主的信息科技能够实时监控猪仔运动情况、疾病、环境状况等，是实现智能化养猪的前提，也是发展现代化养猪的关键。

智能化养猪的实现需要三个阶段，包括前期的数据收集、中期的模型构建以及后期的模型应用，前期的数据收集方式主要有耳标、可穿戴设备以及摄像头等；中期的模型构建指的是将耳标、摄像头收集到的数据，运用深度学习、神经网络等算法来降低料肉比以及提高PSY；将构建的模型应用于环境控制、饲养管理以及猪仔的健康状况等，包括温湿度控制、个体识别、疾病防疫等。

当前阶段，可以使用物联网、人工智能等多种手段结合实现猪场、人、猪等的数字化改造上，且由于传统猪场使用的自动化设备以及管理软件等类型多种多样，容易出现不兼容现象，所以现阶段畜牧养殖信息化还处于积累在线数据阶段，人工智能技术应用得还不是特别多。

除了传统的养殖企业在升级改造之外，各大互联网企业也都争相运用新技术布局养猪产业，由于知识及经验的局限性，大部分采用与传统养殖企业合作的方式，如阿里云与四川特驱集团、德康集团，影子科技与广西扬翔股份，京东与农信互联、天兆猪业等，运用新技术能够减少人工成本、降低饲料使用量，提高生产效率，增强猪场管理水平。当前，农信互联已经部分实现了猪联网，其中母猪联网头数超过300万头，占据中国市场的十分之一，管理大约2400万头生猪，大大提升了我国生猪养殖的效率。

（4）从避免灾害降低损失上来说明

在农业种植业方面，可以利用卫星、无人机和手持设备的遥感数据来监测作物生产情况，通过对获得的光谱图运用图像识别技术实现作物的产量预测，可获得作物的叶面积指数、作物类型以及耕地的地理信息等数据，卫星遥感的分辨率精度一般为2米/8米，即以8米分辨率卫星为主，2米分辨率卫星为辅。由于卫星运行在外太空，在利用可见光和近红外波段进行对地监测时，受云、雾等的影响，获得有效数据的频次和周期存在不确定性，所以又出现了无人机遥感，即使用无人机搭载遥感监测设备近距离地测量作物长势，获得作物的光谱图。卫星不仅可以监测作物长势情况，还可以收集气象数据，运用风云气象卫星，可以预测未来两周降水、干旱、冰雹等自然灾害发生情况，根据实际情况提前对作物进行农事操作，假如预测到未来几天会出现降雨情况，可提前收割作物或减少灌溉次数。

在水产养殖业方面，中国的水产养殖还主要以家庭生产经营方式为主，生产效率低、养殖风险大、环境压力大等是行业内面临的几大问题，而标准化、规模化、精细化养殖是解决这些问题的根本途径。实现标准化、精细化养殖应是影响水产养殖的最核心因素，主要可以分为底质、水质以及鱼质三大块，水质和底质会直接影响鱼质。影响水质的因素包括溶氧量（水中氧气的溶解量）、pH值、温度以及氨气、硫化氢等气体浓度；差的底质主要是由投饵浪费的饲料、动物粪便以及其他有害物质堆积而成，由此会产生病原菌、厌氧菌等大量细菌，造成鱼类发病。同时，养殖密度、养殖种类也是需要考虑的因素。当前，以物联网为主的信息科技重点在于监测水质以及养殖场环境参数等。企业将物联网技术应用在水产养殖中，核心在于传感器以及渔业养殖管理系统，传感器需要使用高精度探头，系统也需要兼容不同种类的设备,如增氧机、投饵机及水泵等,通过现场的控制箱实现智能控制或者手动控制,远程可使用App进行实时查看,从而保障生产安全、减免损失。

4.4.3　差异化的应用

数字技术在农业生产方面的应用解决了"种得好"的问题,尤其是在温室大田种植、畜禽水产养殖、农机物联网方面得到广泛应用。比如,可以监测实时图像,掌控实时状态,在农业园区应用视频监控,直观地反映了农作物生产、畜禽水产养殖的实时状态为农户及时调整种养方案、科学决策提供理论依据。但农业种植、畜牧养殖、水产养殖的不同应用领域对数字化的差异化需求是非常明显的。

(1)农业种植、畜牧养殖、水产养殖的不同应用领域,需要进行精准管理的因素不尽相同

在农业种植环节,最终影响作物生长的因素包括土地的温湿度及营养成分(氮磷钾及微量营养元素)、种子品类、化肥/农药施用量、灌溉水分吸收量、天气气候变化情况、作物长势以及作物生产过程中所需要的农业机械等。

在畜牧养殖环节,影响畜牧产品生长的主要因素包括畜牧品种、饲料营养结构、适宜的生长环境、疫病防控以及畜牧产品的生长情况等。

在水产养殖环节,影响水产品生长的主要因素包括水产鱼苗的种类、饲料营养结构、投喂次数、养殖密度、养殖水环境质量管理以及疾病防控等,尤指鱼药的用量以及次数。

(2)农业种植、畜牧养殖、水产养殖三大领域所涉及的数字农业技术是不同的

目前大部分市场上谈到的数字农业科技主要在农业种植领域,主要包括以下几个方面:滴水灌溉/水肥一体化、农业物联网、卫星遥感/气象/无人机遥感、无人机植保、农机自动驾驶以及植物化工厂；在畜牧养殖领域，信息科技主要是运用物联网、人工智能来获取生长环境的数据以及畜牧产品自身的生长数据；在水产养殖领域，最重要的因素是水质，主要是采用物联网进行水质监测，也可根据养殖密度进行精准饲料投放。

(3)农业种植、畜牧养殖、水产养殖三大领域应用数字农业技术所解决的主要问题是不同的

应用农业信息技术，可解决中国化肥、农药使用过量，农业灌溉用水浪费严重，天气状况使得粮食大量减产等问题。同时面对农机作业者的劳累问题，各大企业也在研发农机自动驾驶技术。而对于畜牧养殖行业的饲料成本高、养殖效率低的问题，行业内正在运用以物联网、人工智能等为主的信息科技去解决。在水产养殖行业，存在着人工成本高、养殖过程不易监控等问题，以物联网为主的数字农业科技正在改变此现状。

下面以养殖农业为例进行说明。

前些年爆发的甲型 H1N1 流感是携带猪流感、禽流感和人流感基因片段的一种流感。在我国 2013 年爆发的禽流感、2018 年猪瘟病毒引起的一种急性、发热、接触性传染传染病，都是对牲畜监管不严导致的悲剧。物联网技术就可以有效地对牲畜进行监控，从而避免突发性的损失。在未来，牧场主可以使用无线物联网应用程序收集有关牲畜的健康、活力、位置等数据，从而节省资金。

一是识别生病的牲畜，使它们可以从畜群中被区别出来，防止疾病的传播。像猪瘟这种疫情，它的发病有一定的症状：发热，这就可以通过温度传感器进行监测，将数据上传云端，进行异常显示，可以有效避免疫情的蔓延，并且减少养殖户的损失。

二是这降低了劳动力成本。数据可以告诉牧场主牲畜的所在位置,从而进行精确管理。

但使用传感器监控牲畜也存在一些特殊挑战,比如给牲畜套上项圈比较困难,另一种选择是无线温度耳标,通过温度可以了解到发病情况、孕育配种情况等。比如睿畜科技的天篷 AIOT 养殖系统通过智能耳标对育种母猪受孕期进行预测,进而大大提高了配种成功率,经济效益明显上升。未来在实施物联网解决方案时面临的另一个潜在挑战是选择一种具有足够低功耗的无线技术,应与牲畜的寿命保持一致。做到具体问题具体分析,比如人的寿命是75岁,但是牲畜的寿命相对来说就比较短,猪的寿命5年左右,鸡的寿命大约7年,而牛的寿命为20—30年,对这些生物的物联网解决方案也是需要定制的,根据养殖户的要求进行方案制定:监管频次、生命周期、健康状态等。

4.4.4 农产品监管

民以食为天,食以安为先。数字农业技术在农业监管方面的应用解决了农产品质量安全"管得好"的问题。中国农业利用物联网技术和云计算技术的国际互联网建立远程支持和服务平台的智能农业远程托管中心,并实现远程栽培指导、远程故障诊断、远程信息监控、远程设备维护等。信息和生物技术、食品安全技术相结合,从种植的各个方面解决农产品的安全问题;充分利用先进的 RFID、物联网、云计算技术,实现农业生产监控管理和产品安全可追溯性。但目前农业及食品行业还是"靠良心"的行业,人们对技术带来的信心保障还没有真正接受。

一是实现农业的生态环境监测。农业生态环境是影响农产品质量安全的基础。利用物联网技术对农业土壤进行信息采集,通过信息传输进行精确分析,这既能够得出适合检测土壤生长的相应农作物,又能够检测出该土壤存在的一些肉眼无法察觉的问题,及时进行土壤的调控与环境改善。物联网技术不单单只对突发环境进行检测,大气环境、水环境同样也是其检测的指标内容。对水环境进行检测,保证水源中不存在影响农作物生长与危害人体健康的微生物与重金属离子。对大气环境进行检测,及时检测出二氧化硫、二氧化氮等有毒气体,以便于及时采取措施改善周边大气环境,达到保证农作物健康生长的目的。

数字农业支持下的农产品电商的普及,也是对消费者权益的维护。单就鸡蛋来说,过去出现过苏丹红鸡蛋,出现过抗生素鸡蛋,但都没有带来大规模的行业整治。2019年的"3·15"又曝出假冒土鸡蛋的新闻,有关部门也不是没有进行整改和处罚,但是假冒伪劣行为还是存在。我们已经从温饱问题的时代出来了,食品品质问题是下一个时代的重点,对食品安全的回溯和监管应是由供货者、消费者和相关部门共同操作,物联网就能很好地解决这个问题,实现利用追溯码对农产品生产信息的追溯,实现手机端扫描二维码对农产品生产信息的追溯,相关部门可以定期发布农产品质量相关信息等。

二是实现农产品安全追溯监管。目前基于物联网技术开发的追溯管理系统已经被广泛应用于农产品质量安全追溯、畜禽疫病电子出证等政府监管,通过RFID技术、智能二维码等可实现农产品生产全过程追溯,保障生态环境安全、农资安全、农产品安全。

4.4.5 农业资源利用

人口越来越多,消费要求层次越来越高,而农业用地越来越少。面对这样的需求及现状,大规模化的农业资源的整合和种植是大势所趋,而数字农业精益生产提升了农业资源的有效利用。

利用卫星遥感和物联网技术对监测区域的农作物长势、面积、估产、品质以及土壤、植保信息进行监测与收集,对收集到的数据信息进行处理,以达到规划、监测某一特定区域农业生产的目的。这种技术的应用可以说是一种宏观意义上的农业监管。近年来,我国物联网技术的大力发展,与地理信息系统 GIS 系统和 GPS 系统的发展分不开。GIS 与 GPS 的协调运作,搜集整理信息,利用数字农业链路层进行信息处理与传输,实现了农业的统筹规划。GPS 即全球定位系统利用卫星感知进行信息定位,将数字农业技术运用的农田通过 GPS 技术进行必要的信息采集,传输给处理器进行信息处理。它既可以了解到对于农田有益的水分、土壤、肥料的分布与蕴含情况,又能够及时地对监测区域的农作物生长、植物病虫害进行预警,为农业部门生产决策提供科学依据。

GPS 定位系统参与农业生产活动。目前,新疆生产建设兵团已率先采用了先进的 GPS 农机远程控制系统。基于 GPS 技术的农业机械远程控制系统能够为农业信息化生产带来新突破,新疆 GPS 定位系统,实践了兵团一直倡导的"精准农业",也就是精准播种、精准施肥、精准灌溉、精准耕种等。上海迹图公司生产的星移品牌 GPS 定位系统,还能帮助农机管理者进行有效的作业监控和调度。例如,在应用 GPS 系统进行棉花播种时,大型播种机可以实现自动驾驶、高精度播种,1000 米播行垂直误差不会超过 2 厘米,有效解决了困扰农户多年的棉花"播行不直,接茬不准"的难题。它不仅提高了采棉机作业测量的精准度,还使得驾驶员的各类违规操作现象降低了 90%,同时也有效降低了机械的维护成本。

4.4.6 农产品电商

靠天吃饭、产销不平衡、人们对优质农产品的需求越来越高等问题,数字农业打通供需两端,从而提供了一种有力的解决之道。对接数字农业平台是未来农产品电商发展方向,是区别于淘宝、京东等电商的最大亮点。现阶段,新闻频频曝出果农菜农产品滞销,导致大片农副产品腐烂在地里,其出现的根本原因就在于农民本身缺乏平台和渠道去推销及展示自己的产品,而数字农业的应用可以为农产品电商平台除可实现农产品推介、网上交易功能外,还可对农产品安全生产全过程溯源,通过农业生产监控视频、VR实景体验等进一步增强消费者对农产品安全的信任感与购买欲,进而培养高端消费群体,提高农业生产者的收入,实现优质农产品真正"卖得好"。

4.5 数字农业未来趋势

4.5.1 前景看好

未来的数字农业一定是全面数字化的,每一个生产要素在数字世界里都有一个对应的影子,不需要实际操作生产要素,我们就能通过计算模拟操作所带来的效果,实现对生产、消费、流通全链路的预测,做到资源效率最大化、柔性定制按需生产、透明监管等。一切都是由数据驱动,由计算机在抽象的世界里模拟运营再反馈到现实中。同时,数字技术与生物技术一起配合,推动农技和品种改良的快速进步。数字农业技术的推广在一定程度上能够推动农业走向信息化、提高农业生产管理水平,也可以起到保障农产品和食品安全的作用,助推农业进一步向智慧农业、精准农业方向发展。

4.5.2 实施不易

发展数字农业科技,需要政府、相关研究机构、学者及农业信息科技企业的共同努力。政府应加强引导,制定相关的政策、规范,加大资金投入,尤其是加大对农业信息科技企业的补贴力度,促进创新发展、技术落地;相关研究机构、学者应加强人才队伍的建设,将自己的经验、方法以适宜的方式传递给相应的农业从业人员,将传统的农业耕作知识变成数字化、数据化产品,为未来的智慧农业发展奠定基础;以市场化为思考逻辑,农业信息科技企业需要深入一线,以农户为核心服务客户,思考如何帮助农户更好地发展,解决农户的根本问题,农业信息科技的发展重点在于落地。

另外,数字农业使得全程追溯农产品的生长过程成为可能,亦能有效实现农业生产工业化,在指导农民精耕细作,在育种栽培、施肥、灌溉等多个环节按照严格的标准执行,提高土地利用率以及单位产量,促农增收。然而要普及科技农业并没有那么容易,面临着不少难题。

难题一:数字农业属于高技术、高市场化的产业,需要财政投入大量资金支持,对于技术的要求也高。一方面,农业信息科技主要应用于几百米以上整体耕地,而此类耕地数量较少,且实现全面数字化需要大量资金支持,资金支持力度有限;另一方面,设备或软件价格较高,平均每亩需要几百至几千元不等,而产品销售没有议价权,采用数字农业对农业实际收益没有显性变化。农业数字化程度低,获取数据较难,同时传感器采集数据少,精度不准不稳定,并且核心设备及传感器来源于国外,中国大部分核心技术研发仍处于实验室当中,应用性不强。

难题二:许多看似简单一气呵成的操作,实际上离不开专业人才的培养。我国农民自身文化素质还有待提高,需要加大对农民的科技文化培训,提高其文化素养,培养懂科技、懂电脑、懂市场、懂管理的知识型人才。但是,对于一直从事传统农业生产的农民来说,说着容易,真正实施起来其实难上加难。我国农业人才短缺是最为严重的,根据2017年12月统计的全国农业普查数据显示,全国农业生产经营人员总共31422万人,受教育程度在初中及以下的占比为91.8%,农业经营人员受教育程度较低,农业人才缺口严重。实现农业数字化、智能智慧化发展，需要着重加强农业人才建设，提升农业生产管理水平，提升生产经营效率，站在农民的角度思考如何帮助农民解决问题。

难题三：农业大数据难以前行。基于大数据在其他领域的发展势头，农业大数据生产的潜力不容小觑。以阡陌网络科技、天创金农科技、慧云信息技术为代表的农业大数据应用平台，在初探大数据指导农产品产销结合、供需对接等方面的贡献功不可没。现代农业依靠大数据，可以提前预测农产品的产量，使得农业生产更具针对性与计划性。值得注意的是，中国大部分农业大数据公司还在起步阶段，其中还面临着成本、推广等问题，高附加值的农产品也许是开始实施数字农业的引领者。

4.5.3　探索思路

以数据平台为发展方向，横向拓展，通过不断地为行业内从业者提供解决方案，包括种植、畜牧养殖和水产养殖，从而获取更多的数据；但该类方式仍以某个具体的项目为主，可复制性不强，而且获取某一产业的可用数据均较少，但这是目前大部分企业的经营方式。

以数据平台为发展方向，纵向发展，先解决某一类农产品的联网，跑通某一类农产品的数据模型，如慧云信息的葡萄联网、农信互联的猪联网等；但每种农产品又含有多个品类，如柑橘分为柑、橙、橘等，运用人工智能技术构建数据模型仍不容易。

以上游核心产品为发展方向，如某一类价格昂贵，如铁皮石斛、大闸蟹等，但必须应用传感器，如实时测量、显示土壤氮磷钾含量的传感器。当然，现在也有部分企业从研发传感器入手，同时通过自研或其他企业合作，为行业内提供解决方案，但资金、精力等投入时间较长，短期内企业无竞争力。如图4-3所示。

图4-3　雁荡山的高附加值农业产品铁皮石斛采用物联网
土壤检测系统

4.6　小结

　　数字农业解决了信息黑洞、打通了信息孤岛、打破了信息不对称，把农业各个要素通过数据结合成为一个实时响应的整体，把消费和市场的能量贯穿到农业生产的各个环节，搭乘第三产业尤其是技术服务如人工智能、云计算的发展快车，实现整个农业产业的升级，改变农业农村面貌。

参考文献

[1]赵小强,高强,许日强,等.面向农业领域的物联网监测与控制技术[M].北京:科学出版社,2019.

[2]李姗蓉,陈萌萌."星创天地＋数字农业"助力乡村农业科技创新[J].河南科技,2019(8).

[3]王丽娟.物联网的生鲜农产品供应链集成系统研究[M].北京:人民邮电出版社,2019.

[4]余欣荣.物联网改变农业、农民、农村的新力量[M].北京:中国农业大学出版社,2016.

[5]曾钊,龙轶群,张洪浩.数字农业助力乡村振兴[J].现代营销(经营版),2019(8).

[6]郑纪业.农业物联网应用体系结构与关键技术研究[M].中国农业科学技术出版社,2017.

[7]陶忠良.浙江农业物联网实践与发展[M].中国农业科学技术出版社,2017.

[8]宋航.万物互联:物联网核心技术与安全[M].清华大学出版社,2019.

[9]丁飞.物联网开放平台——平台架构、关键技术与典型应用[M].北京:电子工业出版社,2018.

[10]何勇,聂鹏程,刘飞.农业物联网技术及其应用[M].北京:科学出版社,2016.

[11] 王丽娟. 基于物联网的生鲜农产品供应链集成系统研究 [M].
北京：人民邮电出版社,2019.

[12] 卢晓慧,聂鹏程. 农业物联网技术与应用 [M]. 北京：中国农业
大学出版社,2016.

[13] 田娜,杨晓文,单东林,等. 我国数字农业现状与展望 [J]. 中国
农机化学报,2019(4).

[14] 严东伟. 国内外发展数字农业情况及经验 [J]. 云南农业,2019
(5).

[15] 易法敏. 农产品电商平台体系建设与线上线下协调发展研究
[M]. 北京：中国经济出版社,2019.

第 5 章

生鲜电商平台商业模式研究

5.1　生鲜电商模式与发展研究

5.1.1　生鲜电商概况

　　张传杰、李圆颖（2015）认为生鲜即生鲜农产品，电商即电子商务企业，生鲜电商即借助互联网平台，通过电子商务等手段对畜禽肉类、果蔬、水产品等生鲜类产品进行直销。伦墨华、刘倩、刘宏伟（2018）认为我国目前主导的生鲜电商主要有三大类，分别是综合型生鲜电商、平台型生鲜电商和垂直型生鲜电商。于翔、王成林（2018）认为顾客对生鲜电商产品的需求与消费在时代的变化中不断更新，尤其是在新零售快速兴起的背景下，其消费特征有所变化。首先，新业态、新零售迅速发展，主要原因是 BAT 等巨头的进入；其次，生鲜产品的电商海外直接采购业务发展迅速，主要是由消费者消费时间分散化、购买品质多样化、购买区域广阔化引起的；最后，生鲜产品的运输配送环节得到改善，消费者所能体验到的服务感更强烈。

　　(1)生鲜电商发展背景：新零售

　　"新零售"这一新概念最早是由马云在 2016 年 10 月提出的，随后引起业界较大反响，并成为市场上主要的零售模式。新零售运用了新兴技术,比如大数据和人工智能等;同时,它又创新性融合线上线下,结合现代物流,使商品从生产到销售的整个过程更加高效。总体而言,新零售就是对业态结构的重构,使之建成一个可循环的商业模式,成为利益相关者的生态圈。据调查显示,未来新零售将趋向以下五个方面发展:对技术进行革新;对主体地位进行保障;对场景化服务进行运用;对无人零售进行快速扩张;对供应链进行重构。

(2)生鲜电商发展现状及原因

对生鲜电商的发展现状主要从市场规模和市场渗透率两个方面来阐述。就市场规模而言,我国生鲜电商的市场规模在2017年达到1394亿元,与2016年相比,增长了53%;2018年,达到2103.2亿元;预测2020年将达到3470亿元。这说明中国生鲜电商发展潜力巨大。生鲜电商市场的渗透率变化也与市场规模变化相似,预计2020年,我国生鲜电商的市场渗透率将达到15%,复合增速将达37%。同时,数据显示2016年中国20—30岁消费者群体在生鲜电商渠道购买的销售额增长了39%,而40岁以上消费者群体仅增长20%,这说明年轻一代消费者的消费能力的崛起带动了生鲜电商渠道的拓展。

任帅(2018)指出,生鲜电商在我国的发展,根据时间维度可划分为四个阶段。2005—2009年为第一阶段,该阶段可视为生鲜电商的探索时期。在这一阶段,借助互联网销售生鲜产品或服务的平台不断涌现,但有一个弊端,就是同质化现象特别严重。2009年至2012年为第二阶段,生鲜电商在市场上慢慢稳定下来,进入正式启动阶段。在这一阶段,如何在同质化的竞争中寻找差异成为各大生鲜电商企业或平台的关注点。借助宏观环境改善这一机遇,在2012年至2017年这第三阶段,生鲜电商迅速发展,价值不断攀升,进入了高速发展阶段。2018年以后为第四阶段,生鲜电商市场又有了新特征与新发展,生鲜电商真正进入应用成熟阶段。

　　王缘、陈可鑫(2019)认为生鲜电商发展的原因是多方面、多层次的,但最主要的原因有两个方面,分别是消费者需求的变化和电子商务企业发展的内在需求。一方面,消费者受个人追求等内在因素和产业环境等外在因素的影响,对产品或服务的需求与期望发生变化。在互联网时代下,渠道的拓宽和信息的丰富带来了消费结构的优化升级,而优化的消费结构自然促进了消费者需求的变化。消费者不仅重视所购买产品的质量,而且开始关注享受到的服务和感官上的体验。另一方面,竞争者的变化、行业趋势的变化,使生鲜电商的发展成为相关企业发展的内在需求。电子商务市场在经历多年的发展后已趋于饱和,因此电商行业的巨头企业若想在此基础上进一步发展,进一步盈利,就需要寻找与企业发展策略相匹配的新市场来进行开拓。但在实际中,我国生鲜电商企业的发展重点已经从互联网兴起阶段的抢占流量向现阶段的新零售时期的体验服务转变。为了有效应对这一转变,相关企业需融合线上线下,将互联网虚拟展示的商品转变为实体店可触摸的商品,让消费者在这一过程中体验服务,以此提高顾客的体验感和满意度。

5.1.2　生鲜电商商业模式

(1)生鲜电商1.0:基于B2C的垂直型生鲜电商

　　王子建(2018)认为在生鲜电商1.0时代,网上卖菜是生鲜电商的主要运营模式,其试图以云联网的形式改变中国居民去菜市场买菜的习惯,但实际上其农产品物流成本和损耗成本依旧不低。和菜市场相比,生鲜电商在价格成本、购买便利性、产品新鲜度等方面都完全不占优势。因此,云联网卖菜这一模式在2010年几乎全部停止。而作为1.0时代基础的B2C模式,张传杰、李圆颖(2015)认为以此模式为主的企业,它们的供应链模式也有差异,主要有4种模式。第一种称为生产外包模式,顾名思义,采用该模式的企业,它们的生产环节是外包的,但是物流和电子商务的平台这两部分却是自己经营的。它们的整个商品流程是,先直接从生产商(比如农产品的生产基地或者私人自主经营的农场)处购买生鲜产品,比如蔬菜、水果等;然后借助企业自营的物流渠道,将产品送到对应工厂或者基地进行加工和包装;最后,企业安排的送货团队将最终产品送至顾客指定地点。不同于第一种的自营物流,第二种模式则是对生产和物流两个环节都采用了外包的模式,但是对电子商务平台的运营和维护却由企业自己负责,因此被称为单一的平台模式。在前两种模式的基础上,第三种模式有所创新,它将企业的经营范围拓宽到包括生产、供应、销售等各环节,因此被称为纵向一体化模式。采取第三种供应链模式的企业,它们有一支负责产品全过程的专业化团队。对于这支专业化、标准化的队伍来说,产品从采购、加工到销售的整个环节,他们都需要参与并监督,促使公司能够形成一体化的供应链,让种植、加工、配送、销售等各个环节都能高效运行。并且考虑到缩短配送时间的目的,可以采用电子菜箱的模式,节约时间,保障新鲜。第四种模式则是一种相对全面化的模式,因为采取该模式的企业,既从事生鲜产品的线上交易,同时也有自己的实体店面;并且和前几种不同的是,该模式不采取送货上门的形式,而是先把产品送往实体店,由消费者自行领取。

　　基于 B2C 模式形成的垂直型的生鲜电商最主要的优势是它能够为顾客提供安全的、优质的食品。张力(2019)认为这一优势不仅仅是该模式和线下超市等的主要区别,更是食品安全事件频发的结果。同时,这一商业模式可以从价值主张、供应链和盈利模式这三部分来入手构建。

（2）生鲜电商2.0：线上线下协同

生鲜电商的2.0时代开始走定制化路线，面向高购买力的群体，比如城市企业家、白领等。该时代的生鲜电商企业主要通过独具特色的物流配送服务来提高用户黏性；也就是企业通过提高品质和增强特色等方式来让这个时代的重点群体多次购买。2.0时代的生鲜电商是销售生鲜产品（涵盖蔬菜、水果、肉类等）的专业性的电商形式，并且基于有机生态的影响，这样的电商形式可以在2.0时代快速发展。随着消费者需求的升级与市场的发展，王宇能（2019）认为"O2O＋LBS"模型成为中国新零售O2O生鲜电商的末端配送的效率保障。这一模型可根据用户需求，结合互联网技术提供从用户定位、购物流程、采购模式到供应链物流和频道推广等方面的支持，为消费者提供精准与差异化的服务。

生鲜电商2.0时代的O2O商业模式其实是时代与机遇的共同选择。葛继红、王文昊、汤颖梅（2018）认为这是一种在新零售背景下，以大数据、高端技术为依托，以线上和线下渠道有机结合为特征建立的"移动互联网线上平台＋线下生鲜店＋自营物流"的模式。它以B2C生鲜产品为切入口，打造以高质量、高新鲜度、高口碑为特征的生鲜产品，以此增强顾客消费黏性，从而为顾客提供更多的非标准、特色化的体验服务。刘元华、马贝贝（2019）认为它的经营体系主要可分为三部分：线下生鲜社区店、线上APP购物、合适的配送人员。

李鎏睿（2018）认为既涉及线上又涉及线下的O2O模式，与其他模式相比，不同之处有四点。第一，从用户层面考虑，这一模式可以加强顾客在使用产品过程中的主观体验，主要指积极的主观感受。这种模式会得到店铺的大力支持，为消费者获取全面的产品和服务提供便利，同时也能在消费者购买生鲜时提供直接的环境体验。第二，它也是改善甚至解决生鲜产品物流配送问题的有力武器。这主要是因为 O2O 模式的前提是采取该模式的企业等在店铺布局方面会优先考虑顾客的需求,体现在实际中就是店铺往往分布在距离主要客户群较近的地方。在这一基础上,顾客可选择的配送方式就更多样化了,他们既可以出于便利性选择上门提货,又可以选择物流配送。第三,这种模式更是生鲜电商和顾客这两大主体加强互动的关键链。在这种模式下,生鲜实体店是生鲜电商与顾客交流的平台,借助这一平台,企业可以展示产品文化与品牌形象,顾客可以反映问题,商家与顾客的距离得以拉近。第四,出于企业盈利的根本目标,该模式当然对增加销量、扩大生鲜产品的销售规模有极大的作用。从该模式的概念出发,"线上线下"的结合,意味着商家可利用的渠道更多样,它们既可以在公众号等线上平台上发布各类相关产品的价格、数量、产地等信息,更可以在线下与顾客面对面交流,进一步拓宽自身的销售渠道。

(3)生鲜电商 3.0 时代

从生鲜电商 1.0 时代到 2.0 时代,又从 2.0 时代到 3.0 时代,生鲜电商产业的重心在发生着变化。3.0 时代生鲜电商的重点是品牌化与差异化的建设,这一重点转变的实现体现在生鲜电商与第三方物流的合作上。在 3.0 时代,生鲜电商的相关企业会进行品牌化建设,主要涉及产业链和产品品质,比如完善产业链和供应链两大"链条",建立生鲜电商产品品质控制和回溯体系。同时,它们又会通过新渠道、新措施来降低成本,比如采取与超市、便利店进行线上线下合作的方式,或采用 C2B 的社区直供模式。王子建(2018)认为随着 3.0 时代的不断发展,各大生鲜电商的商家、企业及消费者慢慢意识到未来生鲜的发展方向将是品牌化、社区化与 O2O 的融合,而实现这一融合的关键则是供给端和需求端的双向改造。

供给端改造,要求实现"品牌化＋标准化"。品牌化是赋予价值的过程,是指通过一些载体来代表生鲜产品,深化其价值。对生鲜产品来说,品牌化就是一种能将其区别于竞争者的现实标识。能够实现这种品牌化的简单操作就是给每个生鲜产品匹配对应的二维码,二维码对生鲜产品的意义就相当于身份证对于我们的意义,是一种身份的象征,更是一种品牌的代表。在生鲜电商不断发展与政策不断完善的过程中,生鲜产品的二维码,将是验证其安全性与真伪性的关键,是对产品追根溯源的手段。

仅对供给端进行改造是远远不够的,需求端也需进一步改造升级。需求端改造,要求实现 C2B + O2O。在需求端改造中,C2B 预售模式是一大特色,这一模式是目前大家公认的主流销售模式。正是这种模式的成功给供给端的品牌建设助力,因为 C2B 预售模式对降低成本,包括物流配送成本与生鲜产品的损耗成本具有关键性作用。但需求端改造仅靠 C2B 预售模式也是远远不够的,需结合 O2O 模式共同发展。C2B 预售模式是为了降低成本,O2O 模式是为了抢占"最后一公里",两者结合能更高效地促进生鲜电商的发展。

5.1.3　生鲜电商盈利模式和经营模式

(1)生鲜电商盈利模式

李洁(2018)认为生鲜电商的盈利模式主要有四种,分别是 B2C 盈利模式、F2C 盈利模式、C2F 盈利模式和售前、售中、售后结合的盈利模式。B2C 盈利模式是我国现阶段的主流盈利模式,其发展主要经历三个阶段:起步阶段、探索阶段和发展阶段。该模式在用户流量和品牌信誉度等方面有强大的优势,但是其在生鲜农产品品控、物流损耗和最后一公里的配送上并没有太多的优势。而 F2C 模式是农场和顾客直连的一种模式。生鲜电商为获得价格优势,提升盈利能力,需与上游供应商深度合作,将生鲜产品的上游生产农场与终端消费者有机结合,为消费者提供高质、新鲜的生鲜农产品,具有削减中间环节,降低品控成本等优势。至于C2F模式,则是客户对农场的盈利模式,凭借降低品质控制的成本和提高生鲜电商产业链的运作效率而受欢迎。这种模式是客户先借助生鲜电商平台了解生鲜产品的详细信息,然后通过批量订单的方式同上游的种植农场进行合作,农场再根据客户订单进行生鲜产品的种植和生产,最终将成品交付到客户手中。最后的售前、售中、售后结合的盈利模式,则是可有效挖掘消费者价值、拉近同消费者的距离,并最终提高消费黏性的模式。在售前阶段,生鲜电商通过收集消费习惯等信息,初步了解消费者的基本需求,针对性地提出定制化方案,同时充分利用各渠道进行相关生鲜产品知识的普及与教育,以此拉近与消费者的距离;在售中阶段,生鲜电商跟进物流信息,及时向消费者进行反馈,与消费者分享生鲜产品的食用和搭配信息,进一步刺激其他产品的销售;在售后阶段,积极回应消费者反映的问题,快速协调退换货事宜,努力实施补救措施,提升消费者满意度和购物体验。

(2)生鲜电商的经营模式

商业模式是各方主体的交易关系与连接,而经营模式则是企业实现商业模式中价值定位的一类具体方法,目前生鲜电商行业的经营模式主要有平台型生鲜电商模式、垂直型生鲜电商模式和实体门店网上销售模式这三类。雷芳芳、林荟(2019)指出平台型生鲜电商模式的主要特点是流量大、物流稳,能够实现这两大优点的关键则是商家入驻平台。而其缺点体现在两个方面:一方面,用户无法快速识别该模式下电商产品质量的优劣;另一方面,入驻平台的费用高,商家间的竞争主要采用价格战的方式,很难体现产品特色与品牌差异。周明(2017)认为和平台型生鲜电商不同的是,垂直型生鲜电商不仅关注用户带来的流量,更关注果蔬肉等生鲜产品的供应。为了更好地实现这一目标,采取该模式的主体专门为生鲜这一类产品提供特定的销售服务。虽然这一模式需要高投入并且获得的利润较低,但专注带来的区域限制也意味着它能严格控制产品质量,提供优质安全的产品与短而精的服务。这样的模式主要适合以对生鲜品质高要求的中高收入人群为目标市场的生鲜电商企业,比如"易果生鲜""天天果园""本来生活"等。雷芳芳、林荟(2019)认为实体门店网上销售模式,是指当地水果店、超市等门店借助 APP、微信公众号等平台,拓宽消费者来源,从而形成的顾客"线上下单,线下消费"的新模式。基于此,便可以保证配送的便利性与产品的高质性,缺点是门店可提供的生鲜产品种类比较少、服务模式比较僵化,不能全面满足顾客的需求。

5.1.4　生鲜电商发展的问题及对策

(1)生鲜电商发展中的问题

生鲜电商的蓬勃发展也逐渐暴露出该产业存在的问题,唐昕、刘勤明(2019)认为问题主要涉及三大方面,分别是产品的质量问题、物流配送的效率与安全性、消费者需求的转变。

生鲜农产品受内外因素影响产生的腐败变质是其品质问题的主要体现。而李振良(2019)认为导致农产品变质最主要的原因是跨境冷链运输的周期长、环节多和跨境冷链运输作业不够规范。除了产品的品质问题,在物流层面,问题也不断涌现,主要有以下四方面问题。第一,产品受到工具等影响而带来的品质降低。于翔、王成林(2018)认为物流工具的不恰当使用、产品与产品在物流过程中的意外碰撞等都直接影响了生鲜电商产品的品质状态。第二,监管与安全意识对商品品质的影响。因为在生鲜电商产品的物流配送过程中,监管部门从严要求的把控与利益相关者对产品的质量安全意识的树立都严重影响了生鲜产品的品质情况。第三,技术是否先进对产品质量的影响,比如生鲜产品的包装技术。但贾幼倩、任美霞、岳凤丽、陈宇航(2018)认为我国的包装技术水平有限,只能避免产品不受外界的撞击这一类损伤,却不能确保商品在物流过程中的质量安全。第四,受宏观层面的影响,包括冷链物流行业的发展不成熟、技术的有限性、物流体系的不完善、专业人才的匮乏等。而在消费者需求方面,霍雪莲(2018)认为最主要的问题是消费者对产品不信任,对其质量持有怀疑态度。产品质量一直是每个时代大家都关注的问题,因为它影响着生命。2019年以来,瘦肉精、农产品农药超标等食品安全事故频发,外加线上电商平台的虚假宣传等行为,加深了消费者对产品质量的担忧,尤其是对网购生鲜产品的不信任。

(2)生鲜电商问题的解决措施

消费者在生鲜电商平台购物,主要考虑其所提供产品的优质性和配送服务的便捷性。因此,唐昕、刘勤明(2019)认为在这样的基础上,生鲜电商要打破瓶颈,获取竞争优势的关键就在于降低成本和提高产品质量。

产品品质的保证始终是所有生鲜电商企业必须坚守的战略之一。我国社会主要矛盾的变化意味着消费者的需求更多体现在安全性、健康性上,也就是要求生鲜电商产品的质量能够更高。为了满足消费者对高质量产品的需求,各大利益相关者可以通过技术改进、物流标准化等来改善产品质量。首先,在技术改进层面,尤其需改进的是物流过程中的冷链技术、减压贮藏技术和辐射贮藏保鲜技术。其次,要注重流通环节对产品的加工和处理,让工艺更加标准化和效率化。为达到这一目的,生鲜电商工作者需更多关注第三方物流企业的运输安排,不仅要关注运输过程中对运输设备的选择、对运输过程的监控、对运输工具和设备的保养,而且还要对整个过程中的生鲜电商产品进行质量监管。李振良(2019)认为应建立完善的跨境生鲜农产品冷链运输信息管理系统,对单据、库存、运输等信息进行管理,数据统计、信息反馈和追踪查询等均保持记录,并具有可追溯性。信息系统应具备订单跟踪,客户反馈,温度异常提示、预警等功能,并可为上下游作业提供必要的信息接口。再次,通过标准化和品牌化实现产品高质量。李婧、吕守明、耿璐璐(2018)认为可以通过建立生鲜电商产品的可追溯体系,以二维码为载体,方便生鲜电商产品流通,从而消除顾客对生鲜电商产品的忧虑。

　　除产品质量外,降低成本也是一大关键对策。降低成本可以从制度和运营两个方面入手。一方面,建立循环包装回收制度,对运输路线、配送范围等做出精准的计算、划分、规划、控制,科学规划配送路线,在减少运输成本的基础上提高效率。另一方面,高雨彤、李昕(2019)认为可通过采用大数据、人工智能和物联网等技术,也就是进行智能化运营,定位核心消费群体需求,从消费端了解消费群购买需求并进行预测,提高运营效率,降低成本。

　　此外,其他因素也会有助于解决目前生鲜电商发展中存在的问题。以物流配送为例。第一,需保持在服务覆盖的3千米生活圈内,产品能够在规定时间内送达;并且不同的产品需配备温度控制更精准的温控箱,运用多温区混载技术,使温度、湿度、气体成分等影响因素都能得到控制。第二,减少产品的损伤。这里的损伤主要指生鲜电商产品在物流过程中因为碰撞等造成的伤害。为达到这一要求,需要对物流过程中的具体操作进行规范化和标准化。第三,于翔、王成林(2018)认为对生鲜电商产品进行科学化、合理化包装极为重要。

　　为了破除同质化竞争,首先要进行市场细分。陈琳、雷静、李凤、李敏(2019)认为细分市场首先就是要确定最主要的消费群体,进行关键击破,重点发力;或瞄准某个区域,梳理归纳该区域主要人群特征;或瞄准个性化定制领域,设立生鲜展示馆,实现会员个性化定制。其次,增强用户体验。通过前置仓、线下门店、商超联合等创新仓储模式,提高生鲜产品交付能力,增强用户体验。

5.2 消费升级促使生鲜电商产业飞速发展

5.2.1 消费者需求的升级

在消费模式升级的驱动下,人们逐渐由价格导向转变为价值导向。人们不再单一地以价格为衡量标准,商品品质与价格的匹配程度成为人们衡量商品的标准。人们开始从商品的品质、商品的多样性、消费便捷性、价格等多个维度衡量商品。生鲜电商的出现在商品品质、商品多样性、消费便捷性、价格等方面满足了消费者的需求。

此外,随着互联网的普及,越来越多的人选择网购这一途径。消费者主要群体更新换代,80后、90后甚至00后成为主要的消费大军,消费观念发生转变,在水果方面的需求增加。此外,经常购买的生鲜商品逐渐由普通商品向中高档进口商品转变。

5.2.2 生鲜电商产业飞速发展

据云格数据发布的报告显示,截至2018年年底,生鲜电商的规模已接近2000亿元,预计在2019年突破2000亿元大关。市场规模呈扩大趋势,增幅明显,生鲜电商行业有较大的发展空间。

根据已经披露的生鲜电商行业融资状况不难发现,2014—2018年融资活动呈先增后平稳趋势,于2016年达到峰值。在2018年共有22家生鲜电商平台,融资近120亿元。其中:美菜网的两轮融资共获得10.5亿美元;百果园转型为新零售,获得15亿元融资。如表5-1所示。

表 5-1　部分平台 2018 年融资事件[①]统计表

融资平台	轮次	金额
美菜	E	4.5 亿美元
	F	6 亿美元
百果园	B	15 亿元
每日优鲜	新一轮	4.5 亿美元
鲜世纪	B	近亿元
宋小菜	B1	2.3 亿元
	B2	1.8 亿元
食得鲜	B	未透露
	B	数亿美元
	PRE-B	未透露
生鲜传奇	B	3 亿元
每日一淘	B	1 亿美元
	A	3000 万美元
食享会	B	3000 万美元
	A	3000 万美元
农政齐民	PRE-A	千万元
天鲜配	PRE-A	千万元
华和生鲜	PRE-A	数千万元
谊品生鲜	A	未透露
彩虹星球	A	数千万元
快鲜网	天使	800 万元
有好生鲜	天使	1000 万元

---

① 数据研究：电子商务研究中心（https://mp.weixin.qq.com/s?__biz=MzA5NTAzMjQxNg%3D%3D&idx=1&mid=2652123728&sn=75b651dbf97abc6cfd05f0baac570500）。

融资平台	轮次	金额
天马便利	天使	500万元
食范	天使	1000万元

在2018年生鲜电商行业的投融资活动中,除了我们熟悉的百果园、每日优鲜等大平台的融资外,采取生鲜半成品配送的食范、C2B社区生鲜团购平台十荟团等新兴生鲜电商平台也获得了可观的融资。融资活动间接反映出,除了现阶段主流的B2C、O2O以及前置仓等模式外,生鲜电商行业的商业模式向多元化发展,新兴的生鲜电商模式逐渐涌现出来,并且投资者也十分看好C2B拼团、半成品配送等新兴模式的发展。

5.3 生鲜电商行业的四大发展阶段

2005年易果网成立,标志着我国生鲜电商进入萌芽期;现阶段的生鲜电商行业已经形成了以阿里、腾讯和京东为主导的、多平台共存的发展模式。从生鲜电商行业兴起到现阶段的蓬勃发展,我国生鲜电商领域的发展一共经历了以下四个阶段。

萌芽期:2005年易果生鲜的成立开启了生鲜电商的大门。该阶段易果生的SKU较为单一,以进口水果为主不曾涉及蔬菜、肉制品和海鲜等商品。该阶段主要以垂直型B2C生鲜电商为主。

探索期:区域性生鲜电商大量涌现,但该阶段的主要商业模式依旧为垂直型B2C生鲜电商。

爆发期:2012年被视为生鲜电商产业的元年,本来生活将褚橙卖为"励志橙"使本来生活的订单量激增,也使得更多的人接触到了生鲜电商。2013年5月30日,顺丰优选在北京的10个地铁口免费派发来自广东的荔枝,更是将生鲜电商大战推向了高潮。此外,在这五年中,阿里、苏宁、京东等企业也相继以不同的方式加入到了生鲜电商的浪潮中。

逐渐趋于成熟阶段:2015年每日优鲜带领着O2O商业模式横空出世;2016年"四不像"的新零售模式伴随着盒马鲜生快速成长。生鲜电商企业逐渐解决"最后一公里"问题。此外部分平台转型为B2B模式,生鲜拼团的C2B模式,社区便利店模式、社区生鲜半成品配送等模式也纷纷涌现出来,生鲜电商领域商业模式趋于多元化,如图5-1所示。

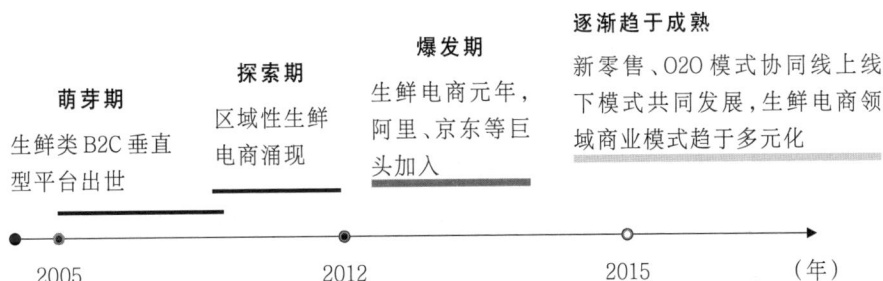

图5-1 生鲜电商领域发展图

在生鲜电商发展的初期,相关平台的商业模式以B2C垂直型电商为主,主要经营高档食品;此后以沱沱工社为代表的区域性生鲜电商崭露头角;2012年本来生活网上营销成功,生鲜电商进入爆发增长阶段;2015年本来生活携O2O模式横空出世;2016年盒马鲜生的成立促进了"新零售+前置仓"模式的发展,初步解决了生鲜电商的痛点之一——"最后一公里"问题。生鲜电商领域的问题逐渐被解决。此外整个生鲜电商领域商业模式趋于多元化,单个企业也不再选择单一的发展模式,而是将两个或者多个商业模式组合经营。在该阶段,商品种类、商品质量以及消费的便捷性都大大提升。

5.4 生鲜电商商业模式的三次变革

按照生鲜电商行业的发展阶段、并结合其商业模式和物流模式的发展,可以将生鲜电商的商业模式分为"以B2C为导向的垂直型生鲜电商"的1.0时代、"线上线下协同的'新零售+前置仓'模式"的2.0时代和"多种商业模式混合经营"的3.0时代。每个时代在商业模式和物流模式上都有巨大的改进,弥补了前一时代的不足。

5.4.1 生鲜电商1.0:以B2C为导向的垂直型生鲜电商

(1)物流模式:源头统一仓储+冷链+城配

2005年易果生鲜成立。该平台以售卖中高档食材为主,采取大仓直送的模式。易果生鲜以货源地直采和高效的冷链配送系统闻名,它的成功在很大程度上依靠其自身高效的冷链配送系统。安鲜达从易果生鲜创立伊始就作为其物流部门从事生鲜冷链运输、宅配工作。随着市场需求、企业战略的调整,于2018年正式转变为物流公司;同年5月,易果集团又推出"驯鹿冷链"。与安鲜达不同的是,驯鹿冷链依托于冷链仓储和运输技术专注于干线的冷链物流配送。在供应链方面,易果采取了源头统一仓储,通过驯鹿冷链配送至片区仓储中心,再由安鲜达物流进行城配至消费者手中的方式。

同样在物流方面具有丰富经验的还有另一家企业——顺丰集团。与易果生鲜不同的是,顺丰集团的主业为物流配送,是在生鲜电商爆发后才于2012年加入生鲜电商行业。顺丰作为我国物流行业的领军企业,凭借着优秀的物流系统于2012年推出了顺丰优选。2013年顺丰将常温商品铺设到了上海、深圳、广东等一线城市,并且在天津增设了冷链配送服务;顺丰优选一开始就瞄准了中高档生鲜在电商行业的空缺,进入了生鲜电商的B2C领域。其利用顺丰的物流技术,在商品的源头直采,利用航空运输直达城市中心仓,再由团队城配至消费者手中。

生鲜电商1.0时代平台的配送模式多为:由原产地仓库运输至片区仓储中心、再由自身或第三方城配团队配送至消费者手中。在该阶段,平台所打出的口号为"次日达"。如图5-2所示。

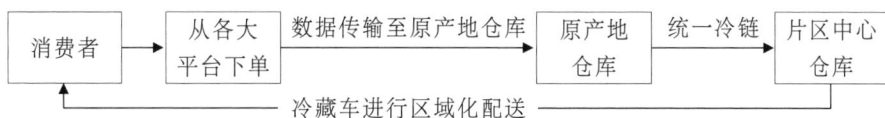

图5-2　生鲜电商1.0时代冷链模式图

(2)弊端:"次日达"不适合生鲜商品消费频次高的特点,高频市场未被开发

与国外不同的是,中国人普遍不喜欢从冰箱中取出的食材,当日食材当日购买是中国生鲜市场的特点。因此总的来说,我国的生鲜市场具有高频、刚需的特点。结合客单价与消费频次考虑,该阶段的客单价普遍较高,但消费频次低。在生鲜电商1.0时代,各大平台提供的普遍为"次日达"业务。在该阶段,在生鲜网购用户的消费行为中,水果是用户购买频率最高的品类,最常购买品类为水果的用户约占总用户的三成。其次为乳制品和蔬菜。消费者只愿意在网上购买不着急食用的水果,而日常生活中需要每日消费的日消品,如海鲜、肉制品、蛋类、蔬菜等却不经常通过此途径购买。

此阶段的生鲜电商只挖掘了生鲜市场的水果和部分生鲜板块的市场,消费者高频购买的蔬菜、水产和肉禽蛋市场板块尚未完全开发。

5.4.2　生鲜电商2.0:线上线下协同的"新零售、新场景"

(1)商业模式:新零售

我国在生鲜电商2.0时期初期照搬了国外的O2O模式,但是经过了2—3年的磨合以后,越来越多的平台发现光靠O2O模式是行不通的,经过几年的运营实践后又提出了建立在O2O基础上的、依托互联网和物联网技术、通过大数据分析和场景营销等模式将线上消费与线下体验深度融合的"新零售"模式。此后类似于盒马鲜生的"新零售＋前置仓"模式被越来越多的平台所接受。

(2)物流模式:前置仓＋城配

在生鲜电商2.0的模式下,"前置仓＋城配"的模式似乎成了解决"最后一公里"问题最为有效的方法。盒马鲜生和每日优鲜等平台纷纷采取该种方式来布局自身的供应链,以打通末端物流解决"最后一公里"的问题。

每日优鲜是一个成立于2014年,围绕着老百姓餐桌的O2O生鲜平台。2015年,每日优鲜的第一个前置仓在北京望京开业,前置仓模式的实质为建立在"城市分选＋社区前置仓"基础上的呈二级分布的仓储体系。前置仓是每日优鲜在2.0时代的重大优势之一。每日优鲜根据App上的订单做出分析,在订单密集的商圈和社区附近建立前置仓,每个前置仓都辐射到附近3千米的范围,将商品从"次日达"变为了"30分钟到家"。

2015年成立的盒马鲜生是生鲜电商领域前置仓模式的代表,在2016年盒马搭建了第一家线下实体店。对于盒马来说,线下实体店就是前置仓。这一举措帮助阿里在生鲜电商的布局上向供应链末端迈进了一大步。盒马鲜生实体店最大的特点就是集餐饮、体验与购物于一体以及快速配送服务。"30分钟到家"也是盒马鲜生诞生以来的第一个目标。为了实现这一目标,盒马鲜生又推出了一大四小的商业模式。所谓"一大四小"模式,就是指盒马鲜生线下大店和更小更为精简的盒马F2便利店、盒马mini店、盒马菜市和盒马小站一同发展。此外在宁波,盒马鲜生还与同为阿里系的社区超市三江购物合作。这些小规模的店围绕在盒马线下店的周围形成聚集效应,配合盒马鲜生的前置仓模式,将"30分钟到家"服务真正变为现实。其实,盒马鲜生便利店对阿里来说是一个更为合适的实现目标的途径,盒马便利店相较于盒马线下店,更加靠近消费群体;相较于线下店更加前置,以达到急速配送的目标。

生鲜电商2.0时代平台的配送模式多为:由原产地仓库运输至片区仓储中心、再由片区仓储中心通过冷链运输至前置仓,最后由自身或第三方城配团队配送至消费者手中。在该阶段,平台所打出的口号由1.0模式的"次日达"转变为"30分钟到家",如图5-3所示。

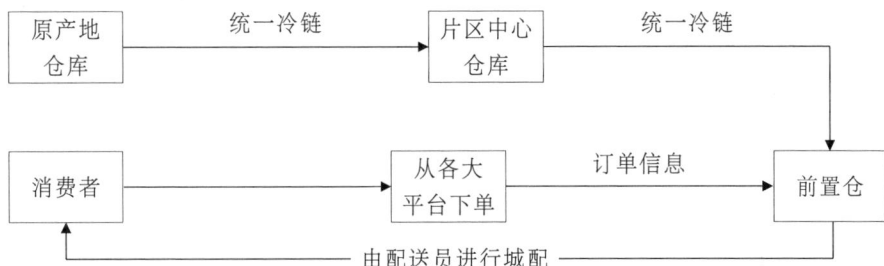

图 5-3 生鲜电商 2.0 时代冷链模式图

(3)与1.0时代相比仓储前置、由"次日达"演变为"30分钟到家",解决"最后一公里"问题

"最后一公里"问题一直是生鲜电商的痛点。解决该问题不但可以降低企业物流成本、提升物流效率和消费者满意度,更是可以提升企业的商业价值。

第一,末端物流成本降低、物流效率提升。

与生鲜电商1.0时代相比,在1.0时代商品有片区储存中心运送至消费者手中一般采取冷藏车配送;而2.0时代,配送范围局限于以前置仓为中心的3千米范围内,配送员只需要骑电瓶车派送。企业在供应链末端的成本大大降低。

第二,商品品质得到保障。

在 1.0 时代为了降低冷藏车运输成本,物流会将不同商品共同储存进行沿途配送,生鲜商品品类繁多,冷藏冷冻混装以及冷链运输时间较长,会在很大程度上影响生鲜品质;2.0 时代派送员只需在前置仓辐射 3 千米范围内进行配送,"30 分钟到家"意味着生鲜从前置仓出发到到达消费者手中最长时间不会超过 30 分钟,冷链断链的风险和时长大大减小,商品品质得以保证。

5.4.3 生鲜电商 3.0:多种商业模式混合经营

生鲜电商企业经历了数十载的发展之后,也逐渐找到了适合自身发展的商业模式。现阶段生鲜电商中 B2C 模式的竞争较为激烈,以新零售和 O2O 为代表的模式的终端都为顾客,而 B2B 和 C2B 等模式却相对较少被提及。近几年来,易果生鲜正在进行战略转型由 B2C 向 B2B 转变。易果生鲜通过与阿里和苏宁进行合作,一方面,获得天猫超市生鲜板块和苏鲜生的独家运营权;另一方面,更是获得了充足的资金。易果集团的融资使得易果建立起了商业壁垒,为日后的"深耕物流、全渠道、供应链"的建设提供资金保障。

此外以食享会、考拉精选为代表的平台开启了生鲜团购活动,将商业模式转变为 C2B,整合客户资源通过增加交易规模的方式来降低物流成本;百果园、永辉等老牌生鲜商超,通过自营或与第三方合作的方式转型为线上线下同步经营。由于该类平台原本就有线下仓储,因此该种转型在仓储方面的投入较轻,如表 5–2 所示。

表5-2 现阶段我国主要生鲜行业商业模式一览表

平台	商业模式	物流方式	特点
易果生鲜	B2B＋B2C/B2C 垂直型电商平台	自营	专注于生鲜领域、具有区域特色
本来生活		第三方(京东)	
优菜网		自营	
顺丰优选		自营	
天天果园	O2O	第三方	主打"1小时到家""30分钟到家"服务
每日优鲜		第三方	
京东到家		第三方	
百果园	社区便利店	自营或第三方配送(如美团、饿了么等外卖平台)	在仓储、物流方面资产投入较轻
钱大妈			
永辉			
超级物种	新零售	前置仓＋城配	结合线上与线下、主打场景营销
盒马鲜生			
食享会	C2B	平台集中配送	在商业模式上:以拼团的方式大批量采购、向C2B转变;在物流模式上,社区分销平台大批量运送至集中点后由团长完成"最后一公里"配送,或由拼团者至团长处自提
考拉精选			

在生鲜电商3.0时代,各企业会逐渐形成自身擅长的商业模式进行深耕,生鲜电商商业模式逐渐多元化,各种商业模式并存。但不论平台采用了何种商业模式,其最终都是为了降低物流成本和提高消费便捷性与用户体验。

5.5 生鲜电商产业经营壁垒

5.5.1 食品安全问题频发、商品品质难以把控

2018年10月,盒马鲜生线下店在售的三文鱼鱼腩被查出大肠菌

群超标;2019年5月15日,上海盒马门店在上海市市场监督管理局的抽查中被查出大红肠的大肠菌群超标高达85倍。这并不是盒马鲜生自开设线下店以来被爆出的仅有的两起食品安全问题。其实在短短的两年间,盒马鲜生各个门店因为食品安全问题受到的各级处罚高达20余起。当然,盒马也不是唯一一个被爆出有食品安全问题的生鲜电商平台。此外,除了食品安全问题,消费者还经常会遇到商品品质与预期不相符的状况。总的来说,冷链系统与商品品质直接相关;冷链发展缓慢将直接制约生鲜电商行业的发展。食品安全问题频发和商品品质难以把控与我国在冷链系统上的标准化程度低、流通主体广、断链问题严重都有着密不可分的联系。

(1)冷链标准化程度低,商品品质难以称心

生鲜电商企业在仓储、运输以及销售过程中的标准化在很大程度上依附于冷链系统的标准化。在日本,以网纹瓜为例,在商品的品质、冷链的温度等方面都有相应的标准。准确来说,冷链系统并不意味着将温度降到足够低,而是如何将温度保持在最为适宜的温度,不同的生鲜单品对温度和湿度的要求不同,因此储存要求也不同。此外,不同的生鲜所散发出来的气味等物质也不同。以香蕉和苹果为例,若将香蕉与苹果一同储存,苹果所散发出来的乙酸乙酯会将香蕉催熟,不利于香蕉的储存;若将水果与肉制品等一同储存也会造成串味的问题。因此只有将具有自然属性的生鲜通过标准制定转变为标品,企业在储存、运输和销售过程中所投入的成本才可以下降。

此外,生鲜属于高损耗商品,除去不当的供应链环境对商品造成影响以外,商品自身的属性也会使商品过熟腐烂。商家为了降低生鲜商品的腐损率,不得不在生鲜的源头上大做文章。同类生鲜,来自不同品种和产地对冷链的要求也不一样。以樱桃为例,5—6月上市的早熟樱桃,因为生长期较短而不耐贮藏;而6月下旬上市的晚熟樱桃因为生长期较长,果肉密度较大,果皮不易破损,适合储存和运输。此外,产地对樱桃的品质也有巨大的影响。受光照和温差的影响,乌兹别克斯坦、智利等地的樱桃肉质要更加紧实,相较于我国国产樱桃更加适合储存和运输。因此企业在运输不同产地品种的商品时,必须要制定相应的标准才可以降低腐损率,减少对商品品质的损害。

(2)生鲜行业SKU多,商品流通主体广,冷链断链问题严重

受我国国土面积以及生鲜原产地的限制,我国的生鲜电商存在着流通主体分布过广的问题。以盒马鲜生为例,其售卖的商品种类超过3000种,货源地更是遍布全球103个国家。其售卖的红毛蟹来自俄罗斯、龙虾来自波士顿……流通的范围之广可想而知。

流通范围的扩大,一方面加强了冷链运输的时长,另一方面也对冷链运输的方式提出更高的要求。过长的冷链体系使得冷链运输环节变得复杂,并随之而来的就是冷链断链风险的加大——商品数量越大、流通环节越多,工人在处理商品时所花费的时间越长,断链风险随之增加。冷链断链所造成的伤害是不可逆的,不仅会使商品的品质下降为企业在金钱上造成损失,更有可能滋生细菌对消费者的健康造成威胁。

在商品从收获到送上餐桌的过程中,断链可能会发生在各个环节。一件商品在收获后到进入冷库的过程中,若处理不及时就会发生腐烂、破损的状况。冷库出库到装车、冷藏车在运送的途中、送达分选中心进行加工分选、由城配人员配送至消费者手中,这些环节无一不面临着冷链断链的问题。

5.5.2　重资产壁垒、小型企业扩张难

生鲜电商作为一种重资产行业,其在前期的冷冻仓储的建设、冷链的搭建以及线下商店和前置仓的搭建都需要大量的资金;并且企

业想要获利就必须不断地投入资产。根据中国电商网的数据，仅
2016—2017 年之间共有 14 家生鲜电商平台因为资金问题而停止
运营。

(1)实现线下"占位优势"需要大量资金供给

生鲜商品难以做到差别化，且各平台目标用户高度重合，在前置
仓覆盖范围内，目标用户数量有限。因此在建立前置仓时具有"占位
优势"，这也是盒马舍命狂奔的原因。

现如今生鲜电商行业竞争激烈，不少平台都选择通过烧钱模式来
扩张规模。除了阿里的盒马鲜生之外，京东的 7FRESH、每日优鲜、苏
鲜生等平台也开始了"新零售＋前置仓"的模式。依附于阿里、腾讯
以及京东的生鲜电商的资金链相对宽松，而其他没有归属于这三大
巨头的生鲜平台在融资上相对困难、扩张进度也相对缓慢些。

现如今盒马鲜生已经在北京、上海、广州、杭州等地开设了超过
150 家线下店。盒马鲜生采用的"新零售＋前置仓"模式，换句话说，
就是仓店结合的方式，门店便是前置仓。这种模式与只搭建前置仓
相比，其前置仓还履行着门店售卖生鲜类商品、提供餐饮服务的职
能，通过这种方式增加商品的附加价值。前置仓在履行线下门店功
能的同时实现收益，借此降低前置仓的成本。盒马鲜生最小的线下
店占地面积也在 4000—6000 平方米之间，而最大的店铺占地面积达
到 1 万平方米。根据盒马鲜生的数据显示，盒马鲜生开设一家线下店
需要投入几千万元甚至上亿元的资金。但这种模式对前置仓的占地
面积以及门店运营能力有较高要求，一般平台难以复制。因此大多
数平台还是选择了只搭建前置仓，而不是仓店结合的模式。

但想要搭建前置仓也绝非易事。建立前置仓这种对资金链要求
较高的扩张模式，使得不少平台在创业前期就失去了活力。前置仓
的搭建需要一笔巨大的资金，而这些资金的回账周期一般在 5—8 年，

资金支出巨大、回账期长,对于资金链紧绷的企业来说是一个巨大的考验。因此众多的生鲜平台都由于资金不足而难以搭建足够的前置仓,最终失去竞争优势而退出市场。

(2)生鲜电商环节多,营运成本巨大

在生鲜电商行业中,商品通过冷链运输、定重、包装最后到达消费者手中,在冷链物流、仓储设施、配送费用以及货品损耗四个方面都会产生巨大的成本,部分商品其最终成本是出现在普通菜市场中的生鲜价格的2倍。

①冷链物流

现阶段各大生鲜电商平台的冷链大体上可以分为"自营物流"和"第三方物流"两大类。选择"自营物流"的企业在前期投入成本非常大,在冷藏车、空运飞机等运输设备上均需要巨大的资金投入;选择"第三方物流"的企业不需要自己构建物流配送模式。但现阶段市场上拥有完善的冷链物流配送体系的公司并不多,市场需求并不能得到满足,企业需要支付给第三方公司的价格并不低。

②仓储设施

生鲜电商企业离不开大型冷库、冷藏车等带有冷藏功能的基础设施,在前期建设基础设施上企业需要投入大量的资金。而这些资金的回收期通常在5—8年,投入产出严重失衡。此外,基础设施的建设与公司的发展战略息息相关,存在信息不匹配风险。若仓储设施在选址、容量等方面出现失误,企业的运营成本还会增加。

③配送费用

以盒马鲜生为例,杭州地区的盒马配送员的月薪为6000—10000元。每小时收入为35—50元,单均7—10元;每日优鲜则为3000元底薪＋1000元绩效(600单/月),超过部分6元/单。以一个门店日均200单来算,每个月在配送费用上的花费超过4万元。

④货品损耗

货品损耗会发生在运输和商品分拣包装两个过程中。中国电子商务研究中心的监测数据显示,我国的生鲜在运输过程中的货品损耗率高达20%—30%,远高于发达国家1.7%—5%的水平。此外,在最终的分拣包装阶段,也会将一部分商品淘汰。在整个流程之后,最终得到的可以到达出售品质的商品只占采购商品的65%—75%,成本大大增加。

5.5.3 溢价水平不高,盈利难

据统计,全国4000多家生鲜电商平台中,仅有4%的平台投入产出持平,88%亏损,7%巨额亏损,而最终实现盈利的只有1%。2019年的第一个季度过后,盒马鲜生将"高速扩张"模式转变为"一大四小"模式,比盒马线下店更小的盒马F2便利店、盒马mini店等随之而来;超级物种作为永辉旗下的子品牌在亏损了10亿元以后直接被母体所剥离;京东的7FRESH也与自身的目标差距较大。各大巨头都表示盈利难,其他小平台的盈利现状可想而知。

生鲜电商企业,由于生鲜商品的自然属性,使得该行业具有同质化严重,普通商品溢价不高的特点。这两大特点也是造成生鲜电商行业盈利难的主要原因。

(1)商品同质化严重、消费者重价格以及商品品质轻品牌

生鲜类电商平台的主营商品都离不开水果、海产、肉制品、蛋类和蔬菜这几类。该类商品虽然也有品牌之分,但消费者的关注点一般都在商品品质以及价格品质上,没有多少人在去买菜时会关注这批小青菜的牌子是什么,这些鸡蛋来自哪家企业。生鲜商品非标品的特性使得商品同质化严重。若与其他平台比商品质量,提高商品质量就意味着需要投入更高的成本,获利就会相对减少。

(2)价格优势难以捕获

在现阶段的生鲜电商行业中,各企业尚且处于摸索阶段,"一家独大"现象尚未形成,行业竞争较为激烈。在各大平台之间,往往会采取价格战的方式来提高竞争优势。并且,生鲜电商的竞争者不光只有同类型的生鲜电商平台,还有普通的农贸市场。在生鲜电商领域,商品的成本往往都较高,若在一般生鲜商品上创造相对较高的商品溢价,与普通的农贸市场相比就会失去优势。因此生鲜电商受成本的影响,想要获得价格优势是十分困难的。盒马鲜生售卖的部分商品价格甚至比普通菜场中的价格还要低10个百分点。不光盒马鲜生是如此,许多生鲜电商平台为了提高自身的竞争优势也会打价格战。现阶段的平台为了提高竞争优势经常会给平台用户以及供应商发放补贴,用户在享受完补贴后的价格水平一般低于线下采购,如图5-4所示。

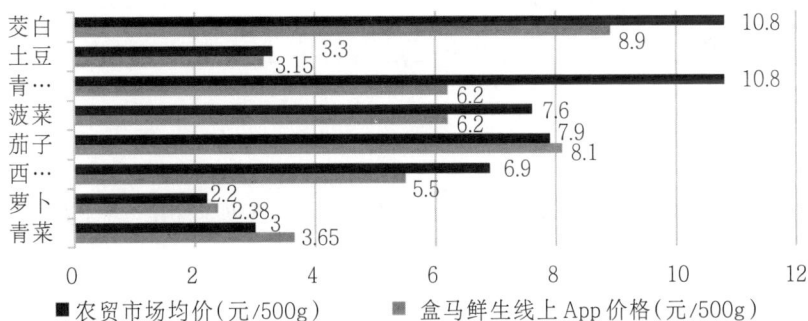

图5-4 杭州地区5月30日传统农贸市场菜价与盒马鲜生菜价比较图

在普通的日消品上,各大平台受传统农贸市场的限制并不能创造很好的溢价水平,商品溢价主要来自中高档生鲜商品以及餐饮服务的附加价值。

5.6 季节性、区域性生鲜成为各平台争相加入的领域

随着社会的发展,人们已经由吃得饱向吃得好转变,过去鲜有人问津的中高档生鲜也逐渐走向大众的餐桌。2019 年网络上不断涌现出与水果有关的新兴词语,比如"车厘子自由""荔枝自由"。由此可见大众对生鲜水果的需求已经不再局限于普通的水果,诸如西瓜、苹果、橘子等,而是向更高层次的中高端水果迈进。

受冷链物流的限制,过去优质的季节性、区域性生鲜商品只能采取线下的方式在原产地周边城市售卖,随着冷链技术的发展越来越多的生鲜电商企业和冷链物流企业争相加入中高端季节性、区域性生鲜之争。在过去的几年中,顺丰优选、易果生鲜、盒马鲜生、京东生鲜、每日优鲜等平台都加入了时令水果和生鲜的行业中来。此外,上述企业都与全球各地的生鲜产品供应商签订了合作协议。

该类生鲜商品的特有属性——季节性、区域性,是企业得以实现商品溢价的主要途径。但也正是这两大特性对企业在供应链方面提出了更高的要求。

5.6.1 出售中高档季节性、区域性生鲜成为企业实现溢价的最优途径

在生鲜电商行业,除了日消品之外,绝大部分的生鲜都会受季节和产地的影响,这类季节性生鲜商品除了大闸蟹之外还有车厘子、橙子、榴莲、猕猴桃等。此外,与海鲜、肉禽蛋相比,水果受季节和产地的影响尤为显著。季节性、区域性生鲜水果往往都是各大平台争抢的主要目标,因为该类商品国内市场需求较大,但在其原产地却可能并不热销,生鲜电商企业利用这种信息不对称以及高效的物流,从国外采购大批量季节性水果,然后在国内以合适的价格出售以实现商品溢价。

以樱桃为例。在樱桃界有一种贵族叫车厘子,而在网络上有一个词语叫作"车厘子自由",因为车厘子昂贵的价格,人们并不能放开肚子大吃特吃,但在智利当地车厘子的价格折合成人民币却不到3元/斤。智利早在2008年就与我国签订了议定书,车厘子获批进入我国市场。除了智利之外,与中国生鲜平台签订合作协议的国家还有美国、乌兹别克斯坦、土耳其、加拿大等国家。并且受原产地的影响,中国的消费者一年四季的绝大部分时间都可以吃到来自全球各地的车厘子。

除了车厘子,我国的山东大樱桃也是生鲜电商平台争相采购的品种之一。山东作为我国樱桃的主要产地,其樱桃的市场批发价大概在10元/斤,从山东发往江浙沪的运费约为8元钱/斤,发往京津冀为7元钱/斤,但在各大平台上的均价为50元左右/斤。除去仓储和人工成本,各平台在山东大樱桃上的溢价相较于普通商品还是十分可观的。然而进口车厘子,根据品级的不同价格在90—200元/斤不等,而其在原产地的批发成本甚至比国内的大樱桃还要便宜。因此当有国外的车厘子可供采购时,各大出售樱桃的平台还是普遍更愿意采购国外的车厘子。

除了车厘子之外,中国的榴莲大都从泰国和马来西亚进口,橙子则来自澳大利亚,猕猴桃则来自新西兰和智利。受产地的影响,这些进口水果的品质远远好于中国自产,且采购价格又远低于在国内采购。因此随着冷链物流和国际航空的发展,物流能力显著提升,从国外采购优质的季节性水果成为各大平台的不二之选,也是实现商品溢价的最优途径。

5.6.2 对季节性、区域性生鲜商品基于供应链的分析

(1)原产地对生鲜品质的影响大

生鲜具有自然属性,其与一般商品的不同之处在于生鲜商品的品质受产地的影响非常大。以樱桃为例,在我国普遍将进口樱桃称为车厘子,而国产的中高档樱桃则称为大樱桃。智利和乌兹别克斯坦的车厘子受阳光和温度的影响,在肉质方面比国产的大樱桃要紧实很多;此外其果皮较厚,果粒较大。这些特性是智利和乌兹别克斯坦当地的地理环境所赋予的,也是通过其他手段所达不到的。也正是这些特性使得智利和乌兹别克斯坦的车厘子在口感上更好,在冷链运输上的腐损率也更低。

(2)在商品品质方面把控严格

因为会购买中高档生鲜的消费者往往对商品品质的要求较高,其不同于一般的日消类生鲜商品,各大平台在出售时往往会经过精心挑选和包装。其实,不光在销售阶段,在供应链的每一阶段,各大平台对该类商品品质的把控都是十分严格。在采购阶段,企业往往会制定各种准则将商品挑选、分级和包装;在冷链物流阶段,企业会制定不同的准则,包括冷链保鲜方面的准则、储存的准则、配送的准则等,以求将商品高质量地送到消费者手中。

(3)采取空运等方式确保运输效率

随着国际航空的发展,我国现阶段进口生鲜多采用空运的方式。一批车厘子从树上摘下、分拣装箱后乘坐国际航空来到我国,再进入各大生鲜平台的仓库中最快只要不到一天的时间,最慢也不会超过两天。而在我国国内,高铁的快速发展也为我国的冷链物流增添了动力。在2018年,中国铁路总局与顺丰集团达成了合作,组建了中铁顺丰。除了我们熟知的山东大樱桃之外,草莓、苹果、杨梅等季节性、

区域性的水果也通过高铁从原产地运往了全国。

在现阶段,冷链物流系统的中间环节——企业从原产地运送至各片区仓,已经发展得较好。哪怕是进口商品运输时长通常也不会超过48小时。高效的冷链运输体系,在降低腐损率和成本、提高商品品质方面具有重要意义。

(4)企业通过货源地直采和冷链物流的规模效应来降低成本

生鲜电商平台在源头成本相同的情况下,想要在供应链终端创造出比其他平台更多的消费溢价是十分困难的。因此想要创造出更多的商品溢价实现盈利就要在货源上控制成本。通过与原产地供应商直接合作,商家只需将水果采摘分拣后交给各平台即可。平台自行进行包装,其收购成本大大降低,又可以实现商品源头的标准化,为降低冷链物流的成本做准备。

此外,生鲜电商离不开冷链物流,而冷链物流具有规模效应,大批量订单的优势不仅体现在成本控制上,更是体现在仓储、冷链物流等固定费用的摊销成本上,适当增大规模可以降低每件单品的平均成本。但一味地追逐规模效应也是不可取的。以顺丰为例,其虽有强大的物流能力,但其用户消化订单的能力远不及京东和天猫。

总的来说,企业想要控制成本可以从货源采购和冷链物流两个方面来实现;并且从中高档季节性、区域性生鲜商品来看,该类商品在原产地售价并不高,甚至会出现没有人买的情况;而通过其他途径收购,采购成本就会非常巨大。因此对于该类生鲜商品来说,采购方式对成本的影响巨大。

5.6.3　总结

中高档的季节性、区域性生鲜因为其可以产生较高的商品溢价,已经成为各大平台争相加入的领域。但该类商品的货源地对采购成本和商品品质的影响很大,因此对企业供应链的要求很高。企业想要以较少的成本取得优质的货源,就必须采取货源地直采的方式;并且在采购的成本上要根据企业自身的状况进行调整,以寻得适合企业状况的采购规模,避免少量多次采购和积货等情况的发生。此外,该类商品的目标群体一般对商品品质的要求较高,因此企业要在供应链的各个环节做好商品品质方面的把控。最后,我国现阶段冷链体系的中间环节——货源地运送至片区仓,已经比较完善,企业应该将重心放在"最后一公里"的配送问题上。

5.7 基于现阶段主流生鲜电商平台的分析

5.7.1 阿里系生鲜电商

阿里巴巴在进入生鲜电商领域后,通过自建、控股等方式逐渐打造出一个集供应链、引流平台、末端配送为一体的生态圈闭环。结合生鲜行业SKU众多的特点,随着市场的进一步发展,阿里对供应链的源头与末端的要求进一步增加。因此让拥有安鲜达和云像供应链的易果集团专门负责供应链源头,拥有前置仓的盒马鲜生负责供应链末端,是阿里在经过了深思熟虑之后的重要战略转型,如图5-5所示。

供应链末端配送:盒马鲜生——场景营销与末端配送

阿里生鲜生态闭环

TO B:易果——货源采购与冷链物流

TO C:天猫超市——线上引流

图5-5 阿里生鲜闭环图

(1)易果生鲜——货源与冷链物流

易果生鲜成立于 2005 年,并于 2016 年转型成易果集团。自 2012 年起,易果集团背靠阿里获得了阿里的多次投资,屡次创下了生鲜电商行业的融资新高。在阿里的多轮融资后,易果生鲜逐渐进入了阿里的生态圈,由单一的 B2C 模式转向了 B2C、B2B 和 O2O 模式并存的商业模式。2015 年,易果集团将旗下的冷链物流部门独立出去,成立了安鲜达物流科技有限公司。2016 年 11 月,易果又与阿里持股的苏宁合作,独家运营苏鲜生,为苏鲜生的线下实体店供货。此外,易果集团还在不断地进行前置仓的布局。

截至现在,据易果生鲜官网的数据显示,易果生鲜已拥有超过 1 万名员工,在全国 15 大城市拥有 4 个基地,冷链系统覆盖了全国 310 个城市。

①货源采购

易果生鲜所提供的生鲜品类已经超过 4000 种。其货源地覆盖了全球 6 大洲的 36 个国家和地区。在企业发展的过程中,易果生鲜与泰国政府合作,以投资的方式获得了新加坡健康食品公司 SUNMOON 51% 的股权。易果集团加强海外投资就是为了提高其在货源采购和供应链方面的能力。而现如今其在供应链的实力是有目共睹的。

②冷链系统

安鲜达是易果集团旗下的生鲜冷链物流管理公司,专门从事冷链物流的末端配送工作;此外,易果集团还开发了驯鹿冷链,与安鲜达不同的是,驯鹿冷链依托于冷链仓储和运输技术专注于干线的冷链物流配送。在物联网布局上,截至今日,易果集团已经在全国 15 大城市布局了大型基地,其物联网覆盖了我国 310 个城市。

③销售渠道

在销售渠道方面,易果生鲜几乎覆盖了方方面面。B2C:易果生鲜以垂直型生鲜类 B2C 平台问世,易果原有的易果生鲜官网、易果生鲜 App 等平台已经为易果集团积累了稳定的客源,在与阿里联合加入阿里的生态圈后,天猫和苏宁端口的接入为易果带来了更多的线上用户。B2B:易果生鲜以其优质的货源和高效的冷链系统闻名,除了与天猫和苏宁的合作之外,还与阿里旗下的盒马鲜生、饿了么等平台进行合作。除了 B2B 和 B2C 这两大主要的销售渠道以外,易果还为大卖场、便利店等提供服务,其销售模式包含了各类零售场景,为消费者与合作企业提供了各种生鲜品类的在货源、储存、运输等方面的解决方案。

④配送方式

365 天全年无休是易果集团做出的承诺。此外,其依靠强大的安鲜达物流可以将配送时间精确到半小时以内。预约达、次日达、当日达、极速达都可以实现。

⑤生鲜云

此外,值得一提的是,易果集团的创始人金光磊于2017年首次提出了生鲜云的概念。生鲜云的模块包括商品采购、冷链系统、低温仓储、物流配送、大数据、商品品类规划、市场营销、IT 技术支持、商品的包装与加工等多个板块。但易果的生鲜云并不是这些板块的杂糅,其会根据合作企业的特性重新对这些板块进行组合,形成适合该企业的特定板块。截至今日,易果已将生鲜云赋能给了包含天猫生鲜超市、苏鲜生在内的众多生鲜电商平台。

(2)盒马鲜生——新零售+前置仓

盒马鲜生是阿里最近几年的发展重心所在,阿里在发展初期只是想建立前置仓了,但前置仓模式十分烧钱,这点是毫无疑问的。阿里为了解决这一问题,于是找到了一种"新零售+前置仓"的模式,盒马鲜生线下店,这既是一家超市、又是一家餐馆,同时还承担着仓储的任务。前置仓在实现自身储存功能的同时，又可以通过售卖商品、服务通过餐饮增加商品溢价的方式实现收益，降低前置仓的成本。盒马鲜生开创了"新零售＋前置仓"的模式，打通了线上线下环节，在很大程度上解决了"最后一公里"问题，也依靠新零售降低了前置仓的成本。

①"新零售"

在商品同质化严重的生鲜领域，企业光靠价格和广告已经难以吸引用户。因此企业越来越重视用户体验，那么如何吸引用户来体验并提升消费者体验感呢？盒马鲜生就此提出了"新零售"。新零售将消费者的行为具体化，讲究场景化营销。其在场景营销方面主要包括了：消费者是哪一群体、消费者在何时以及什么样的情况下进入这个场景、消费者在这个场景中会发生什么样的问题，消费者需要我们做些什么，我们可以如何帮助消费者解决这些问题。

盒马鲜生将线下店的场景营销做到了极致。盒马鲜生实体店内，你可以在挑选完生鲜商品后，让盒马厨房帮你加工，在盒马餐厅享用。在盒马线下店内是不允许使用现金以及微信支付的，因此它已经将用户群体限定在了可以操作智能手机的中青年人群体；该类群体一般为上班族或者大学生群体，因此该类群体易于接受新鲜事物，更加注重商品的品质而对价格较为不敏感；该类群体生活节奏较快，年龄在25—45岁之间的群体大多已经参加工作，或成家或独居，快节奏的生活使得他们更加愿意去购买已经分拣包装、方便清洗的生鲜或者已经为成品的熟食。而年龄在18—24岁的群体大多为学生，自主生活能力较低、更偏向于在盒马餐厅就餐或者购买熟食。因此盒马线下店设立解决了青年人生活节奏快、对成品需求较大的问题。

②"前置仓"

前置仓的建立在很大程度上帮助盒马鲜生解决了"最后一公里"

的问题,也是阿里系生鲜电商脱颖而出的利器。在网络上有一个新兴的名词叫作"盒区房"。盒区房也就意味着该住所在盒马鲜生线下店可以覆盖的3千米范围之内。盒马鲜生以盒马线下店为中心,在其辐射范围3千米之内采取配送员配送的方式实现"30分钟到家"服务。此外,为了将仓储进一步前置,盒马鲜生又推出了"一大四小"模式——以盒马鲜生线下店为中心,开设面积更小更为精简的盒马F2便利店、盒马mini店、盒马菜市和盒马小站。这些小的门店大都设立在商圈、社区等人员密集的地方,一来增加了客流量与曝光率;二来使得仓储更加贴近消费者,进一步提升覆盖范围,提高配送效率。此外,这些小店的设立,可以减缓盒马在建立前置仓方面巨大的资金压力。

(3)天猫生鲜超市——线上引流

天猫超市是阿里旗下的本地网上零售超市,其承诺的次日达、指定时间送达等配送服务深受用户的喜爱。在淘宝首页便有天猫超市的入口,而淘宝作为大家最熟悉的网上购物商城,其忠实顾客数量巨大,因此天猫超市作为淘宝的一部分,所覆盖的顾客基数也是非常庞大的。

天猫超市作为一个综合类B2C平台也经营了生鲜板块,其实在阿里旗下的生鲜平台并不少。如喵鲜生、淘鲜达等。其中:喵鲜生给自身的定位为中高端生鲜市场、以进口商品为主,其覆盖的消费者群体一般为中高端人士,客单价较高但消费频次低;淘鲜达则主打农副商品、国内原产地直供;天猫超市的生鲜板块给自身的定位是消费者日常生鲜食材,该类生鲜商品消费者的购买频次最高。但想要经营好该类生鲜商品,对企业有一个高要求——消费者购物的便捷性和物流的高效性。

阿里分别于2012年、2014年、2016年等向易果生鲜投资了多轮融资活动。在多轮融资活动后,易果生鲜进入了阿里的生态圈。此后天猫超市的生鲜板块由易果生鲜独家运营,冷链物流由易果集团旗下的安鲜达物流完成。

2018年12月,天猫超市生鲜板块再度进行战略转型。阿里集团宣布,此前由易果生鲜负责的天猫超市生鲜板块独家运营权转交给盒马鲜生,进一步打通线上线下,加速阿里在生鲜方面的供应链建设。

(4)总结

生鲜商业闭环初步形成,易果、天猫超市生鲜板块、盒马鲜生三大平台分工明确。通过对阿里系三大平台的分析,我们不难发现,易果、天猫超市生鲜板块、盒马鲜生三大平台形成了一个商业闭环。易果生鲜在终止了与天猫超市的合作后,退出了TO C端口后,它们三者的分工更加明确——天猫超市负责TO C的线上引流活动;易果生鲜则继续向供应链的上游走,负责TO B事项包括供应链上端的云像供应链,以及供应链下端的驯鹿冷链干线和安鲜达配送;盒马鲜生则负责线下新场景的建立和末端配送,如图5-6所示。

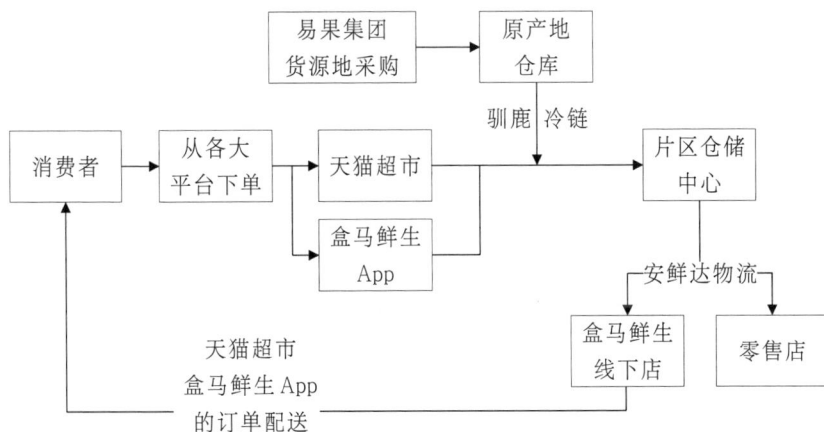

图5-6 阿里系供应链模式图

5.7.2　腾讯系生鲜电商

腾讯依靠着自身的社群开展了生鲜电商活动,其依靠社交流量的优势(以微信入口为主导)开展了一系列创新的生鲜电商营销模式,诸如拼多多的水果拼团等。腾讯投资的生鲜电商企业主要有每日优鲜、拼多多、永辉超市、超级物种等。

(1)永辉

永辉超市成立于 1998 年,是中国首批将生鲜农引进超市售卖的企业之一。生鲜经营是永辉最大的特色,也是优势项目。在一家永辉超市中,其生鲜品类货架约占超市总面积的 30%—40%。永辉超市凭借着优秀的供应链管理能力在生鲜产品上表现优秀,打败了许多同类型的超市,如沃尔玛、麦德龙等。

此外,为了顺应生鲜市场电商化的特点,永辉又孵化了永辉云创事业部。永辉云创事业部主要包含了三个项目部,分别为永辉生活、超级物种以及前置仓永辉到家。

根据永辉超市 2018 年的年报显示,在 2018 年度,永辉超市全年营收 705.1 亿元,但净利润却减少了 18.52%。通过对比永辉云创 2018 年财报可以得出,永辉云创在 2018 年度的亏损是造成永辉超市净利润大幅下降的主要原因。2018 年底,永辉云创被永辉超市剥离,永辉云创的财务状况不再计入永辉超市的年报中;但这并不意味着永辉超市放弃了永辉云创,而是永辉超市在生鲜电商方面的一次重要调整。

①永辉超市

永辉超市在生鲜板块优秀的业绩离不开其强大的供应链。在供应链的采购和门店上架环节,永辉都将低成本和高效率做到了极致。

在货品采购环节,中高档进口商品或者大批量的商品一般由企业采取货源地直采的方式,而消费频次高的普通生鲜商品则是由区域买手通过实地考察的方式与当地的供应商签订合作条款,再由供应商配送至各门店的方式;而真正帮助永辉提高竞争力的,正是这些高频次的日常生鲜商品。在永辉超市,这些日常的高频次生鲜商品每日的上货频率在1—2次,在进行促销等活动时甚至会超过两次。对于这些量大消费频次高的商品,采取区域直采的方式有助于永辉超市及时补货,将商品库存保持在一定范围内,这样既可以满足消费者需求,又可以保持货品的新鲜度。

在门店上架环节,永辉超市的生鲜在价格上往往低于市场,但他们对生鲜品质的要求还是非常高的。为了更好地控制生鲜商品品质,永辉员工的上班时间采取"三班倒"模式。夜班的员工负责对商品进一步细加工,在商品送到门店后,夜班的员工会连夜进行验收、分选和包装;早班的员工负责在开店前将商品整齐放置在货架上;而白班的员工则负责时刻留意货品的数量在必要时进行补货处理,此外还要根据当天市场的反映、商品的品质等及时调整货品的价格。永辉超市的"三班倒"模式极大地提高了超市的运作效率,使得顾客在超市一开门便可以买到想要的商品;也正是永辉超市对价格极高的敏感度,使得其生鲜品类商品的价格具有优势,广泛地被大众所接受。

②永辉云创板块

永辉云创作为永辉超市孵化出来的产业,主要包含了:社区生鲜店——永辉生活——新零售——超级物种和负责末端配送的前置仓到家服务——永辉到家。

永辉生活:永辉生活的定位为"比永辉超市更精致的社区便利店",其商品主要涵盖了水果、生鲜以及熟食等。此外,永辉生活也推出了线上App用户在平台上下单,配送员会在30—60分钟之内将商品送达。作为一家社区便利店,其竞争对手不光有同类型的平台,还有社区周围的传统便利店和菜市场;而作为线上平台,其主要的竞争对手又有京东到家、盒马鲜生等平台。

超级物种：2017年首家超级物种在永辉超市的大本营福州开业，这家超级物种占地在500平方米左右。其售卖的商品主要为进口的中高档商品，80%的商品和生鲜都是从国外进口的。在超级物种中共有八个板块，分别为花点时间花坊、麦子工坊、鳜鱼工坊、波龙工坊、盒牛工坊、有机生活果坊、咏悦汇和生活厨房。从这八个板块的名字中我们不难发现，超级物种主营的商品品类为中高档进口生鲜商品和有机商品。

超级物种所采用的模式也与盒马鲜生相类似——"餐饮＋零售"。其实采取该种模式的除了超级物种和盒马鲜生以外，还有采取"低价、亲民、便利"定位的便利店如全家、711、罗森等。但在该类便利店中出售的商品主要为乳制品、烘焙食品、便当以及水果，商品走经济实惠路线，与超级物种的目标用户重合度不高。因此现阶段超级物种的主要竞争对手还是盒马鲜生。

永辉到家：永辉到家是永辉云创板块的另一个重要布局。截至2019年6月，根据永辉云创的联合创始人张晓辉介绍，永辉到家App的日订单量已经超过6万，其中有超过一半的订单来自微信小程序。目前永辉到家在福州、厦门和上海等地已经落地的卫星仓有30多家。而福州作为永辉超市的发源地，单仓的日订单量就可以超过6000单。

永辉到家采取的卫星仓模式，换句话说，就是在前文中所提到的前置仓模式。与盒马鲜生的前置仓模式相比，永辉到家的卫星仓明显要小很多，但永辉到家的卫星仓密度远远高于盒马鲜生的前置仓，覆盖范围较大。高密度的卫星仓帮助永辉到家在30分钟之内就可以将货品送至消费者的手中。永辉到家在30分钟之内的履约率高达99%，如表5-3所示。

表5-3 永辉云创的三大板块对比表

板块	定位	目标用户	选址
永辉生活	社区便利店,普通生鲜水果占比大,主要出售生鲜类日消品	社区住户	社区周边
超级物种	中高档生鲜体验店,售卖中高档生鲜食品、进口生鲜以及有机生鲜食品,用户可在店内食用体验	中高档人士	人员密集的商圈、CBD周边
永辉到家	各类生鲜	线上用户	在订单用户密集处建立卫星仓

我们不难看出,永辉云创对于三个板块的定位十分清晰:永辉生活主打社区便利店,平价生鲜水果占比较重,满足社区居民的日常生活需求;超级物种作为"餐饮＋零售"的体验店,主打用户线下体验,商品定位较高,因此它的店铺也经常选址于商圈等中高档人士频繁出入的地方;永辉到家主打供应链的末端配送,高密度的卫星仓强有力地保障了永辉到家的配送效率。

③总结

永辉云创板块主打生鲜电商化。与盒马鲜生不同的是,永辉选择了将零售与前置仓拆分采取小而密集的模式,而盒马的选择是前置仓与零售相结合,前置仓较大但同时也承担了零售的职能。这两种模式各有各的优缺点。大店模式对资金要求较高,短时间内想要大规模覆盖较难,但店仓结合的方式可以提高资源利用率降低成本;前置仓与零售拆分模式有利于永辉千店千面的发展战略的实施,对资金链的压力相对较小,可以快速地提高前置仓的覆盖率,但仓储与店名分离的模式无法很好地降低仓储建设、运营方面的成本。

(2)每日优鲜

每日优鲜自2014年成立以来,一直专注于O2O的发展模式,在五年多的时间里经历了七轮融资,融资金额超过了8亿美元。每日优鲜的快速成长离不开对用户的准确定位,他们根据市场充分提高了自身在供应链上的效率;通过会员制度充分实现社群营销,使得企业的营销成本大大降低,最终实现盈利。

①用户分析

结合每日优鲜的口号:"过不将就的生活,从吃好一点开始"。每日优鲜的目标用户主要为年轻的职场女性。其线上App的主要用户分布如图5-7,5-8所示。

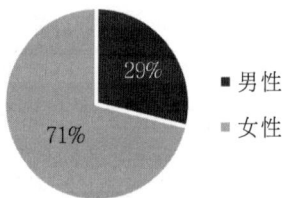

图5-7 每日优鲜用户性别占比图　　图5-8 每日优鲜用户年龄分布图

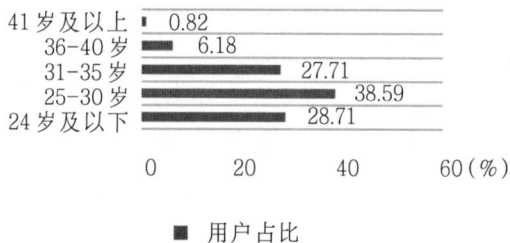

如图5-7、5-8中,通过数据的分析不难发现在每日优鲜的用户中,女性用户的占比远远大于男性,且消费者的年龄普遍聚集在25—40岁之间。其实这一用户分布情况不难得出,因为这一阶段的女性大都为80后和90后,深受互联网的影响;再者在一个家庭中,买菜做饭的往往都是女性。这类25—40岁之间的新时代女性,一方面要忍受工作上的高压,一方面又要照顾家庭的饮食起居,在上班时通过App下单,下班回到家后便可以收到食材,省时省力。

此外,每日优鲜相信在2015—2025年间90后甚至是00后会成为消费的主力军,他们更加喜欢经过加工、包装的商品。每日优鲜正是瞄准了消费者的这一特征,实现了爆发式的增长。

②配送模式

每日优鲜为了实现自身在配送上的优势,同样建立起了"城市分选中心＋前置仓"的模式。其配送模式大体上与盒马鲜生相似,配送员从前置仓出发在前置仓辐射范围3千米之内进行配送。

③盈利模式

每日优鲜是为数不多的实现盈利的生鲜电商之一,其在一线城市已经全面实现盈利。每日优鲜的盈利模式离不开其"会员制"的模式,会员付费收入占总收入的85%。加入会员可以享受最高50%的优惠。此外,每日优鲜还推出了每日优鲜会员小店的模式,会员可以入驻每日优鲜成为店主,通过微信等社交软件将商品推广出去。若有用户通过店主的推广下单,店主可以获得5%的返利。给予会员的优惠和返利,一方面留住了客源、提高顾客的重复购买率,另一方面让用户主动进行社群营销,大大降低了企业在营销方面的费用,最终实现企业与用户的双赢。

(3)总结

不同于阿里系,腾讯系生鲜平台尚未形成闭环、但营销模式新颖,很好地利用了腾讯的社群流量。

与阿里系不同的是,腾讯并没有形成完整的商业闭环,各平台独自经营。但是腾讯系的企业具有阿里系所不具备的社群流量。每日优鲜推出的会员小店、拼多多的水果生鲜拼团活动,都很好地利用了腾讯端口(特别是微信客户端)的社交流量。值得一提的是,拼多多的拼团、邀请好友助力等活动,更是吸引了一大批中老年用户,这些群体本身不擅长使用电子产品,但在同龄人的引导下可以快速掌握拼多多的使用,这是阿里系所不具有的优势。因此在消费者群体上,基于腾讯的社群流量,腾讯系的生鲜电商平台可以很好地利用微信进行营销,其营销方式得到创新,成本大大降低。

5.7.3　京东生鲜

　　京东在生鲜板块可以分为京东生鲜、京东到家和7FRESH三个板块。虽同为京东旗下的生鲜平台，但三者在目标用户、配送时效和物流模式上还是有较大差别的，如表5-4所示。

表5-4　京东三个板块运营模式对比表

板块	消费群体	配送时效	物流方式
京东生鲜	京东商城所有用户	第二天定时送达	仓库发货
京东到家	80后、90后年轻女性	两小时内送达	门店发货
7FRESH	社区居民、写字楼白领	30分钟送达	前置仓+城配

（1）京东生鲜

　　京东生鲜直接以京东App为接口，是传统的综合类B2C平台，生鲜订单可与其他商品同时下单，但是在支付后可以选择预定送达的时间。此外，京东生鲜还拥有独立的小程序App。京东生鲜根据下单用户的消费喜好、区域密集程度等数据完善了冷链系统。在仓储方面，京东建立了四类温区，分别是常温、控温、冷藏和冷冻，以满足不同生鲜商品的储存需求。目前京东生鲜已经在全国18个地区建立了一级仓储中心，超过300个城市支持配送，小型配送站点已经超过了5000个。在众多的消费者下单后，总仓会将同一地区的订单进行归类，统一由京东自建的物流运送至片区储存仓，再经过分拣由小型配送站的配送员配送至消费者手中。

　　值得注意的是，京东生鲜受其供应链的影响，商品以高端生鲜为主，若为大众生鲜则包装大单价高。总体来说，京东生鲜客单价高消费频率低，缺少人们所需的高频低价商品。此外，京东生鲜的配送效率在不同城市有很大的区别，在京东物流较发达地区，部分生鲜支持次日达甚至支持当日达,但在京东物流覆盖不广泛地区,需要两到三天达。

(2)京东到家

京东到家是一个综合型电商平台,其商品范围不光涉及水果蔬菜等生鲜,还涉及化妆品、日用品等品类、甚至还涵盖了药品。

在配送模式上,与京东生鲜不同的是,京东到家主打"两小时到家"服务,京东到家在末端配送方面也是前置仓发货,但其前置仓并不是自建的,而是采取与当地超市等企业合作的方式。我们熟知的屈臣氏、永辉超市和沃尔玛等都与京东到家存在合作关系,因此你在京东到家下单的商品中可能一部分来自一家超市,而另一部分来自另一家超市。京东到家的取货环节由于较为复杂,因此它在配送效率上远不及每日优鲜和盒马鲜生。

在消费群体上,根据京东到家发布的数据报告显示,京东到家的主要消费群体为80后、90后年轻女性。这类群体有一大特点,就是——她们要将有限的精力分配给父母亲、丈夫、儿女以及上班族等多种属性。此外,从群体的消费占比上来看,受其主要消费群体的影响,热销榜的前五位分别为水果、牛奶、蔬菜、零食和饮料,生鲜商品占比超过消费总需求的五成。

(3)7 FRESH

7 FRESH是京东于2018年初创立的线下体验超市,其门店主要开在大型商场等人员密集处。7 FRESH的目标用户为社区居民、写字楼白领,因此它的商品类别与大多数的高档商超相似,覆盖了水果、蔬菜、海鲜、肉、蛋等品类。在7 FRESH,你也可以将选中的商品交给厨房,经过处理后在门店内直接食用。

与其他的线下新零售不同的是,它们在门店内安装了智能溯源系统,消费者只要将选定的商品放置在指定区域,就可以了解到该商品的产地、甜度、食用方法等主要信息。而这类信息一般只有比较注重商品品质的用户才会关注,这也与7 FRESH想要做高档生鲜线下超市的初衷相关。

在配送方面,与每日优鲜和盒马鲜生的配送方式相类似,也是以门店为中心向四周辐射3千米。在该范围内进行配送做到"30分钟到家"。用户在平台下单后,打包员将货品打包后放至门店中的悬挂链上,悬挂链将订单信息输送给京东配送和达达众包,以确保订单在第一时间可以找到相对应的配送员。

(4)总结

京东在生鲜平台的布局上,经历了从京东生鲜,到京东到家,再到7 FRESH的发展。此外,京东还在北京建立了多个前置仓。但与永辉和阿里不同的是,京东自身作为一个企业并没有很好地形成闭环。京东商城以其自营物流闻名,但其在生鲜行业的线下配送远不及阿里来地高效,这也与京东在生鲜方面始终坚持使用自营物流、大仓出库的模式有关。在2018年初京东曾号称要开出50家线下7 FRESH实体店,但最终以10家门店收场,远不及盒马的122家。一方面,相较于盒马鲜生2016年开设第一家线下门店,京东在2018年才进入新零售,时机过晚,线下实体店的占位优势导致7 FRESH的规模难以快速扩张;另一方面,前置仓模式投入大、盈利难也是京东放弃高速增长的原因之一。

5.7.4 阿里、腾讯、京东之外的生鲜电商平台

除了阿里、腾讯、京东之外,生鲜电商领域还存在着这么一批企业:我买网、顺丰优选、本来生活、沱沱工社、我厨等,但在这些平台中除了本来生活网依靠"褚橙"网络营销成功,我买网背靠央企拥有成本优势而苦苦支撑,其他平台几乎都在走下坡路。

（1）本来生活

在 2019 年 4 月底，本来生活的创始人喻华峰表示，本来生活已在 2018 年度实现盈利。本来生活是在除阿里、腾讯和京东之外的生鲜电商平台中为数不多的稳健发展的企业。本来生活创建于 2012 年，是一家致力于改善我国的食品安全问题，将生鲜电商化的互联网企业，在本来生活共拥有四个事业部门，分别是本来生活网、本来鲜、本来果坊和微特派，其中：本来生活网为线上端口主打 P2C、本来鲜为 O2O 的线下社区连锁加盟店、本来果坊主打 P2C、而微特派则负责冷链物流。

在本来生活网初期上线时，其 SKU 就达到了 1200 多种，这与其优秀的采购能力密切相关；此外，本来生活的核心团队成员此前都没有参与过生鲜电商相关项目，但他们十分擅长网络营销。

①货源采购——买手制

在货源的采购上，本来生活采取买手制的方式，选择农场、果园等作为供应商。在本来生活，买手就像是"战地记者"，他们在采购时不光要关注商品的产地质量等实际物资，还要了解商品背后的故事，甚至是体验生鲜的播种采摘过程。此外，买手还要收集商品的背后故事，用文字和图片将故事呈现出来反馈给公司，再由公司整理后反馈给消费者。本来生活追求互联网将农作物通过商品化，通过买手制实地考察以及讲故事的方式，更好地还原农产品在田间地头的样子。

②营销模式创新

垂直型生鲜电商往往受制于用户流量。如何吸引用户成了该类企业的痛点。本来生活的成功离不开其优秀的线上营销，正是"励志橙"线上营销的成功成就了本来生活。此外，除了褚橙之外，柳桃和潘苹果也是本来生活的明星产品。本来生活喜欢找名人为产品背书,增加商品的内涵,吸引有情节的群体购买。此外,本来生活还创新了一种另类的O2O模式,2014年2月本来生活开始了本来厨房的运营。本来厨房是一种俱乐部式的用户线下体验活动,用户可以在本来厨房中进行体验,提出意见和建议。

③发展模式的转变

在企业的发展过程中,本来生活做了多次战略转型,这是本来生活想要在生鲜行业继续前行所需要的,也是必需的。生鲜行业竞争激烈,要想留住客源、实现盈利,就要不断地投入资金;而且随着行业的发展,需要投入的资金只会越来越多。本来生活与生鲜电商领域的大部分平台不同,其不隶属于阿里和腾讯,也不是融资能力非常强的公司。因此早在2016年本来生活就进行了发展模式的转变。自2016年起,本来生活不再给用户以及供应商发放补贴。此外,顺应生鲜电商领域"前置仓"模式的发展,本来生活也开始布局线下。

(2)顺丰优选

顺丰优选是顺丰集团在2012年推出的美食网购商城,采用垂直型B2C的方式。得益于顺丰高效的物流,其在运营初期企业状况还是不错的。但截至今日,顺丰优选的上海门店已经全部关闭,武汉等城市的门店也在陆续清仓,被保留下来的只有华南地区和北京的部分门店。其主要原因是,在这几年的发展中顺丰优选依附于顺丰集团的供应链一直向上走,却忽略了供应链的末端——线下零售体系的搭建。

①消费群体定位

在消费群体定位方面,顺丰优选瞄准了中高档消费群体,因此无论在官网还是线下门店中,商品都以中高档进口商品和时令水果为主。顺丰优选的SKU远不及其他同类型的平台只有数百个,且单价较高,这也是顺丰优选打通线下零售体系失败的主要原因之一。

②货源采购

在货源采购方面,顺丰优选一直认为想要全面实现盈利、获得价格优势就要向供应链上游走,减少中间环节,因此顺丰优选一直采用企业货源地直采的方式。顺丰优选具有一大批优秀的采购员,早在2013年顺丰的采购员就在我国多个城市的果园寻找合适的产品。

③供应链

顺丰优选似乎并不担心在供应链方面的问题,它们拥有超过15万的派送员、20多架专属飞机以及多个冷藏车流向确保了冷链运输的高效。在冷库方面,顺丰优选在华东、华南等地区先后建立了多个冷库仓储,覆盖了中国大陆地区的57个城市。基于顺丰高效的冷链系统,顺丰优选并没有急于打通前置仓模式,一直采用大仓出库、顺丰直送的模式。然而随着其他平台前置仓的搭建,配送时长由原先的两天缩短至"当日达"再缩短至"30分钟到家",顺丰依旧为"次日达"模式,竞争力大大减小。

5.7.5　总结——阿里系主导、腾讯系和京东并行格局

生鲜电商行业经过了几年的发展以后,各平台之间的差距逐渐增大。以腾讯、阿里和京东为主导的生鲜平台在资金上具有较大优势,在前置仓的搭建与供应链转型上较为顺利。不归属于这三家企业的平台,先是经历了快速增长,后又纷纷出现在破产名单上,尤其是在前置仓模式的出现后,小平台的状况加速下行。鉴于生鲜电商重资产、高频次的特点,这些平台因资金链紧缩无法搭建前置仓,进而影响了配送效率、无法满足高频次要求,最终竞争力不足而退市或者转行。此外,不归属于这三家企业的平台大多为垂直型平台,它们在客流量上也无法与腾讯、阿里以及京东相比。

在阿里系平台的分析中,我们选取了易果鲜生、盒马鲜生和天猫

超市生鲜板块进行分析。这三个板块分别负责了阿里的供应链、用户线下体验与冷链末端配送以及线上引流的活动,助力阿里形成闭环。

腾讯系的平台以每日优鲜和永辉云创为例。每日优鲜是为数不多的已经实现盈利的生鲜平台之一;而永辉云创板块则搭建起了与阿里相类似的"零售＋餐饮＋前置仓"的模式,再加上永辉在生鲜方面优秀的运营能力,无疑是生鲜电商行业的一匹黑马。总的来看,腾讯系的电商平台虽未形成商业闭环,各平台在自身的商业模式上都有独到的见解。此外,利用腾讯的社群流量吸引了一大批用户,创新的营销模式也使得其营销成本大大降低。

而京东在生鲜板块的运营,没有其在3C数码上的运营来得顺风顺水。京东的自建物流是大家有目共睹的,但京东在生鲜电商板块的末端供应链的搭建并不顺利。直至今日,由于7FRESH和前置仓的覆盖率并不广,京东在生鲜上的主流配送模式还是京东生鲜的大仓发货、次日送达和京东到家的两小时到家,与盒马鲜生、永辉到家以及每日优鲜的30分钟到家仍有较大差距。

在阿里、腾讯、京东之外的生鲜电商平台中,我们分析了顺丰优选和本来生活。可以总结得出,生鲜平台最终想要盈利,要做到的不是平台商品主导,而是消费者需求主导,只有真正满足消费者需求,才可以提高消费者黏性、实现稳定的客源。而在生鲜领域消费者需求不过是效率＋商品品质＋服务品质,冷链物流的搭建是满足这三大需求的前提条件。因此如何利用有限资金搭建优质冷链、实现消费者需求,是阿里、腾讯、京东之外的平台要面临的巨大挑战。

在现阶段的竞争中,阿里、腾讯、京东之外的平台,一部分普通垂直型B2C企业,受资金链影响选择开源节流放弃前置仓的搭建,在配送上依旧采取大仓发货的方式,最终导致物流效率无法满足消费者预期,丧失竞争力而退出市场;另一部分的企业则选择退出竞争激烈的主流市场,转型为受众较小的有机生鲜市场和净菜市场。

5.8　总结

电子商务平台的出现使得人们在消费方式上迈进了一大步,但生鲜行业作为消费需求最大、频次最高的行业,在2005年之前却始终没有企业愿意去涉及,2005年易果生鲜的出现开创了生鲜产品电商化的先河,此后不断有企业加入生鲜电商领域。生鲜电商在经历了近十五年的发展后,其特有的商业模式逐渐展现。本文从生鲜电商领域的总体发展模式出发,总结了生鲜电商的各个发展阶段和相应的发展模式。通过对各阶段各平台的商业模式的分析,不难得出,在生鲜电商领域,其商业模式主要围绕着消费者需求与供应链模式展开。

为了了解消费者需求对生鲜电商行业商业模式的影响,本文进一步分析了在各个发展阶段将各平台商业模式与消费者需求相结合后存在的不足之处。在1.0时代,生鲜电商平台普遍采用大仓直送的方式。在该模式下,客单价较高、频次较低,不符合生鲜类产品高频次的特点,因此许多平台又推出了2.0时代的"新零售＋前置仓模式"。在2.0时代"最后一公里"配送问题逐渐被解决,但前置仓的建立需要大量的资本供应,不少企业无法承担如此庞大的资本投入,开始转变商业模式进入了3.0时代。在3.0时代,部分生鲜电商平台放弃传统的TO C模式,转变为B2B、C2B等模式,如百果园、钱大妈的社区便利店模式,食享辉、拼多多的C2B模式,各企业逐渐形成自身擅长的商业模式进行深耕,生鲜电商商业模式逐渐多元化。

其次,我们还分析了生鲜电商的行业痛点。生鲜电商行业竞争激烈,市场由企业主导转变为消费者需求主导。在生鲜商品上消费者需求离不开消费便利性、配送时效性以及商品品质这三点。这三点在很大程度上取决于生鲜电商的供应链。因此生鲜电商的行业痛点主要围绕着冷链物流系统展开。其主要包括以下几点：

（1）生鲜电商冷链体系要求高，我国现阶段冷链标准不完全，冷链断链问题严重导致商品腐损率和成本居高不下，商品品质难以把控。

（2）我国冷链体系发展相对落后，企业搭建冷链与前置仓需要大量资金。

（3）国人消费水平尚未提升，主要还是以价格为主导，商品溢价难，盈利更难。

此外，中高档季节性、区域性生鲜市场一直是各大平台的战场，因此我们基于供应链对季节性、区域性的生鲜商品进行了分析。我们得出如下结论：该类商品的自然属性导致原产地对商品的品质和价格影响非常重大，尤其是中高档进口商品。而在生鲜电商行业，商品溢价主要来源就是中高档商品，因此企业想要得到较高的商品溢价，就要寻找合适的货源进行采购。此外在供应链上，想要在消费端产生大量的商品溢价是非常困难的，而在供应端采取压低成本的方式获得商品溢价相对简单；此外供应链的采购环节越繁琐，中间成本就越多。因此有能力的企业要向供应链的上游走，减少中间环节降低采购成本。采购规模也是影响成本的重要因素之一，规模越大也就意味着单位商品所占的固定成本越低，但是企业也不能一味地追求规模效应，而要选自身最适规模，如果一味追求规模最后造成商品积压也是得不偿失。最后，选择购买该类商品的消费者对商品品质的要求一般较高，企业必须制定相应的冷链标准，否则商品的腐损率降不下去，也就意味着品质的下降和成本的上升。

最后，我们结合现阶段我国多个主流生鲜电商平台，从其发展状况、商业模式等方面进行分析。其中有成功的案例也有较为失败的案例，希望从具体案例中找到促成企业成长和阻碍企业步伐的因素。

但是生鲜电商还处于不断探索阶段,并未形成一个固定的商业模式,它会随着消费者需求和消费升级而变化,而生鲜电商的商业模式也必将随着消费需求的改变而改变。但不可否认,生鲜电商行业作为电子商务的"最后一片蓝海",不断会有新的企业加入这一领域,新的商业模式还将不断涌现出来,而生鲜电商也将成为电子商务时代的重头戏。

参考文献

[1]王宇能.新零售时代生鲜电商"O2O＋LBS"模式研究——以盒马鲜生为例[J].晋中学院学报,2019(05):42-46.

[2]张传杰,李圆颖.我国B2C生鲜电商供应链模式比较研究[J].当代经济,2015(03):6-8

[3]唐昕,刘勤明."新零售"模式下生鲜电商发展研究——以"易果生鲜"为例[J].电子商务,2019(02):2-3.

[4]刘元华,马贝贝.新零售背景下生鲜电商O2O社区店商业模式研究[J].物流工程与管理,2019,41(08):118-121.

[5]高雨彤,李昕."新零售"背景下生鲜行业零售新模式的分析[J].现代营销(下旬刊),2019(08):130-131.

[6]万丽丽.新零售背景下生鲜电商线上线下整合模式研究——以京东7fresh为例[J].内蒙古财经大学学报,2019,17(03):20-24.

[7]李振良.跨境生鲜农产品冷链运输质量控制要求[J].标准科学,2019(01):137-140＋148.

[8]雷芳芳,林荟.生鲜电商经营模式探究与实践[J].当代经济,2019(01):96-97.

[9]王缘,陈可鑫.新零售背景下生鲜电商发展模式的演变——以盒马鲜生和7FRESH为例[J].现代商贸工业,2019,40(03):62-63.

[10]张旭梅,邓振华,陈旭,吴胜男."互联网＋"生鲜电商跨界合作

商业模式创新——基于易果生鲜和海尔合作的案例研究[J].重庆大学学报(社会科学版),2019,25(06):50-60.

[11]任帅.生鲜电商运营模式及发展对策研究——以京东到家和每日优鲜为例比较分析[J].现代商业,2018(33):27-29.

[12]于翔,王成林.基于电商物流的生鲜农产品品质控制[J].物流技术,2018,37(09):27-31+42.

[13]贾幼倩,任美霞,岳凤丽,陈宇航.农产品生鲜电商提升商品品质的对策探讨[J].农业经济,2018(09):123-126.

[14]李婧,吕守明,耿璐璐.区域性生鲜电商存在的问题及建议——以山东淄博为例[J].南方农机,2018,49(15):90-91.

[15]李洁.生鲜电商盈利模式比较及优化策略[J].商业经济研究,2018(12):97-99.

[16]霍雪莲.生鲜电商发展现状、问题及对策研究[J].电子商务,2018(05):12-13.

[17]李鋆睿.新形势下O2O生鲜电商模式的创新策略研究[J].中国管理信息化,2018,21(08):126-127.

[18]王子建.农产品生鲜电商进入3.0时代[J].银行家,2017(11):141-142.

[19]商业贸易:生鲜电商进入2.0时代[J].股市动态分析,2017(08):47.

[20]周明.电子商务破解生鲜农产品流通困局的内在机理——以天猫生鲜与沱沱工社双案为例[J].商业经济研究,2017(02):72-74.

第6章

乡村旅游

习近平总书记指出,产业兴旺是解决农村一切问题的前提。党的十九大报告提出要坚持农业农村优先发展,按照产业兴旺、生态宜居、乡风文明、治理有效、生活富裕的总要求,建立健全城乡融合发展体制机制和政策体系,加快推进农业农村现代化。产业兴则乡村兴。在乡村振兴的二十字总要求中,产业兴旺居于首位。党的"十八大"以来,我国乡村产业呈现良好发展势头。粮食产能连续七年保持在1.2万亿斤以上,农产品加工业主营业务收入达14.9万亿元,乡村休闲旅游营业收入超过8000亿元,农业生产性服务业营业收入超过2000亿元,农村网络销售额1.3万亿元,返乡下乡创新创业人员累计达780万。如今,一批彰显地区特色、体现乡村价值、乡土气息浓厚的乡村产业,正在农村广阔天地中不断成长壮大,为乡村振兴提供了强有力的支撑。2019年,国务院印发《关于促进乡村产业振兴的指导意见》,明确"优化乡村休闲旅游业。实施休闲农业和乡村旅游精品工程,建设一批设施完备、功能多样的休闲观光园区、乡村民宿、森林人家和康养基地,培育一批美丽休闲乡村、乡村旅游重点村,建设一批休闲农业示范县"目标。当前,乡村振兴的大幕已拉开,农村创业创新风生水起,休闲农业和乡村旅游正得到蓬勃发展。

6.1 休闲农业和乡村旅游属性

6.1.1 休闲农业和乡村旅游是一项新兴产业

乡村振兴,产业兴旺是基础。休闲农业和乡村旅游是乡村产业重要组成部分,它是横跨一、二、三产业,兼容生产生活生态,融通工农城乡的新产业新业态。在实施乡村振兴战略中,要大力发展休闲农业和乡村旅游,实现农业强、农村美、农民富、市民乐的目的。

(1)促进产业兴旺

休闲农业和乡村旅游是农村一、二、三产业发展的天然融合体,产业链长、涉及面广、内涵丰富。发展休闲农业和乡村旅游,可以发掘农业的多种功能,夯实一产的基础,推动二产两头连,促进三产走高端,让乡村资源优势变为经济优势,让农民的钱包鼓起来。

(2)促进生态宜居

休闲农业和乡村旅游是绿水青山转化成金山银山的"金扁担",可以让乡村的景观靓起来,同时能为市民提供各种服务,让人们享受"好山好水好风光"的视觉愉悦。

(3)促进乡风文明

发展休闲农业和乡村旅游,有利于结合当地文化符号、文化元素,通过休闲养生、农耕体验等活动,挖掘当地的民俗乡土文化、农耕饮食文化、图腾文化和民间工艺,将其激活、保护、传承和弘扬。

(4)促进治理有效

休闲农业和乡村旅游以农民为主体、农村为场所,既有小农户和基层组织的自主经营,又有工商资本的参与带动。在这一过程中,休闲农业和乡村旅游将先进的管理模式和理念引入农村,影响基层组织管理方式,促进自治、法治、德治"三治"体系的建立,有利于激发基层组织自我调整和创新活力。

(5)促进生活富裕

休闲农业和乡村旅游能够大幅提升农产品附加值,增加农民收入,扩大就业容量,从而有效提升农村产业的劳动生产率、土地产出率、资源利用率,让农业"有干头、有赚头、有奔头、有念头"。

6.1.2 休闲农业和乡村旅游是适应消费结构升级应运而生的有效举措

近年来,各地以农业供给侧改革为主线,以一、二、三产业融合发展为路径,加强规划引导,加大投入力度,因地制宜发展各具特色的休闲农业和乡村旅游,取得了积极成效。

首先是产业规模不断扩大。目前,休闲农业和乡村旅游已从零星分布向集群分布转变,空间布局从城市郊区和景区周边向更多适宜发展的区域拓展。据测算,2018年全国休闲农业和乡村旅游接待人次超30亿,营业收入超8000亿元。休闲农业和乡村旅游成为城市居民休闲、旅游和旅居的重要目的地,成为乡村产业的新亮点。

其次是业态类型不断丰富。休闲农业和乡村旅游主要有三种类型:第一,以"农家乐"和聚集村为主的休闲旅游,这主要集中在城市郊区,以提供食宿、游乐、采摘、购物为主;第二,以自然景观、特色风貌和人文环境为主的生态旅游,主要集中在景区周边,提供农家饭菜、宿营房屋、农事体验等服务;第三,依托田园景观,以健康养生为主的休闲旅游,主要集中在气候宜人、资源独特、农业生产集中连片的区域,提供食宿、康养、保健等服务。此外,也形成了一些有特色的农业嘉年华、特色小镇等品牌。截至目前,全国已创建388个全国休闲农业和乡村旅游示范县(市),推介了710个中国美丽休闲乡村。

再次是产业内涵不断拓展。由原来单纯的休闲旅游,逐步拓展到文化传承、涵养生态、农业科普等多个方面,更加注重开发"好山好水好风光"的农业农村资源,发掘资源潜在价值。通过拓展科普教育、农事体验的功能,让人们近距离参与农业生产,了解乡村民俗;通过拓展养生养老、健身运动的功能,让城市居民到乡村居住,感受田园和农耕生活。

最后是就业增收不断增加。发展休闲农业和乡村旅游带动了餐饮住宿、农产品加工、物流运输、建筑和文化等关联产业,农民可以就地就近就业,还能把特色农产品变礼品、特色民俗文化和工艺变商品、特色餐饮变服务产品,增加了经营性收入。一些地方把民房变民宿,农家庭院变成农家乐园,增加了财产性收入。特别是一些贫困地区,发掘独有的稀缺资源,有效带动农民脱贫致富。

6.1.3 实施乡村振兴战略,促进休闲农业和乡村旅游持续健康发展

休闲农业和乡村旅游是一个新兴产业,也是一个系统工程,需要统筹谋划,精准发力,为乡村振兴提供有力支撑。在推进思路上,要坚持"一个围绕,两个紧扣,三个突出,三个着力提升"。

一个围绕,就是围绕发展现代农业,运用现代科技、管理要素和服务手段,改造提升传统的休闲农业和乡村旅游,逐步实现生产、经营、管理、服务的现代化。

两个紧扣,一个是紧扣乡村产业振兴,让农业经营有效益、成为有奔头的产业,让农村留住人、成为安居乐业的美丽家园;另一个是紧扣农民持续增收,让农民足不出户就能获得稳定的收益,实现自身价值的提升和经营收入的增长。

三个突出,一是突出特色化。立足当地资源、区位和传统优势,打造特色突出、主题鲜明的休闲旅游产品。二是突出差异化。因地制宜、错位竞争,让消费者感受与众不同的景观和体验。三是突出多样化。设立针对不同消费需求的产品,满足消费者个性化需求,实现休闲旅游产品异彩纷呈。

三个着力提升,一是着力提升设施水平。从人性化、便利化、快捷化的角度,加强休闲旅游设施建设。二是着力提升服务水平。为游客提供休闲、观光、体验等服务,让游客玩得放心、住得安心、花得舒心。三是着力提升管理水平。创新管理理念,引进农业、旅游、人力、财务等多领域人才,实现质量效率同步提升。

围绕上述思路和要求,主要采取以下措施:

一是强化规划引领。立足资源优势、产业基础和市场需求,制定好发展规划,引导资金、技术、人才等向优势区域聚集。

二是强化精品打造。以行政村镇为核心,培育一批天蓝、地绿、水净、安居、乐业的美丽休闲乡村(镇);以集聚区和经营主体为核心,建设一批功能齐全、布局合理、增收机制完善、示范带动力强的休闲农业精品园区和农庄。推介农业嘉年华、休闲农业特色村镇、农事节庆等形式多样、富有特色的活动。

三是强化规范管理。对乡村休闲旅游的标准进行梳理,制定修订一系列的技术规程和服务标准,提升产业的标准化、行业的规范化;组织开展人才培训,培养一批素质强、善经营的休闲旅游人才;不定期地对休闲旅游聚集区的设施状态、安全责任、服务水平开展督促检查,保障服务规范、运营安全。

四是强化业态丰富。对"农家乐""农事体验"等一些传统业态,通过改造基础设施、提升服务水平、创新营销模式,实现"老树开新花"。适应消费升级需要,引导经营主体发展高端民宿、康养基地等高端业态。因地制宜创制深度体验、新型疗养等新型业态,发展森林疗养、音乐康养等服务。

6.2 乡村旅游

6.2.1 乡村旅游概念

以村庄、社区及其村民或居民生产、生活范围为核心,以自然景观、田园风光、建筑风貌、历史遗存、民俗文化、体验活动、特色产品为主要吸引物,具有一定的公共服务设施及旅游配套服务的区域,能激发人们前往乡村旅游的动机,吸引旅游者进行乡村旅游活动的自然客体与人文因素的总和。

6.2.2 乡村旅游类型

（1）自然景观,包括山丘、森林、湖泊、瀑布、温泉、湿地、海滨、天象、气象等。

（2）田园风光,包括农田、园地、草地、花圃、牧场、野生动物栖息地等。

（3）建筑风貌,包括有地方特色的建筑风格和形式。

（4）历史遗存,包括古遗址、古建筑、古村落、古树、古道、古桥等。

（5）民俗文化,包括风俗习惯、传说故事、民间文学、传统技艺、家风家训等。

（6）体验活动,包括庙会、灯会、集市、节庆、赛事、农事体验、科普教育、生态文化体验、农创客等。

（7）特色产品,包括特色农产品、手工业品、工艺品、美食小吃等。

6.2.3 基本条件

（1）诚实守信,严格遵守各类国家法律、法规和强制性标准的规定。

在本地区有一定的知名度或经营规模较大,经营状况良好,并连续经营三年以上；规范经营，工商企业信用监管等级 A 级以上（含A）；严格执行国家安全、质量、价格、计量、卫生、环保等有关的法律法规和规定，近两年内未因安全、质量、价格、计量、卫生、环保等问题受到有关部门依法查处或因侵害消费者合法权益，被有关部门公开点名批评或披露；未出现法律法规禁止的其他有违诚信的情形。

重视企业内部管理，服务质量优良，具有健全的乡村旅游质量管理制度。积极开展对员工教育培训活动，且每年不少于两次。设有负责处理乡村旅游消费争议的专（兼）职机构或人员，建立"消费维权服务站"，建立先行和解制度（包括"七天无理由退货"和"消费维权保证金"制度等），建立游客投诉处理台账，及时处理旅游消费纠纷；认真履行《消法》等法定义务。近期已获得县级旅游或消费者信得过单位或重合同守信用企业等相关荣誉称号。

（2）近两年内未发生重大安全事故、恶性治安事件和社会反响强烈的群体性负面事件。遵守社会公德，勇于承担社会责任，在本行业、本地区有较高的社会美誉度。

安全生产事故灾难按照其性质、严重程度、可控性和影响范围等因素，一般分为四级：Ⅰ级（特别重大）、Ⅱ级（重大）、Ⅲ级（较大）和Ⅳ级（一般）。

①特别重大事故，是指造成30人以上死亡，或者100人以上重伤（包括急性工业中毒，下同），或者1亿元以上直接经济损失的事故。

②重大事故，是指造成10人以上30人及以下死亡，或者50人以上100人及以下重伤，或者5000万元以上1亿元及以下直接经济损失的事故。

③较大事故，是指造成3人以上10人及以下死亡，或者10人以上50人及以下重伤，或者1000万元以上5000万元及以下直接经济损失的事故。

④一般事故,是指造成3人及以下死亡,或者10人及以下重伤,或者1000万元及以下直接经济损失的事故。

(3)无地质灾害隐患点,空气质量达到GB3095—2012的规定,无劣Ⅴ类水。

(4)通往村庄交通可进入性好,道路基本畅通。

(5)有A级景区村庄旅游管理组织或运营机构。

评定景区是几A级的需从一个核心、三个细则、四个新标准和景区创A的八大件这四方面来看。参加创建质量等级的旅游景区要按照国家标准和评定细则的要求,制定创建计划,明确责任目标,落实各项创建措施。

旅游景区在创建计划完成后,进行自检。自检结果达到相应等级标准和细则规定的旅游景区,填写《旅游景区质量等级评定报告书》,并向当地旅游景区质量等级评定机构提出评定申请。经当地旅游景区质量等级评定机构审核同意,向上一级旅游景区质量等级评定机构推荐参加相应质量等级的正式评定。

现场评定工作由负责评定的旅游景区质量等级评定机构委派评定小组承担。评定小组采取现场检查、资料审核、抽样调查等方式进行现场评定工作。

现场评定符合标准的旅游景区,由负责评定的旅游景区质量等级评定机构批准其质量等级,并向社会公告。

4A级旅游景区由省级旅游景区质量等级评定委员会推荐,全国旅游景区质量等级评定委员会组织评定;3A级、2A级、1A级旅游景区由各省、市、县旅游景区质量等级评定委员会负责评定。

(6)能提供基本的游客咨询服务。制订适合乡村旅游特点的便民措施、经营项目、服务时间等,能适应不同层次旅游者的消费需求。

(7)村容村貌整洁,做到洁化、绿化、美化,有风景有故事。

近年来,浙江省绍兴市以"五星达标,3A争创"为主抓手,积极响应中央以及省委号召,突出发挥党建引领作用,以推动"富裕、美丽、和谐、文明"新农村建设为目标,按照"顺应自然、尊重历史、突出乡土、体现文化"和"立足特色,分类规划"的原则,全面梳理问题短板,从源头上解决农村产业布局不合理、功能配套不完善、生态环境不和谐、景观特色不明显等问题,同时立足农村地貌特征、人文特色和产业特点,彰显农村山水林田格局、空间布局、景观风貌、历史人文以及地域建筑等特色,着力形成"一村一品""一村一景"旅游格局。其中,"五星"即"党建星""富裕星""美丽星""和谐星""文明星","3A"即在前者达标基础上,争创国家3A级景区。计划通过三年努力,扶持1000个以上村实现五星达标,100个以上村达到国家3A级景区标准;到2020年实现所有2175个村五星达标,把乡村建成"大花园""大景区"。以绍兴市上虞区桃园村为例,"村在山中,水在林间,房在园中,人在花中"是这个村子留给大众最直观的印象。桃园村全村地域面积6.3平方千米,有水田面积1328亩,山林、竹林面积6500亩,全村种植桃树,硕果累累,闻名周边十里,素有"十里桃园"之称。近年来,桃园村致力于培育发展规模农业,依托境内"桃花源风景旅游区"资源,整合农业优势,提升村容村貌,打造特色生态精品旅游观光村。将村内的现成生态自然变成村民手中实实在在的真金白银。

(8)有停车场所、公共厕所和标识标牌等公共设施。经营和服务场所安全有序。

(9)有基本的餐饮、住宿等接待能力。

我国规定,餐饮是指通过即时加工制作成品或半成品、商业销售和服务性劳动等,向消费者提供食品和消费场所及设施的经营行为。餐饮经营者应当严格按照法律、法规和规章的有关规定从事经营活动,建立健全各项制度,积极贯彻国家和行业有关经营管理、产品、服务等方面的标准。不得销售不符合国家产品质量及食品安全强制标准的食品。经营者所售食品或提供的服务项目需明码标价。禁止餐饮经营者设置最低消费。经营者应当建立节俭消费提醒提示制度，并在醒目位置张贴节约标志。餐后主动帮助打包。餐饮经营者开展促销活动的，应当在促销活动开始前做好原材料储备及服务准备工作，依照承诺履行相关义务。提供外送服务的餐饮经营者，应当建立健全相应的服务流程，并明示提供外送服务的时间、外送范围以及收费标准；根据消费者的订单和食品安全的要求，选择适当的交通工具、设备，按时、按质、按量送达消费者，并提供相应的单据。

6.2.4　旅游交通

（1）通村公路达到等级公路标准，村庄道路平整完好整洁。

道路是供各种车辆和行人通行的工程设施。按其使用特点分为城市道路、公路、厂矿道路、林区道路及乡村道路等。一般划设人行道、车行道和交通隔离设施等。公路按行政等级可分为国家公路、省公路、县公路和乡公路（简称为国、省、乡道）以及专用公路五个等级。一般把国道和省道称为干线，县道和乡道称为支线。其中乡道由乡镇人民政府负责修建、养护和管理。根据《公路工程技术标准》（JTJ001—1997）按使用任务、功能和适应的交通量，道路分为高速公路、一级公路、二级公路、三级公路、四级公路五个等级，四级公路设计年限一般为10年，昼夜交通量为200—1500辆。

（2）通往景区村庄的主要路口有导向系统，可参考GB/T 31384进行设置。

（3）有停车场，基本满足游客需求。客流高峰期村民或居民开放自有空间，作为临时停车场。

（4）设置合理的游览路线、游步道（栈道）等慢行系统。

6.2.5　环境卫生

（1）环境卫生优良，无乱堆乱放、乱搭乱建、乱拉乱挂等现象。

（2）有卫生保洁人员，每日清洁；实行垃圾分类，有集中处理或转运设施及运行体系；垃圾桶（箱）数量充足、布局合理，可视范围内无明显垃圾。

（3）河道、水库、池塘、山塘等实施生态化工程建设，水面无垃圾漂浮物；生活污水纳管集中处理，水质干净，无臭味。

（4）餐饮设施和住宿设施的卫生条件达到 GB 15153 和 GB 9553 的基本要求。

（5）公共厕所干净、整洁、无异味。厕位基本满足游客需求。

（6）无乱建乱搭，村庄内建筑外观及天际线与整体环境相协调，村庄建筑具有乡村特色和地域风格，有一定的建筑装饰与空间美化。

从2003年起，住房和城乡建设部和国家文物局对保存文物特别丰富且具有重大历史价值或纪念意义的、能较完整地反映一些历史时期传统风貌和地方民族特色的镇和村，经过组织评选为中国历史文化名镇名村。中国历史文化名镇名村实行动态管理。省级建设行政主管部门负责本省（自治区，直辖市）已获中国历史文化名镇名村称号的镇保护规划的实施情况进行监督，对违反保护规划进行建设的行为要及时查处。建设部会同国家文物局将不定期组织专家对已经取得中国历史文化名镇名村称号的镇进行检查。对于已经不具备条件者，将取消中国历史文化名镇名村称号。其中，中国历史文化名镇名村的现存历史传统建筑的建筑面积须在5000平方米以上。

（7）村庄内的路边、水边、山边、桥边和居民自有庭院、田园、海滩洁化、绿化和美化。

6.2.6 基础设施与服务

（1）设置游客中心（点），提供游客咨询等基本服务；相关设施可利用已有设施进行改造。

（2）设置导览图、景物介绍牌、指示牌等标志标牌，符合GB/T 31384和GB/T 10001.1的基本要求。

（3）有一定数量的公共休憩空间与设施。

（4）有广播通信系统，完全覆盖移动通讯信号，游客集中区域基本实现WIFI覆盖。

（5）设置基础医疗点，配备日常药品，向游客公布医疗急救电话。

（6）隐患的地段设置安全警示标志，安全、消防设施完善，配有相应的安保人员。

（7）有提供乡村土特产品、本地特色旅游商品等购物场所，明码标价，无围追兜售、强买强卖等不文明现象。

（8）有面向游客和村民的日常基本商业服务设施。

6.2.7 特色项目与活动

（1）能提供乡村美食体验或乡村住宿体验。

（2）能提供农事劳作、果蔬采摘、加工制作、林业、渔业操作等乡村农事体验。

（3）能提供当地传统风俗、传统技艺、传统手工艺、庙会集市、民俗演艺等乡村民俗体验。

为贯彻落实"构建中华优秀传统文化传承体系，加强文化遗产保护，振兴传统工艺"精神，促进公众对传统技艺和传统美术类非物质文化遗产的保护认知，通过理念创新和文化创意，设计推广与现代生活相融合的传统工艺作品（产品）。作品既要留住传统文化的精髓和传统工艺的核心技艺，更要强调非遗作品（产品）的市场适用，以最终实现非物质文化遗产在设计活化中推进发展，在发展中实现保护与传承。鼓励创新思维，开阔视野，突出运用，强调传统工艺融合民众现代生活，并具有一定的市场推广价值。

目前文化和旅游部共认定国家级非遗代表性项目1372项，其中40项被列入教科文组织非遗名录（名册），位居世界第一；认定国家级非遗代表性传承人3068名；设立了21个国家级文化生态保护实验区。实施中国传承人群研培计划，参与人数达9.7万人次；开展非遗助力精准扶贫，设立15个传统工艺工作站和156家非遗扶贫就业工坊；不断加强非遗传播，五年内开展非遗宣传展示活动32万场次，参与观众5.4亿人次。以浙江为例，全省共有国家级非遗代表性项目名录217项、保护单位233个、国家级非遗代表性传承人196人，省级非遗代表性项目名录886项、省级非遗代表性传承人1215人，体现了各级文化部门多年来加强非物质文化遗产保护、推动传承人队伍建设的良好成果。

文化和旅游部还开展了全国地方戏曲剧种普查。截至2015年8月31日，全国有348个剧种，其中241个剧种拥有国办团体；建立戏曲表演人才传承机制，每年选出100名知名戏曲表演艺术家，以"一带二"的方式培养表演人才，已有1000多名青年演员受益；实施国家舞台艺术精品创作扶持工程，重点扶持了京剧《党的女儿》、昆曲《邯郸记》、芗剧《谷文昌》、壮剧《百色起义》等19部优秀戏曲作品。

（4）有一定的休闲场所或游览游乐服务设施，且安全符合GB/T 16767的要求。

（5）有文化礼堂、农家书屋等乡村文化场所，有乡村故事展示。

6.2.8　综合管理

（1）各项管理制度健全，有防汛防台、防地质灾害、防火灾等公共安全及其他突发事件的应急预案，并设有避灾场所。

（2）对村庄山体、森林、湿地、水体等自然资源进行生态保育、保持原生态自然环境。

（3）注重传统文化的保护和传承，突出地域特色。

2019年是绍兴文旅融合的开局之年，绍兴市着力培育"文旅融合·绍兴有戏"公共文化服务品牌。实现以文化带旅游、以旅游促文化的目的。"文旅融合·绍兴有戏"公共文化服务品牌包括"绍兴有戏·盛世欢歌"精品文艺节目创排、市级赛事及大型展演活动系列、"绍兴有戏·古越新颜"视觉艺术活动系列、"绍兴有戏·全民艺术普及"公益培训系列、"绍兴有戏·文艺专家门诊"志愿服务活动、"绍兴有戏·吹响号角"理论宣传系列活动、"绍兴有戏·绍兴故事汇"系列活动、"绍兴有戏·我们的节日"传统节日系列庆祝活动、"绍兴有戏·非遗资源转化"系列活动、"绍兴有戏·古城赶大集"第五届非遗集市等九大类别活动，旨在通过"融合、转化、创新、服务"，演绎绍兴文旅事业全新格局。

（4）制定村规民约，倡导文明乡风，村民与旅游者友好和睦相处；服务人员具备良好的道德素质和职业素养。

（5）乡村旅游业为当地村民或居民提供较多就业、创业机会。

（6）有鲜明统一的形象标志和宣传口号，进行宣传推广。

（7）鼓励免费开放。收取门票的应严格执行价格政策，落实对特殊人群的门票优惠。

（8）有旅游服务投诉渠道，并向游客公布；投诉记录完整、处理及时。

（9）有服务质量监督检查和持续改进机制，能根据问题与建议及时改进，不断提高服务质量。

经营管理不应只看商业，还得游客至上。对于景区来说，适当引入商业着实能为经济发展带来正面经济效益，但过度开发扩建，就是对文化的伤害了。这样既伤害了文化传承，也伤害了游客的心。经营管理只靠一味地进行商业开发、提价收费只会让旅客心生反感。千城一面的时代正在过去，应直面当下，大力发展本土特色产业，同时也要发扬文化的包容性。用口碑立身、以品质说话。为加强旅游景区质量管理，提升旅游景区品质，净化旅游消费环境，2019年8月，根据5A级旅游景区年度复核结果，文化和旅游部决定对复核检查严重不达标或存在严重问题的7家5A级旅游景区做出处理，山西省祁县乔家堡村乔家大院景区取消5A级旅游景区质量等级处理。

虽然文旅部在乔家大院摘牌的原因上并没有详细说明，但管理缺失是一个很重要原因。

6.3　乡村旅游作用

近年来，随着消费结构的升级，城乡居民对休闲农业和乡村旅游、健康养生等需求增加。为适应这一变化，各地以创新的思路发掘农业多种功能和乡村多重价值，推动休闲农业和乡村旅游蓬勃发展，成为横跨一、二、三产业、兼容生产生活生态、融通工农城乡的新产业新业态，为乡村振兴注入新动能。

6.3.1　挖掘乡村价值，促进农业从单纯衣食功能向多功能转化

休闲农业和乡村旅游适应人们对农业功能需求的变化，使农业不再局限于吃饱喝足穿暖的原料，而是促进"农业＋"文化、教育、旅游、康养等产业，催生创意农业、教育农园、消费体验、民宿服务、康养农

业等新产业新业态,天然地把农业生产、农产品加工、乡村服务等一、二、三产业融合在一起,并从零星分布向集群转变,从郊区景区周边向更多适宜乡村拓展,涌现出一大批有特色的农家乐、休闲农庄、休闲聚集村和民俗村。通过试吃体验、认识农业、体验农趣和科普讲解等方式,发挥网站、微信、公众号和电商的展示、互动、体验功能,实现消费主体的集聚,帮助消费者获取对称的信息,让农业多种功能和资源多重价值充分发挥。据监测调度,2018年全国休闲农业和乡村旅游接待游客超30亿人次,营业收入超过8000亿元。

6.3.2 开辟增收渠道,促进农民从单纯卖农产品向更多"卖过程""卖风情"转变

休闲农业和乡村旅游发掘稻田湿地、油菜花海、草原绿地、森林氧吧和河流海洋等绿色价值,让农业有文化说头、有休闲玩头、有景观看头。农民不仅需要生产出优质原生态的农产品,还要加工成游客可品尝、可观赏、可携带的商品和工艺品,不但卖产品,也可以卖体验和过程,多元化增加经营性收入。农民把农家庭院变成市民休闲的"农家乐园"和民宿,实现空气变人气、叶子变票子,增加了财产性收入并且带动餐饮住宿、农产品加工、交通运输、建筑和文化等关联产业发展。据对全国13.5万家休闲农业经营主体调查,农民从业者占93%,每亩土地产出1.5万元,从业农民年人均收入达5万元以上。陕西省咸阳市礼泉县袁家村发展乡村餐饮和旅居,收入超过10亿元。浙江省天台县后岸村家家发展农家乐,收入超过2000万元,户均收入超过18万元。

6.3.3 凝聚乡村人气,促进乡村从单纯农民居住向农民市民居住转变

由于城市人居环境、生活工作压力大,名山大川、寺庙古刹等名胜

古迹旅游承载能力有限,很多市民远离市区景区的喧嚣、到乡村的愿望强烈。休闲农业和乡村旅游以其新颖的产业形态和有效的运行方式,充分发掘农业的文化传承、生态涵养等多种功能,以及乡村绿水青山、清新空气等多重价值,打造"离城不近不远、房子不高不低、饭菜不咸不淡、文化不土不洋、日子不紧不慢"的高品质生活,给游客提供"山清水秀人也秀、鸟语花香饭也香、养眼洗肺伸懒腰"的好去处,日益展现出产业融合、资源整合和功能聚合的独特作用和迷人魅力。目前全国休闲农业和乡村旅游示范县有388个,聚集村已达9万多个,美丽休闲乡村710个,美丽田园248个,也形成了南京农业嘉年华、海南共享农庄、四川省农业主题公园等品牌。这些都已成为乡村游客望蓝天白云、看碧水清波、吸清新空气、品特色美食的打卡地。

6.3.4 聚集资源要素,促进城乡人才、土地、资金、产业等要素从单向流动向双向流动转变

休闲农业和乡村旅游以其连接城乡、沟通工农的独特功能,吸引外出务工人员大量回流,农村的人气和资源要素开始从城市逆向流动。大批城里的工商资本投入农业和农村改造,资金聚集效应明显,先进生产技术和管理技术得到广泛应用。乡村的水、电、路、气、讯等公共设施都得到改善,城市的基础设施和公共服务正在快速向农村延伸,消费支出由城市向农村流动,同时也将智创、文创、农创和现代科技、方式、理念引入乡村,吸引外部人才下乡进村创业、稳定本乡人才就地就近就业、激发各类人才努力进取兴业,成为农民市民都参与、都受益的乡村产业,实现城市和乡村融合、市民和农民互动、城镇化和"逆城镇化"相得益彰。江苏省溧阳市充分挖掘资源价值,建成365千米"溧阳1号公路",激活乡村旅游"细胞"。山东省夏津县开发黄河古道古桑树群,年接待游客已超过200万人次,综合收入超过16亿元。

6.4 民宿

民宿作为一个源自日本的舶来概念,是日语中"Minshuku"的音译。国内外民宿的起源,大多是为解决旅游目的地住宿的需求问题。早先的交通并非像现在如此发达,要找个休息住宿的场所并非十分容易,且当时的旅店也不像现在普遍分布,因此许多旅客只有央求村庄的住户暂住一晚,这就是最早开始的民宿形式。因此早期的民宿并非是以营利为主,纯粹是方便路过的旅客有个可以暂时栖身的场所。后续发展是因随着社会的进步、经济的转型,才逐渐把民宿作为一种事业来经营。

6.4.1 国外民宿

(1)英国

20世纪60年代初期,在英国西南部与中部的一些人口较稀疏的农家,为了增加收入开始出现了民宿。当时的民宿数量并不多,多采用B&B(Bed and Breakfast)的经营方式,它的性质仅限于家庭式的招待。

①自己动手、丰衣足食

英国不少农场主将农业生产活动展现给旅游者,展示剪羊毛和驯牧羊犬等活动,并允许参与,甚至有城市居民到乡村租种耕地。旅游者前往英国乡村进行动物家禽喂养、果实采摘、秋季收割、捕鱼生产等体验英国乡村的田园风光和风土人情。

②靠山吃山、靠水吃水

英国各个乡村根据自身资源特色,因地制宜,举办各种乡村集市或游艺会等休闲活动。很多乡村集市举办各类竞赛和演示,如最圆的番茄、最绿的黄瓜和大小尺寸最均衡的青椒等,也有适合小孩玩乐的游乐设施。

③自己的招牌：B&B

英国 B&B 小旅馆随处可见，特别是在乡村，另外，饭店或客房旅馆也较多。B&B 小旅馆是由当地人自己经营的，已成为英国的一大特色。莎士比亚小屋就是白金汉郡乡村知名的 B&B 小旅馆。B&B 小旅馆便捷且收费相对低廉，还提供第二天的早餐。

到了 20 世纪 70 年代后期，民宿经营的范围扩大至露营地、度假平房，并运用集体营销的方式，联合当地的农家组成自治会，共同推动民宿的发展。在 1983 年由民间设立农场假日协会，并获得农业主管团体与政府观光局的支持。现今，英国大约有 40% 的旅客选择民宿过夜。

英国民宿经营规模普遍较小。各景点经营面积 20—200 英亩不等，每个景点雇佣员工很少。除了一些文物古迹和博物馆外，其他旅游景点投资一般不超过 5 万英镑。英国乡村旅游者绝大多数都是本地区 2—3 小时车程之内的城市居民，外地游客较少，外国人更少。

主打生态牌。英国人认为，大城市只是上流社会的临时聚集地或定期会晤所，而他们的灵魂在乡村，也属于乡村。目前，英国把现代农业发展同乡村旅游开发相结合，来保护农场环境及农村生态环境。英国的乡村旅游追求生态上和经济上的良性循环，协调农业发展与环境之间、资源利用与保护之间的矛盾，协同推进生态农业和乡村旅游的发展。以农场为主题的乡村民宿是在私营农场的基础上发展而来，农场主在从事农业生产时往往开展多种旅游经营。英国妥善保留的城堡式建筑、传统的民居和遗址等为英国的乡村旅游增色不少。中世纪的古堡、古镇、神殿遗迹、密涅瓦神像、许愿池和各种礼器文物为英国的乡村旅游贴上了复古风的标签。

(2)法国

20 世纪 50 年代，鉴于农村大量的具有传统风格的民居存在空置、损坏现象，法国政府启动了以繁荣农村小镇，克服农村空心化现象的

"家庭式接待服务微型企业"计划。为了使农村民居适合于"家庭接待服务微型企业"的标准,法国政府提供经费资助以促进维护与修缮。农民可以加入国家的"欢迎你到农庄来""农家长租房"和"农庄的餐饮与住宿"等几种协会型组织。法国政府还每年组织一次乡村旅游博览会,在春秋季举行两次大型旅游活动,宣传推介当地的乡村休闲旅游。主要特点:

①协会担负全方位重任

法国22个大区100个省都建有旅游协会,全国3.6万个相当于我国行政村的市镇也都建有协会。各级协会职能不同,但在政府的政策范围制定行业规范、制度及质量标准,以达到行业自律,最终实现乡村旅游可持续发展是其根本目的。在发展乡村休闲旅游业中,协会主要担负起全方位指导农民、教育农民、帮助农民的重任。乡村旅游的主要规范、质量评级标准均由协会制定,为会员提供全方位服务是协会的主要功能。

②注重保持乡村自然风貌

法国人非常注重保持自然风貌和人与自然的和谐,法国民宿的建设也同样遵循自然法则。普罗旺斯大区有个"红土小镇"之称的鲁西永市,在似乎着红装的村庄里,每一座房子与自然完美和谐共处,展现出独特的魅力。游客可选择古老民居改建的家庭旅馆,也可在洞穴家庭旅馆入住,或者在古城堡中追忆贵族的奢华与浪漫。

③凸现乡村休闲旅游特色

法国认为,发展乡村休闲旅游业,当地农民要重视当地乡村旅游的特殊性,充分挖掘自身的优势,突出主题打造独有的魅力,注重农事活动、丰富有特色的项目,旅游玩赏特别是体验项目要从需求出发,精心设计、打造特色。比如上一代人对牛羊很熟悉,而现在的年轻人对此却陌生而新奇,农庄就将牛羊作为旅游产品来开发,适应需求,更密切了与游客的交流和互动,让游客在休闲游乐中感受到乡村特有的乐趣。

(3)日本

日本民宿是一种私人经营的小型家庭旅馆,是由租借民居歇脚或暂住而刺激兴起的行业。20世纪70年代是日本民宿繁荣发展的时期,在休闲旅游热潮的带动下,日本民宿数量出现快速增长。日本的民宿与旅馆在经营管理上最大的差异体现在服务上,民宿注重平民化的收费与自助式的服务,设备与服务虽不如旅馆,但其蕴含着浓浓的家庭味、乡土味和人情味,弥补了硬件条件的不足;另一方面,民宿经营者能够因地制宜,充分利用天然资源,能够在配合当地文化特色提供住宿与餐饮的同时提供运动、休闲、娱乐等功能,让游客享受多姿多彩的体验。日本民宿主要分为洋式民宿和农家民宿两大类,洋式民宿为具有一技之长的白领阶层转业投资,并采取全年性专业经营;农家民宿有公营、农民经营、农协(农会)经营、准公营及第三部门(公、民营单位合资)经营等五种形式,有正业专业经营,也有副业、兼业经营。主要特点:

①许可制:日本民宿并不可随意开设,而是需要经过得到官方授权的财团法人的辅导、审核,通过认证、登记后方可营业。即使是偏远地区的简易民宿,也需要获得许可经营证之后才可经营。

②体验型:日本民宿注重平民化的收费和自助式的服务为主要特色,大多民宿都结合农场,通过引入丰富的农业项目来增进民宿主人与游客之间的关系,同时丰富游客的体验。

(4)美国

美国民宿就是把闲置的房间提供给房客,房主也不拒绝房客有限介入房主的日常生活。大多数只提供简易早餐(房主提供面包等,房客自己早晨起来加热),私密性强。房客可以跟房主共享客厅及卫生间、花园、停车位等。有的可以共享厨房。价格高的可以享有独立厨房卫浴。房主热情周到地回答房客的各种问题,提供旅行、观光、游玩、购物、餐饮等相关建议。美国民宿又叫寄宿家庭,是游客或留学生在国外旅行或游学时的一种方式,既能学习当地的生活方式,又可以增进语言能力。1932年,美国的Donald Watt博士创立了"国际生活体验协会",为现今寄宿家庭的先驱。"安妮民宿"是2013年创立,旨在打造"温馨、安全、整洁、高雅"的好民宿,主要特色是菜单式消费。

6.4.2 国内民宿

个性化经营是国内民宿的主要特征,这些民宿通常在建筑和装修风格上具有浓厚的地方特色或店主个人特色;在经营项目上,通常可以提供自助烧烤、采摘农作物、集体娱乐活动等体验性或自助式项目。房屋数量上通常在50间房屋以下的规模。对于消费者而言,客栈民宿产品区别于标准化住宿产品的地方在于:不仅实现"住"的功能,同时通过环境的营造和提供个性化服务,使消费者身心舒展、感受到有别于日常生活的旅游体验。

居住功能。居住功能是民宿产品的基本功能。以原有农民自建房为基础,强化地方风貌与文化主题特色,通过现代服务设施附加、卫生标准化,形成区别于游客日常住宿与酒店标准住宿的居住空间。

休闲功能。休闲功能是利用农居自带房前屋后庭院空间,通过庭院景观设计,预留庭院休闲与农作空间。结合村庄特有资源,导入当地文化元素,设计特定休闲活动,满足游客休闲娱乐需求。

驿站服务。民宿系统可提供骑行换乘、游览组织、食宿安排等设施,协助旅游者理顺行程、丰富体验。

（1）概况

目前我国的民宿分布多在南方，北方占有少量份额，民宿主要集中在旅游景区周边，以景区为核心向周边辐射，形成了过分集中于景区的特点。主要形式有家庭旅馆、客栈、农家乐、青年旅舍、乡村别墅、酒店式公寓。民宿经济的快速发展，得益于国民旅游观念的转变，已由传统的观光旅游转向休闲度假旅游，平时蜗居城市的居民，闲暇之余都希望能换换环境，呼吸新鲜空气。民宿经济能留住客人，更易拉动消费，安排就业，培育税源；而且季节性差异相对较小，有可以操作的商业空间，适合产业资本投资，前景比较广阔。从全国来看，以民宿地产为主导的旅游地产，正成为民资投资的新热点。

（2）浙江民宿

浙江农村改革一直走在全国前列，如"五水共治"，"三改一拆"，特色小镇，美丽乡村，家庭农场，农村电商，乡村旅游，文化礼堂，创客乡绅，资本回流，土地确权等等，新元素、新业态、新动力从未有过如此之多的集聚呈现。浙江民宿近些年来如雨后春笋般地成长起来。一片片山垄、小溪、竹林、茶园、田野、岛屿，原先还是荒凉寂寥、无人问津，现在却是万象更新，一个个主题凸显并充满活力的民宿展现在人们面前。

浙江民宿源于农家乐。浙江农家乐源于安吉和临安交界的天目山一带乡村。20世纪80年代后期，上海、杭州的一些师生和退休老人暑期避高温，开始选择到天目山一带乡村农民家里度假。吃在农家，住在农家，享受自然，价格极低，具备了农家乐的基本要素。不同的只是数量少、比较散、不够规范，可以说是农家乐的雏形。

整个村成规模发展并被称为农家乐的，始于世纪之交的安吉县天荒坪水电站建设。天目山北麓海拔近千米的天荒坪，翠竹簇拥、古木参天、流水潺潺、群山环抱。雄伟壮观的电站建筑与秀丽妩媚的自然风光，竟然无意间形成了一个旺盛的乡村旅游市场。天荒坪北侧是安吉县天荒坪镇大溪村，南侧是临安市太湖源镇白沙村。天荒坪电站建造期间，大量的工程技术人员涌入，在崇山峻岭间形成了餐饮住宿娱乐消费市场。天荒坪电站建成后，很快形成了一个旺盛的旅游市场。大溪村和白沙村恰好处在天荒坪两侧，整村有规模地发展农家乐由此开始。

在这之后，农家乐在安吉全县逐步推广。2005年，时任省委书记习近平同志到安吉县天荒坪镇余村调研时，当地村干部汇报他们关掉污染的矿山和水泥厂，开始发展农家乐的乡村旅游。在余村简陋的村委会会议室里，习近平同志首次提出了"绿水青山就是金山银山"的科学论断，并给予乡村旅游充分肯定和高度评价。2005年，全省第一次农家乐现场会在安吉召开。由此一个快速发展的以农家乐为主体的乡村旅游进入了新的阶段。随着2007年遂昌、桐庐两县全县域农家乐的崛起，以及开化、长兴等县大力发展农家乐，全省农家乐乡村旅游掀起了一个浪潮。

此后以社会资本进入为标志，浙江乡村旅游开始进入民宿旅游快速发展的新阶段。德清和安吉两县乡村中高端民宿崛起，并同转型升级上来的农家乐，形成民宿经济迅速发展的良好态势，给乡村旅游市场带来一股青春活力和清新风气。一座莫干山，短短几年时间就出现了60多家洋家乐。如安吉县短短两三年时间出现了帐篷客、老树林、墨林院等特色精品民宿，仅山川乡就有12家社会资本兴办的精致酒店和高端民宿。

现在的浙江，乡村民宿正成为游客和市民体验乡村旅游、避暑、学习的好去处，随着快速便捷交通的延伸，向丽水、衢州、台州、舟山等山区海岛迅速扩展，带动了乡村经济的快速发展和振兴。浙江民宿经济的发展得益于生态建设打下的环境基础、产业转移打下的空间基础、全域旅游发展打下的市场基础、民众收入增加打下的经济基础,更得益于浙江各级党委、政府的高度重视和各地各部门的综合施策。

政策保障让业主吃"定心丸"。"之前,抱着学习的心态做了几年,发现民宿的市场需求很大。"湖州市长兴县水口乡顾渚村尧韵山庄的女主人宋美芳说,从"试试看"到"放心干",是好政策让广大民宿业主吃了"定心丸"。民宿这几年在浙江发展得如火如荼。2016年,《浙江省人民政府办公厅关于确定民宿范围和条件的指导意见》出台;随后,浙江省各地纷纷出台相应的实施意见、管理办法或行动计划。据不完全统计,浙江省已制定并实施的民宿相关政策文件达120多个。与此同时,公安、住建等相关部门接连出台相关规定、措施,让民宿创办更加有规可依。如《浙江省民宿(农家乐)治安消防管理暂行规定》明确了民宿治安安全条件和特种行业许可证的审核发放程序,解决了民宿市场准入难题。

近年来,浙江省积极推进相关平台交流:搭建示范平台,发布《浙江民宿蓝皮2107》;搭建行业平台,牵头成立民宿业产业联合会;搭建营销平台,将民宿业纳入文旅宣传推广体系等。这让民宿业主有了规范、有了平台,也有了信心。杭州市桐庐县莪山乡"秘境山乡生活"民宿主人慎章翔说,他从萌发打造"秘境"的想法,到与莪山乡政府签订开发协议租下老房子,再到建成后相关部门联合"上门审批",整个民宿创办过程既省心又省力,更加坚定了他办好民宿的信心。

①规范管理推动精品涌现。民宿受到欢迎的同时,规范管理也成为重中之重。浙江省文化和旅游厅参与起草的民宿国家行业标准《旅游民宿基本要求与评价》,以及浙江省地方标准《民宿基本要求与评价》,为浙江民宿业高质量发展起到了"定盘星"的作用。浙江率先开发了"民宿管理信息系统",完成了1万余家民宿信息录入工作。

2018年2月，浙江集合院校、民宿和行业协会的力量，成立了全国首个省级旅游民宿产业联合会，实现了信息资源共享，提升了行业服务水平，丰富了民宿产品体系，加强了内外交流合作，有效地解决了民宿发展过程中遇到的"成长的烦恼"。浙江是全国首个民宿等级评定试点省，率先开展"精品民宿"评选。截至2018年年底，浙江已从全省1.6万多家民宿中评选出311家精品民宿。

②民宿在浙江大地星罗棋布。久住城市的人们，随着收入的增加、假日的增多、交通的改善，愈来愈喜欢到乡村去休闲度假。两三年间，民宿得到迅猛发展。小溪、竹林、茶园、田野、岛屿，一个个主题凸显并充满活力的民宿出现了，一个个生机盎然的民宿旅游专业村形成了。磐安、开化、泰顺、庆元、玉环、江山、长兴、普陀，我们能深刻地感受到一个成熟的乡村旅游经营模式已经形成。安吉县已拥有民宿650余家，床位15000余张。嵊泗县一年几百万来岛游客中，80%是由民宿接待的。作为"美丽乡村"乡村旅游发展的先行者——浙江，通过几年的基础积累，各地区乡村旅游发展渐渐进入更新换代的关键时刻，品牌化正成为民宿持续发展、高效增收的核心因素之一。

绍兴市新昌县儒岙镇南山村的"悠见南山"是一家以摄影为主题的民宿，负责人梁柏林与村里通过民宿挖掘、展示南山村的传统文化，一起恢复了做草鞋、纺棉线、织带子、绣荷包、打年糕等传统生产生活方式，带动了整个南山村以及周边地区的乡村旅游。丽水市松阳县四都乡平田村姑娘叶丽琴回乡搞起了民宿"云上梯田"。仅一年多时间，"云上梯田"让昔日名不见经传的平田古村成为"网红"旅游目的地，让松阳县保存完美的原生态秘境走进了公众视野，迎接纷至沓来的宾客。永嘉县岩坦镇暨家寨山高林密、瀑多谷深，全村有40多户190多人，并有8座建于清朝的木结构房子，古村落保存完整。如今，村里的房子被改造成一间间特色民宿，迎来大批游客。民宿是播撒在乡村的幸福种子,它需要呵护和引导。民宿不仅是当地文化传播的载体和窗口,更是连接乡村与外界的桥梁和纽带。随着浙江美丽乡村建设的不断推进,乡村文化不断挖掘,民宿正成为助力浙江乡村振兴的新引擎。

(3)台湾民宿

台湾是我国最早发展民宿的地区。20世纪80年代,垦丁国家公园地区为了缓解旺季住宿不足的问题,大规模推动民宿产业的发展。此后,山区、产茶区和风景区休闲农业区也因游憩假日的旅馆住宿供应不足,有空闲房子的人家开始挂起民宿的招牌,民宿行业在全台湾渐渐兴起。2001年台湾颁布民宿管理办法,对民宿的设置、经营设施、申请登记要件、管理监督及经营者等应遵守事项进行规范。民宿是指"利用自用住宅空闲房间,结合当地人文、自然景观、生态、环境资源及农林牧渔生产活动,以家庭副业方式经营,提供旅客乡野生活之住宿处所"。在经营规模上规定,以客房数8间以下,且客房总楼地板面积300平方米以下为原则。但位于原住民保留地、经农业主管机关核发许可登记证之休闲农场、经农业主管机关划定之休闲农业区、观光地区、偏远地区及离岛地区之民宿,得以客房数15间以下,且客房总楼地板面积四495平方米以下之规模经营。2011年对此再做修订。据台湾观光局2017年12月统计,台湾地区拥有民宿8398家,房间数34886间,经营者达10165人。其中:合法民宿7804家,房间数31622间,经营者9581人;余下的为不合法经营民宿。其呈现规模化发展的态势。台湾民宿产业不仅在台湾本岛备受追捧,而且声名远播,成为赴台游客一场必不可少的独特体验。其主要特点:

①民宿建筑本身与生态特色相融。台湾民宿的建筑自身就是旅游景观的一部分,民宿与人文、生态和谐相融,自身就拥有了旅游吸

引力。

②主题风格多变,满足多元需求。经营者在民宿的风格上有很强的个人主观性和创意性,结合当地环境条件创造出极具特色和景观美学的民宿产品,把自己的生活态度和悠闲的公共空间分享给来客,让客人体验自然的同时感受慢生活。民宿在不同创意和特色的叠加下,能满足消费者多元化。

③不同地区呈现空间集聚现象。台湾各地都有民宿的分布,但又因不同的地理条件、环境气候而呈现出明显的空间集聚现象。台湾民宿以东部休闲农业发达地区为主要集聚区,民宿数量多。同时高山地区的民宿产业发达,在自然优势的基础上融合人文因素,吸引了大量观光度假的游客,与休闲农业的发展相辅相成。

6.4.3 民宿发展主要问题

(1)乡村旅游大氛围尚未形成

目前乡村旅游处于初步发展阶段,乡村旅游发展氛围不浓,在外乡村旅游知名度不高。统筹整合支持力度不够,无法形成支持乡村旅游发展的合力。现阶段民宿的床位,主要以农家乐的形式存在,个性不够突出,无法满足各类游客群体的多种需求。

(2)居民就业机会多

许多地方把发展工业经济摆到了相对重要位置。相比之下,乡村旅游发展长期处于"放养状态","美丽经济"效能未能得到最大释放。乡村游吸金效应不足,也留不住"本地精英"在家里搞旅游,且往往不被看好。

(3)政策扶持力度有限

目前对民宿的扶持集中在项目建设环节,主要采取项目申报补贴的办法。这在产业培育初期,对于激发人们的投资意愿具有积极的促进作用,但是缺乏对现有民宿根据市场需求变化,进行后续改造提升和个性化产品开发的考虑。而且,民宿经济是涉及"吃、住、行、游、购、娱"各个层面的综合性产品,目前的政策缺乏对这些配套要素的全面支持。

(4)基础设施不完善

乡村旅游尽管被认为是替代传统产业的无烟经济,但是前几年相对投入不多,全区乡村游也缺乏全局性的有序培育,缺乏统一指导和规划,在美丽乡村建设过程中,农林业发展过程中,乡村游没有得到有效整合,旅游配套设施不完善。

(5)专业人才比较缺乏

在普通老百姓眼里,旅游不过是项副业,发展民宿同样也留不住有经营头脑、专业知识的农村优质人力资源。这不利于民宿管理、营销水平的提高。

6.4.4 促进休闲农业和乡村旅游健康发展,在工作中应注重把握好的关系

针对当前休闲农业和乡村旅游发展中出现的新情况新问题,要加强引导,规范管理,保持良好的发展势头。重点要处理好以下几个关系。

(1)要处理好政府引导与市场主体的关系。发挥市场配置资源的决定性作用。只有充分调动各类市场主体从事休闲农业的积极性,才能有效地将社会的资金、技术、人才等要素与农业特色产业、农村生态与环境、农民生活与文化等优势相结合,创造出满足城镇居民体验农业、回归自然、回报乡村需求的新产业新业态,才能在政策和规则的框架下,使得休闲农业在经营上更加灵活多样,在机制上更加充满活力,在服务上更加贴近市场需求。更好发挥政府的引导作用,政

府通过制定发展规划,引导休闲农业的发展方向;通过制定优惠政策和措施,吸引社会主体参与;通过强化管理服务,促进规范服务,提档升级。如果缺乏正确的引导,就会出现诸如损害农业基础、破坏生态环境、侵害农民权益等问题。

(2)要处理好农民主体与社会参与的关系。尊重农民的意愿和主体地位。发展休闲农业必须把促进农民就业创业、增加农民收入作为根本出发点和落脚点,不论是搞休闲观光还是餐饮服务,都要健全利益联结机制,让农民深度参与,这样才能持续稳定发展。引导社会资本参与,聚集更多资源要素。鼓励城市工商资本进入乡村,兴办休闲农业和乡村旅游,解决乡村产业发展中资金短缺问题,将更多的先进管理经验、信息技术和营销网络引入乡村,做大做亮这一产业。同时,资本下乡要带动老乡,但不能代替老乡,更不能剥夺老乡。

(3)要处理好经济效益与生态效益的关系。注重经济效益提升,休闲农业和乡村旅游是一个产业,要遵循经济规律,投资要有收益,经营要有利润。这样才能持续,否则就办不下去,留下一个烂摊子,投资损失更大,农民收益得不到保障。注重生态环境保护,发展休闲农业和乡村旅游,要坚持生态为先,践行好"两山"理念,美化山水林田湖草。严禁开山填湖、破坏生态,杜绝毁坏村容村貌,严格落实耕地保护制度。

6.5　推动民宿建设是乡村旅游的关键

乡村旅游是解决"三农"问题的重要途径,是传统农业转型发展的重要途径,而民宿经济又是乡村旅游的关键。

(1)指导思想

成立民宿建设领导小组,筹建民宿协会,组织拟发展民宿重点村主要干部和部分业主组成学习考察团,赴先进县(市)民宿村学习考察,梳理先进地区的工作经验,理清民宿发展现状,着重分析存在的问题及其原因,提出民宿发展对策。

(2)系统规划

为稳步推进民宿经济发展,首先要界定区域内适宜开发民宿的范围,形成民宿集聚区。定期解决民宿建设、行业管理中的具体问题,重点解决民宿项目定点,建筑物改造、修建审批,建筑质量检验,消防介入,集体资产租赁等问题。同时对容量进行测算和控制,合理规划民宿的发展布局,避免同质竞争和容量过剩。其次,对于那些没有高等级景区可以依附的民宿集聚区,需要对可行条件进行研究,并依据区域特色和客源情况进行充分调研,以制定合理科学的发展思路,避免部分区域农家乐遍地开花、低档竞争,后续乏力的情况。

(3)政策扶持

研究出台促进民宿发展的若干意见,安排民宿发展扶持专项资金。一是给予经营户装修补助和门票折扣,村民将自有房屋改造装修成符合民宿标准的,予以一次性补助。二是"景区＋民宿"抱团营销模式,给予入住民宿的游客景区门票优惠。三是给予民宿重点村补助,成片开发民宿或全村整体开发的,给予村集体奖励。

(4)强化营销

一是统一包装,推出一批乡村旅游公交专线,连接景区、示范镇村、民宿区等重要旅游节点。加大公共财政的投入力度,在乡村旅游重点区域建设停车场、旅游公厕、医疗点、游客接待中心等,拓宽游线道路,在通车条件差的路段建立沿途旅游车辆的交汇点,抓好村庄的环境整治。鼓励民间资本投资建设观光缆车、直升机停机坪、游艇码头等设施,改善交通条件。建立可用于手机App终端的乡村旅游电子地图,随时提供民宿、道路、景区等信息。由民宿协会牵头开展对外营销。二是统一宣传促销,积极鼓励旅游企业间的横向合作,开展民宿网上营销,搞好互动推介工作。推出乡村旅游线路,各旅行社入住民宿的,可参照三星级酒店的政策享受财政奖励。加快旅游区集散中心的建设,搭建民宿业营销宣传的公共平台,中心定期派员赴江、浙、沪等地旅行社,开展精准营销,开辟相对固定的民宿客源地。与大型户外运动俱乐部建立联系,通过定期举办户外旅游活动,输送游客。指导民宿业主开发特色产品,将民宿重点镇村编排到乡村旅游线路中进行宣传推广。三是加强与团队客源市场的对接,鼓励旅行社组织游客入住民宿,根据接待量对组团社(或地接社)予以奖励。

(5)规范经营

一是制定民宿开办标准,要求每个房间都要有独立卫生间、电视机、网络、空调,消防设施齐全,生活污水和固体废弃物处理符合标准,游客住宿登记规范。二是加强村自律。要求每个民宿重点村成立民宿服务中心,实行"五统"管理模式,即统一宣传营销、统一接待登记、统一客源分配、统一服务标准、统一收费结账。三是加强制度建设,统一制定接待服务规范、清洁卫生规范、安全保卫规范、旅游安全制度、监督投诉奖惩办法等管理制度。

(6)多策并举

一是积极与高校合作,借助高校的师资力量,以民宿管理为重点,每年组织一批乡村旅游从业人员进行业务培训;同时,积极为校方提供乡村旅游教学实践基地,吸引毕业生就业或创业。进一步加强民宿重点村领导班子的建设工作,及时调整不适应的主职干部,让专业的人管专业的事。通过项目招商,积极引进外来民宿管理团队,学习包括台湾地区在内的外地民宿管理经验。培养一支高素质的"民宿管家"队伍,通过举办各类专题培训班,加强从业人员在烹饪技术、旅游管理、安全防范、风土人情等方面的培训。二是完善基础设施,制作游览图、指路牌和形象宣传牌,添置健身路径、灯光球场、露天音响等文体设施。三是开发民宿配套项目,有计划地种植油菜花、梅花、杜鹃等特色景观,开发精品农业观光园,把周边景区纳入民宿配套休闲项目。四是丰富旅游活动,让游客与主人一起参与挖笋、摘杨梅、"游花海"、磨豆腐等乡村生活体验活动,增强游客参与性。

(7)品牌管理

品牌意味着高品质和有保障的服务,对消费者具有极强的吸引力。多元主体集体涌入民宿业的情况之下,民宿经营成本会直线提升,这就需要专业化、品牌化经营。政府应制定一系列规范和标准,对本地民宿产业服务、品质进行约束。乡村旅游的发展有三次升级,从对资源的简单利用,到对资源的综合利用,再到对资源的深入开掘,而品牌化不仅是对资源的挖掘和升华,最终还创造出了新的旅游资源——民宿本身。

(8)精心选址

民宿运营成功的关键是选址。其实很多好的项目成功之后,可以这样说也可以那样讲,但是认真地分析起来,多数项目的核心因素如果非要说三点的话,那一定是"选址,选址,还是选址"。

①生态环境好,社会稳定。

②3A级以上景区或者国家风景名胜区附近。

③美丽乡村建设政府重点打造村落。

④中国传统村落,历史文化名镇名村。

⑤村庄文化氛围。具有地域特征和乡土民俗特色的生活环境;邻里关系和谐,村民友好;生活方式健康文明,无封建迷信活动;拥有独特的自然景观,文化遗产;周围两千米范围内有可供游览的旅游资源。

⑥村庄环境卫生。地表水系水质达标,环境质量优良,生活饮用水达标,无污染型企业,生活垃圾处理有序,无乱搭乱建现象。

⑦村庄公共设施。主要道路平整,可通行机动车辆;有稳定的供水,供电及排污系统;具备基本的通信条件,网络全覆盖。

⑧村庄社会安全。近三年内未发生重大安全生产事故,重大刑事案件和群体性事件。近三年内无重大环境污染事故和生态破坏事件。近三年内未发生甲、乙类传染病,未发生重大食品安全事故。

⑨村庄院落。土地权限,权属明确,具备进行合法租赁或者出售的条件。用地性质合法,无临建违建现象。建筑形态为闲置的古(老)院落或者废弃古(老)民居,院落独立,坐北朝南。

⑩民宿选址。以镇为基本单位,统筹本地资源优势、传统优势和区位优势,大力推进规模化、标准化、品牌化和市场化建设,使每个乡村旅游重点镇街都拥有一个市场潜力巨大、区域特色明显、附加值高的特色民宿产品,打造"一镇一品"的特色民宿旅游品牌。乡村民宿的核心因素是选址。根据位置不同,民宿可分为景区依托型、产业依托型、文化依托型、环境依托型四种类型。

(a)景区依托型民宿建设

地理位置:大型景区周边。

建筑风貌:以传统民居为主。

资源依托:村落文化、农业文化、民俗文化等。

自然景观:田园风光、村落风貌、山地民居等。

经营主体:以农户自营为主,成立民宿协会,有序调控经营,防止恶性竞争。

市场群体:大众市场为主,承接旅行社市场、自驾游客市场、企事业团体游客市场、家庭市场及散客市场。

行销通路:广告、旅行社推广、网站推广、自媒体推广、协会推广等。

创新重点:在餐饮及住宿两方面提升品质,开发地方风味美食,主打"土"与"鲜",并提供游客自行烹饪的服务;提升住宿设施整洁性、舒适性,营造"家"的氛围。在此基础上,传承地方民俗文化,积极开发休闲体验类活动项目及农事体验活动。

品牌声誉:大众品牌为主。

服务品质:提供餐饮、住宿、休闲。

案例:浙江柯桥平水镇。

资源依托:山林资源。香雪梅海农业观光园中种植有青梅5000多亩,依托青梅资源开发旅游,建成3A级香雪梅海景区,被评为省级农家乐特色村、省兴林富民示范村、省级森林公园等。

建筑风貌:大力开发以"梅文化"为特色的主题民宿,将村庄打造成可"赏梅、品梅、论梅"的"梅林小院"。庭院与客房各个民宿院落打造分别以梅花为主题,设计客房墙体风格和陈设,构造富有梅文化色彩的庭院景观。建设以梅花为主体的四季花果飘香、生态自然和谐的园艺型乡村休闲旅游度假区。

整体风格:雪映梅开,踏雪寻梅。

体验活动设计:摄影大赛、自行车骑行赏梅、青梅酒制作。

(b)产业依托型民宿建设

地理位置:特色农业所在村落。

资源依托:茶园、竹园、梅园等农业资源。

自然景观:茶园风光、竹海风光。

开发特点:突出乡村自然景观的优势,满足都市人对田园梦渴望的角度,按农事体验、休闲度假、生态观光、果蔬采摘等类型错位发展。

经营主体:可采取多种经营模式及管理模式,如政企合作模式、经营权出让模式、个人经营模式等,以专业化管理为主。

市场群体:乡村旅游市场、家庭旅游市场、观光旅游市场。

行销通路:网站推广、媒介推广、群体口碑推广、节庆活动推广、自媒体推广等。

创新重点:注重体验性项目设计,围绕主题进行扩散式活动设计,延长农产品产业链。

配套休闲:农事体验、乡村游戏。

案例:北京市密云县北庄镇。

资源依托:山地,环境优美,空气清新。

建筑风貌:客房分三期开发,并以农耕时节、季节、花名等来命名。

整体风格:既保留了乡村的风味,又增加了现代居民的生活与精神需求,是乡村改造与时俱进的设计。

体验活动设计:葡萄酒节、采摘节。

(c)文化依托型民宿建设

地理位置:历史文化村落,红色村落。

资源依托:书法文化、名人文化、民俗文化等。

自然景观:田园风光、村落风貌、山地民居、景观大道等。

开发特点:重视人文情怀,是设计系、艺术范、创意派的跨界融合;选择某一主题文化元素,将与此相关的农村文化遗产进行选择性收集与创意式利用,全息营造主题体验;精致而怀旧,风情而有品质。

经营主体:可采取多种经营模式及管理模式,如政企合作模式、经营权出让模式、个人经营模式等。

市场群体:追求个性化群体,如古村体验游客市场、书法艺术游客市场、知青游客市场等。

行销通路:主题网站推广、主题媒介推广、主题群体口碑推广、节庆活动推广、自媒体推广等。

创新重点：针对自身主题开发主题客房、主题菜肴、主题活动等。

配套休闲：文化集市、书院、手工作坊等民俗文化体验。

案例：浙江柯桥稽东镇。

资源依托：尉相村、下尉村、尉村村三村相邻，是三座历史文化村落。尉相村内有仙岩岭古道、相岙水库、建于清代的仙岩寺；下尉村静谧、整洁、和谐，全村俯视像一条长龙般穿梭在山林之间；尉村村内风景秀丽，环境优美，拥有茶园面积1370亩。

建筑风貌：村庄主要道路两侧民居以砖木结构为主，一层开发仿古店铺，二层作为民宿开发。村落其他民居经过村落整治，民居风格具有较高的完整性及历史型。在每栋民居外立面绘制民俗技艺，手技作品、人物传记等。对道路两侧进行植物美化彩化，营造舒适的乡村氛围。庭院与客房仿古设计，融入主题鲜明的民俗文化元素，如酒文化、水文化、桥文化、名士文化、戏曲文化等民俗内容，充分发扬柯桥传统民俗文化及非遗文化。同时，开发多样化体验性活动，如传统婚庆、手工艺体验等。

整体风格：古色古香、古朴雅致。

体验活动设计：民俗体验文化周、百工百乐赛、剪纸、捏面人、猜灯谜、裹粽子等活动。

（d）环境依托型民宿建设

地理位置：原生的山地、湖泊、草原为主。

建筑风貌：具有完善的建筑风貌体系及主题化的景观氛围。建筑形式独具风格，如宗教建筑形式、古村落等，建筑材料以生态环保为主。

资源依托：宗教文化、生态文化、艺术文化、企业文化等。

自然景观：山水风貌、农业景观等。

经营主体：企业运营。

市场群体：高端定制市场，主要以高收入人群、国外游客市场、品质游客市场为主。

行销通路：高端商务媒介推广、高端交际圈推广、国际旅行社等。

创新重点：针对不同顾客定制个性化服务，专业运营团队系统性创新。有私人定制服务、零等待管家等特色服务。

案例：内蒙古呼和浩特有鹿牧场。

资源依托：山地，环境优美，空气清新。

建筑风貌：蒙古包，特色山景房。

整体风格：距离呼和浩特75千米，海拔2000—2300米，民宿牧场区域森林覆盖率90%，植被（林、灌、草）覆盖率100%，是阴山山地现存面积最大、保存最好的天然次生林区。

体验活动设计：放牧体验，户外徒步、骑行。

图6-1 浙江民宿

6.6　民宿设计与建造

6.6.1　外部环境

（1）建筑外观

民宿建筑的外观,要注重三融合,即与自然环境融合,色彩和取材要尽量与周边环境协调;与传统民居融合,建筑形态注重与当地民居的历史传承关系;与现代生活方式融合,功能结构要满足现代人居的舒适度。外墙:外墙要保证与原有建筑风格相契合,因采光而增加的窗户等构件应与建筑整体风格一致。原始墙体毁坏严重的,应尽量采用原材料、原工艺予以修复,如若需要进行拆除改造的,应注意与周边房屋环境相协调,并尽量保持原始状。因格调需要、形象定位等因素需要进行整体改造的,应注重传承乡土文化,彰显特色。

（2）庭院改造

对庭院改造以阳台、窗台、房前屋后为重点。首先,对场地进行清理。无论是尚未使用的庭院场地,还是已经用过的庭院场地,通常都会有一些必须清理的杂物、植被之类,必须先清理才能开工。施工包括修缮窗户、阳台,改善建筑立面,在窗台、阳台、墙角等地种植花草植物,且层次和颜色要丰富、协调,以达到美化住房、类似庭院的效果。其次,对房前屋后的小空间,可摆设景观小品、休闲座椅、花木盆景等,以营造良好的景观环境,打造私密、个性、优雅、安静的休憩空间。最后,对不同的建筑单体、庭院空间应因地制宜进行改造。针对相对大尺度的阳台空间建议增设座椅、茶几等设施,针对小尺度的窗台空间,可种植花卉、果蔬、藤蔓植物(如蔷薇、葡萄、月季、牵牛等)营造花镜效果。多层次、微创意、个性化的庭院设计,打造精致化、品质化的民宿环境。如图6-2所示。

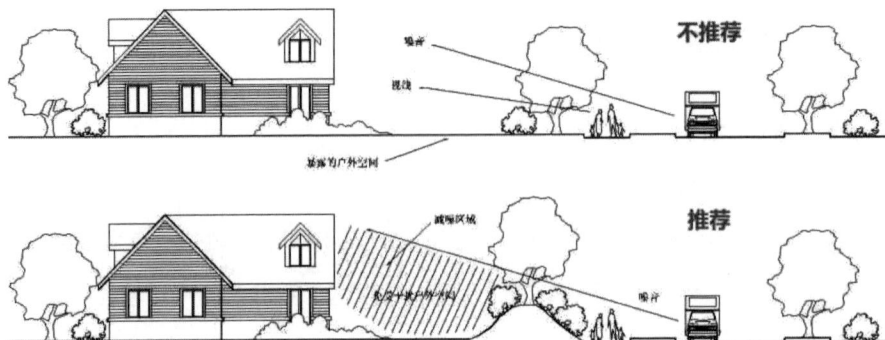

图6-2　庭院设计示意图

庭院道路宽度为60—90厘米，人活动的宽度约1.5米，树木冠下理想高是2.1—2.4米。据研究，人眼关注的范围大概是视点高度的4倍，通常是6—6.6米，道路两侧造景应在此范围之内，超出部分作为背景。当视线直视，正常视角以下就是弱化的视域范围。比如庭院通道尽端的雕塑观赏距离，视距应当在6.6米范围内，雕塑的中心点与视平线高度接近。庭院有平地、山地等不同形式，山地一般以台地园为主，在建筑四周南向小空间背风向阳，是主人、客人活动最频繁的区域。

座椅摆放应距客厅较近，可以户外聚餐。窗前种略高于窗台的灌木，吹入的风更加柔和舒适。草坪边缘用弹街石界定范围，略低于草面，利于排水，方便割草机修剪，花草小灌木间露土的部分用卵石覆盖，使景观更精致。围墙可以就地取材，用木栅栏、竹篱笆、灌木丛、夯土矮墙、原石垒墙等元素进行打造。围墙的高度不要超过人坐着时的水平视线，让墙外风景进来。

(3)室外地面

尊重原风格，采用乡土材料、传统工艺。一般采用大块卵石直接嵌入泥地，缝隙中绿草恣意生长，既美观又耐压；庭院与大门之间以竖铺的红砖过渡到青石板，丰富视觉层次。

（4）适合庭院的树种

灌木类：桂花、海棠、山茶、含笑、腊梅等。

藤本植物：凌霄、紫藤、爬山虎、金银花、月季等。

草本植物：各季花色艳丽的品种。选用适宜当地气候和土壤条件的观赏植物。在门、窗上悬挂花盆小景观，悬挂花藤，营造花团锦簇的乡村生活环境。

（5）景观小品

风景墙、雕塑、园灯、置石、农具、亭、架等，可以很好地点缀环境。民宿应用的景观小品一定要注意与当地环境相协调，可以利用院落的绿地放置。

（6）标志标牌

标志标牌要就地取材，富有创意和个性，如瓷材质、木材质等。

6.6.2　民宿主体

（1）民宿的建筑设施

①建筑物系合法取得，符合有关房屋质量安全要求。

②新建、改建的建筑物应当符合城乡规划的相关规定和有关工程建设强制性标准，依法设计、施工；改建的建筑物，不得破坏建筑主体和承重结构，必要时还应采取加固措施、并进行安全鉴定，确保建筑使用安全。

③自然保护区、饮用水水源一级保护区、重要的自然与文化遗产、风景名胜区的核心景区等高敏感区域，禁止新建、扩建民宿项目。

（2）民宿的消防安全

①建筑主体应为钢筋混凝土或砖混结构，楼板或楼梯为木结构的，建筑层数不得超过两层且每层最大建筑面积不得大于200平方米。

②疏散楼梯可采用敞开楼梯间或室外疏散楼梯,采用敞开楼梯间的,客房门应安装闭门器;疏散楼梯净宽不应小于1.1米;确有困难的,不得小于0.9米。

③疏散通道和安全出口应保持畅通,三层以上楼层应每层配置逃生绳、逃生梯等逃生设施,并在显要位置提示。

④每间客房应设有开向户外的窗户,窗户不得设置金属栅栏。确需设置的,应能从内部易于开启,并可供人员逃生。

⑤客房、厨房、内走道应安装独立式或联网型火灾探测报警器,楼梯间、疏散走道应设置消防应急照明和疏散指示标志,客房应配备逃生用口罩和手电筒等器材。

⑥每层配备不少于2具3千克以上ABC型干粉灭火器,并放置在公共部位。

⑦开关、插座和照明灯具靠近可燃物的,应采取隔热、散热等保护措施;明敷的电气线路应采用阻燃硬质聚氯乙烯(PVC)管或金属管保护。

(3)客房要求

客房位置朝南,设置阳台,能看见风景。走道安排在北面为宜。可设置几间大的套间为家庭房,家庭房应布置有1.8米大床及1.2米小床,满足一家三口的出行需求。房间求精不求多,才能卖出好价钱。

客房装饰风格与村庄环境整体风貌相协调,材料要求环保,采光通风良好,整洁卫生;应有接待区域和公共空间,按实用和美观相结合,进行绿化、美化、亮化,室内用品设置齐全;装饰风格还应体现当地特色,布局合理,舒适宽敞;还应专门设计休闲交流区域,注重功能分区的合理性。

内墙:用涂料来装饰墙面,营造丰富的色彩视觉体验,造价相对低廉。使用木板作为墙面装饰是另一种方式,选用纹理独特的木板,同时注意竖向木纹显纵深,横向木纹显空间,合理使用可以让整体环境丰富多彩。

地板:木质地板不易变形,具有独特的风格。石板地面容易打理,具有乡村风格。

家具:家具的装修风格要与建筑的风格相符。如选用中式家具,家里的一些老家具经过改造可重新利用;可选用相对简洁的原木家具,符合现代年轻人的审美。

灯光:室内一定要使用暖色灯,使家保持温馨的氛围。

床的尺寸:国王尺寸,1.8×2.0米,皇后尺寸,1.5×2.0米,标准尺寸,1.2×2.0米。

床品:一般选择全棉质地的棉料,全棉布料吸汗且柔软舒适,有利于汗腺"呼吸"和人体健康,而且触感柔软,十分容易营造出睡眠气氛。一定要和民宿的整体风格以及客房装修风格相匹配,或蓝天白云一览无余,或沙滩绿荫奔放热情,或庄重典雅,这样才能满足时尚人士的享受需求。如果是坐落在群山环抱、小桥流水的位置,不妨选择点粉红,或素雅的装饰显得宁静。

(4)卫生间

①卫生间的几要素。

布局要合理:无论卫生间的面积大小,一般设有淋浴房、坐便器、洗脸台。应该将必要的生活设施放在合理位置,避免使用上的障碍。

注重功能的完善:完成基本的干湿分区外,应多考虑设置浴室柜、搁物架、毛巾筐、挂衣钩等。

美化点到为止:卫生间的装饰只要与整体装修风格相得益彰即可,风格主要以饰面材料和用具来体现。

洗漱用品的选择:尽量减少使用一次性用品,选择大瓶家用名牌产品。

花洒的选择：一定要提供手持花洒，满足女士和小孩的需求。

②卫生间安装要点。

（a）热水器不可装在浴室内等封闭场所，安装时应注意通风情况。

（b）热水器安装时应注意插座、开关的防水漏电，要加安全开关。淋浴喷头不可直接对着插座和开关，同时要考虑电线负荷，一般不得使用速热电热水器。

（c）地面防滑：地面应采用防滑材质，同时可在适当的部位安装扶手、铺设防滑垫。

（d）卫生间内隔断：不可采用普通玻璃，应使用钢化玻璃。

（e）应当设置镜前灯，并且亮度足够。

③卫生设施设计指导。

装修卫生间时，首先应该了解卫生间的各部分尺寸，设计布置要到位，除了地砖、墙面、瓷砖、吊平顶外，重点是浴缸、脸盆和抽水马桶，一般有以下几点要求：

（a）价格定位。目前，市场上有8000元以上的进口原装三件套，有5000元的中档三件套和3000元以下的低档三件套。对于工薪阶层来讲，选用价格在200—2000元之间的洁具比较经济实惠。

（b）色彩的定位与统一。目前，市场上的卫生洁具产品的颜色非常丰富，有骨色、白色、乳白色、宝蓝、粉红等，购置三件套洁具最好选用一个厂家同一品牌的产品，以避免色彩的强烈反差。

（c）材质的选择。特别是浴缸。目前，市场上有铸铁浴缸、钢板浴缸和亚克力浴缸等多种，它们的保温性能、光洁度、使用寿命、款式及价格都与材质相关。同时，购置浴缸前，一定要实地量好卫生间内浴缸位置的长、宽和净尺寸，然后再从1.2米、1.4米、1.5米、1.7米等规格的浴缸中挑选出合适的产品。选择时，特别要注意留出排水管等管道的位置,防止敲掉原墙体,要注意楼板的承重和防潮。在选择抽水马桶时,一定要预先量好抽水马桶污水管口与后面墙壁的间距,常规的坑距为30cm和40cm两种。所以,选购的抽水马桶的坑距要与原设计尺寸相吻合;如不相符,就会造成无法安装或安装后与墙壁之间的缝隙过大,虽然可以通过加垫木等措施勉强安装,但也会影响美观和排水功能。浴缸洗脸池也可以自行采用特色材料搭建,如瓷器做的脸盆、木桶做的浴缸等。国内品牌洁具排名如表6-1所示。

表6-1 国内品牌洁具排名表

N0.1	美标 American Standard	合资
NO.2	科勒 Kohler	合资
N0.3	东陶 Toto	合资
N0.4	箭牌 Arrow	广东顺德

6.7 民宿经营

6.7.1 民宿经营策略

(1)有主人

"有主人"是民宿与传统酒店最大的区别。民宿最早的概念,是一个可以提供住宿和早餐的"家庭式招待"。它和酒店最大的区别,是有"主人",有沟通,有温情,能够让客人享受到"回家"的感觉。民宿姓农、为农、靠农,属于乡村旅游,以村民为主人翁。居住在这里,不仅是客人,也是主人的朋友。

(2)有山水

"仁者乐山,智者乐水。""有山水"是民宿最大的优势。只有发挥山水之胜,画好"山居图",念好"山水经",将民宿与山水形成浑然有机的统一,才能让游客回归田园,回归山水,回归自然。

（3）有业态

当前，我国经济发展进入新常态，民宿也涌现出了许多让人眼睛一亮的新业态。不同于传统的"进农家院、吃农家饭、干农家活、住农家房、买农家货、享农家乐"，而是"土洋结合""古今相宜"。比如桐庐的"牛栏咖啡""猪圈茶吧"，临安的"太阳公社"等，不断实现从单一吃住向多元经营转变。

（4）有乡愁

乡愁是民宿最美好的记忆。一万个游子，有一万种乡愁。乡愁是一种浓浓的故土情结，是一种独特的心灵景观，是一种难以抵挡的诱惑。发展民宿要强化经营乡愁、经营文化的理念，深入挖掘历史文化村落、历史街区以及民间小吃、民俗节庆、民间传说中的乡愁元素、乡愁文化。

（5）有创意

民宿既要有卖点又要有创意，要做到主题突出、个性鲜明。成都之所以成为"世界乡村旅游目的地"，靠的是"五朵金花""宽窄巷子"等一系列精彩创意，德清的"裸心谷""洋家乐"，桐庐的"牛栏咖啡"，靠的也是创意。

（6）有体验

乡村民宿最大的卖点在于"乡"，乡村田园、乡下生活、乡愁记忆、乡村民俗。所以民宿要做足"体验"文章，比如可以让客人体验林果采摘、花卉鉴赏、开心农场或者参与农耕劳作、民间技艺、时令民俗、节庆活动等。

（7）有故事

一部《云上五天》的微电影，吸引了多少游客前往梅源梯田的同名农家乐民宿。游客总是跟着故事走，农家乐民宿要善于"讲故事"，讲"大众故事"，做"大众情人"，满足人们求开心、图放松、找乐子的目的。用"好故事"激活"好资源",用"好故事"赢得"好口碑",让游客找到乡愁的回音,享受精神的愉悦。

(8)有智慧

"有智慧"是乡村民宿的最大利器,民宿要插上"互联网+"的翅膀。我们要深度整合开发景点、住宿、交通、娱乐、购物等多种资源,利用微博、微信等渠道实现多方分享互动,让游客动一动手指就能实现"私人订制"的乡村之旅,促进民宿与农村电子商务协同发展。

(9)有口碑

在互联网时代,民宿经济也是粉丝经济、口碑经济。赢得粉丝,要做到极致,超乎想象,做出让游客尖叫的口碑产品。

民宿开发形式可分为四种类型。

自发型。如丽江古城民宿,利用自有或租用民宅独立经营,吸引自发到访的游客。

协会型。如桐庐民宿,客房由村民自行管理,协会成立民宿经济服务公司,村民以服务入股,统一管理,开办网站宣传推介,提供技能培训、卫生管理、客房调度等服务。

政府主导型。如北戴河民宿,由政府引导当地居民改造自家房屋开发民宿,政府出公共建设上的资金。

开发商主导型。如篁岭民宿,由一家开发公司独立收购(租用)整个村落,解决民居的使用权问题,对村落与民居进行整体改造包装,然后重新招商。

6.7.2 民宿餐饮

民宿餐饮设计要去酒店化,在食材、餐具、做法上结合当地特色,形成自己的饮食风格,对设计土味、绿色的餐饮文化进行指导。

6.7.3 乡村商品设计

(1)产品的便携化、礼品化

发掘当地土特产、手工技艺、地域文化中的亮点,设计时要注重产品的纪念性、实用性、便携性和礼品性等。如台湾"草莓伴手礼",有可供游客尝试体验草莓种植、草莓酒生产、品尝购买草莓酒、草莓冷饮和草莓伴手礼的知名旅游景点,并开发了风情一条街和草莓酒庄,每年吸引游客150多万人次。

(2)设计包装

通过影像讲品牌与农人的故事,展现农民劳作情形、农作物生长状况。以台湾"掌生谷粒"为例,其核心产品就是大米。环保牛皮纸包装,加上全黑色的繁体字文案故事,以礼品的方式切入消费市场,显得既时尚又不失传统韵味,既可表现掌生谷粒原生态的定位诉求,又将大米的产品属性结合其中。

(3)设计营销特色

人人都想推销自己的产品,很多时候不是自己的东西不够好,而是包装不够好,没有找到合适的营销渠道。互联网时代一定要利用互联网进行网络营销。

6.7.4　民宿活动

从体验农村生活、感受自然环境、融入乡村文化等三个角度出发进行策划。

(1)体验农村生活

让人走出来,去乡间田野找到乐趣才会让人流连忘返,让人感受到蔬菜瓜果的新鲜,才有可能产生购物欲望,带动民宿周边的消费。民宿主人需要为游客配备合适的劳动工具,如精致的提篮、斗笠、围裙等,便于体验过程中留下难忘的影像,可以开展种菜、磨豆腐、采摘、采茶、挖笋等体验活动。

(2)感受自然环境

单车骑行:设计一条串联全部景点的骑游路线,骑游路线上印刷单车标志指引方向,方便游客在稻田、树木、果园和花田中自由切换、随意停留,享受骑游在农田中带来的自在和畅快。

(3)感受自然环境

利用农田中的田间空地,用绳网、木头、铁链等常见道具搭建各种简单的游戏设施:秋千、绳网、独木桥、滑梯等。除了露天电影、音乐会、骑马之外,游客可以参与手工制作融入乡村文化。传统节日、民间信仰、地方曲艺、手工制作、特色酿造等多姿多彩的乡村文化是重要的人文旅游资源,民宿的经营要与乡村文化相融合,丰富乡村旅游的产品内涵。

6.7.5 民宿管理

在民宿,客人一般都希望能获得自由、亲切、尊重、友好、被理解的气氛和良好的人际关系。民宿的各项设施要适应客人的生活需求和习惯,概括起来就是舒适、方便、整洁、美观和有序。

(1)卫生意识

客人退房后要及时打扫房间,注意清扫垃圾,更换床单被套,开门通风换气,茶具、拖鞋等公共物品做到一客一消毒;尤其需要注意卫生间的整洁,留意是否有头发散落在角落,毛巾、洗漱用品是否摆放整齐,卫生洁具要使用消毒水清洗。民宿公共空间每日都需要清扫打理,时刻保持整洁的状态,边边角角容易积灰,特别是装饰品、装饰画等;配备急救箱;有防蚊蝇、蟑螂等设施。

(2)服务意识

①客人上门时,要主动出门迎候,帮助客人提行李。

②必须对每一位住店客人的身份证信息进行登记。

③热情回答客人的问题,介绍家里的生活设施和周边可玩的、可走的景点。如有必要,可以充当向导告诉客人安全事项,注意山体坡度、溪水深度等。

④询问客人用餐时间和喜欢的口味,不经营国家保护的野生动物或者其制品,餐具要一客一消毒。

⑤保持安静,与客人交流时不可太大声。

⑥产品销售和服务明码标价。如果与客人出现纠纷,尽量让客人满意而归,一次恶言相向损失的是民宿的声誉与口碑。

⑦提供雨伞、充电器出借、公用电话、信息查询、小物件品寄存等综合服务,备有游客常用、应急的非处方药。

⑧客人离店时,要热情送别,最好赠送一点当地的小礼品,给客人留下美好的记忆。

⑨记录每位客人的手机号或微信号,每逢过节适时送上问候,培育忠实的客户群。

⑩网络营销途径。由于民宿位置一般比较分散,或者说都在非主要人流必经地,客房销售基本上要靠提前预订,直接上门的客户相对较少,因此尤其需要在网络营销意识上重视,准备好民宿各个角度的照片和基本情况介绍,联系专门的订房网站帮助销售。开设民宿的微信号或开设民宿主人的个人微信号,及时发布民宿的相关信息,民宿的四季风光,以及活动内容。开设民宿的微博账号,设立支付宝账号,便于网络订房的在线支付。有条件、有规模的民宿企业,可委托专业公司建立自己的民宿网站。

(3)拟定标准

建立民宿分级与认证制度,提升民宿经营管理品质。民宿质量可从以下几个标准进行评价:

①经营特色(主题特色、民宿经营)。

②服务质量(经营者素质、用餐质量、与客互动、文体活动设置)。

③社区参与(对当地乡村生态旅游发展的促进、认同当地文化特色)。

(4)交流体系

①定期举办民宿业者交流大会。

②与周边地区或国内外等知名民宿业者的交流。

③民宿装饰创意评比大赛。

6.8 旅游风情小镇

旅游风情小镇(以下简称小镇)是指在建制镇(乡、街道)范围内,拥有独特的自然风景、建筑风貌、节会风俗、特产风物、餐饮风味和人物风采,以旅游休闲为主导功能,以规划保护为前提,人居环境优美和谐、地域风情丰富多彩、公共服务配套完善、综合管理保障有力的特定区块。

6.8.1 命名小镇的基本条件

(1)有四周范围明确的创建特定区块。

(2)有保护较好、独具特色风情的自然和人文资源。

(3)有良好的生态环境。

(4)有一定的旅游业态和较为完善的公共服务。

(5)有组织管理机构与创建小镇工作方案。

6.8.2 主要指标

(1)必备性要求

①有小镇建设保护方案和相应的管理措施。

②通过旅游的植入,有一定数量的乡土风情,形成主客共享的体

验产品。

③有良好的人居环境。

④有完整的旅游公共服务体系。

⑤有完善的管理组织与机制保障,有实施到位的政策与制度。

⑥必须有85%以上的游客与居民满意度。

(2)限定性要求

①三年内未发生重大旅游安全责任事故。

②未发生恶性或群体性旅游市场事件。

③无黄赌毒、三俗等旅游不文明现象。

④无破坏生态环境和历史文化遗产等现象。

6.8.3 认定程序

(1)培育创建审核阶段程序

各申报建制镇(乡、街道)(以下简称申报单位)进行小镇培育创建的申报。申报时须同时提交以下材料:

①《旅游风情小镇培育申报表》。

②《旅游风情小镇创建方案》。

③按申报条件提供相应的辅证材料。

申报单位所属的区(县、市)政府提出推荐意见,设区的市旅游行政主管部门负责本市区域内申报单位的初审工作,并提出初审意见。

省旅游行政主管部门牵头,会同相关部门通过对申报单位实地考察、专家会审等形式,对符合申报要求的列入培育创建名单。

(2)认定命名阶段程序

小镇创建单位所在地各区(县、市)人民政府负责本区域小镇认定的申请。申请时须同时提交以下材料:

①申请认定小镇的报告。

②《旅游风情小镇评定细则》自评表。

③相应指标的辅证材料(含方案、规划、指标佐证等)。

④由第三方出具的游客与居民满意度报告。

设区的市旅游行政主管部门负责本市各区(县、市)申请的初审工作,并提出初审意见。

省旅游行政主管部门牵头,会同相关职能部门和专家对通过初审的小镇进行明察暗访,并按《旅游风情小镇评定细则》进行打分,提出评审认定意见。

省旅游行政主管部门每年向省政府报告小镇认定结果,由省政府对符合认定条件的小镇予以命名。

6.8.4 激励机制

(1)宣传推广支持

树立宣传意识,实施名牌战略。宣传方式多样化,努力营造大宣传氛围。

(2)土地利用支持

符合《划拨用地目录》的旅游集散中心、旅游咨询中心、公共停车场、旅游厕所等与小镇建设配套的公益性基础设施,采用划拨方式供地。小镇区域内新建或扩建的重点建设项目,可按照"坡地村镇"建设用地试点政策保障用地。

(3)资金支持

将小镇建设列入旅游补助及贴息专项资金分配因素,重点支持小镇建设。各属地区(县、市)政府应对小镇建设给予相应的资金和政策支持。

(4)金融支持

支持与各大金融机构战略合作,开发小镇建设金融产品,重点支持小镇相关业态开发建设；引导浙商、央企、民企等各类资本投资小镇；鼓励采取PPP等模式投资小镇项目。

6.9 乡村旅游案例——滕头村、西塘、画乡

6.9.1 被习近平主席称为"常青树"的滕头村

（1）滕头村：乡村让城市更向往

浙江奉化滕头村，位于奉化城北6千米，距宁波市区27千米，距宁波栎社机场15千米。它是中国东海之滨的一个小村庄，户籍人口891人。这里是9亿农民梦寐以求的和美家园，是全球关注的生态文明建设的生动范例，是人类践行和谐理念的前沿阵地。这里曾令国内外政要驻足并由衷地留下赞许，被习近平主席称为"常青树"。它以"生态农业""立体农业""碧水蓝天"绿化工程形成别具一格的生态旅游区而在国内外享誉盛名。

1993年，联合国副秘书长伊丽莎白·多德斯维尔女士考察滕头村后，欣喜地写下了这样的感受："我到过世界上很多国家，很少看到像滕头村这样美丽整洁的村庄。"也就是这一年，联合国颁给了滕头人"全球生态500佳"的匾额。14年后的2007年，滕头村又从联合国捧回了"世界十佳和谐乡村"的匾额，并被评为"全国绿色指数第一村"。2008年，滕头村作为全世界唯一一个乡村入选上海世博会"城市最佳实践区"。

村在景中、景在村中，这是一个人与社会、生态、经济协调发展的村庄。放眼滕头，碧波万顷，走进聆听，百鸟和鸣。这里的绿地、碧水、游鱼，这里的花圃、果蔬、盆景，这里的农家住宅、小康别墅，这里的鸟语、花香、蝶影，令人心旷神怡，流连忘返。漫步滕头，生态和美，精致别样。在国家级生态示范区里，滕头人把园林艺术与生态旅游、农业观光旅游有机地融为一体。将军林、院士林、公仆林、柑橘观赏

林、婚育新婚园、绿色长廊、喷泉广场、盆景园、农家乐风俗馆等20多处景观,任你尽情享受。

如今已是国家5A级风景旅游区的滕头村,初显以精品、高效、生态和旅游观光为主的现代化农业产业格局优势。生态环抱下,滕头村的工业如万绿丛中竞相开放的红花。目前拥有60多家企业的滕头集团公司,已形成了以服装为龙头,电子设备、建材、机械、出口包装等行业共同发展的工业新格局。滕头村还充分发挥自身优势,进行房地产、园林绿化、生态旅游、多元化投资等第三产业的深层次开发。

2010年上海世博会"城市,让生活更美好"的主题在滕头村得到真情演绎,滕头人提出了属于自己的世博梦想"乡村,让城市更向往"。滕头村将向世界诠释中国新农村建设的巨大成就和美好前景,成为全球各国建设乡村的典范。

(2)经济大繁荣:各大产业全面发展

滕头人的追求,让全世界把目光投向了一个中国小村庄。20世纪60年代,滕头人决心改变自己的生存环境,到如今才四十多个春秋,沧桑巨变,令访问者啧啧称奇。当初"田不平,路不平,亩产只有二百零,有女不嫁滕头村",而今"花香日丽四季春,碧水涟涟胜桃源","口袋富,脑袋富,家家都是小康户"成为我国新农村发展的典范和样板。

特色一:农业先行。

滕头顺应城市化、市场化的发展趋势,进行标准化生产,探索精品战略,大力发展现代精品农业,实现了由传统农业到现代农业的成功转型。滕头农业的发展大致经历了三个步骤。

第一步,学习借鉴,改良土地。20世纪60年代,滕头村民买来橘树苗,种植在垒土堆上。经过多次努力,最终存活下来了,成为日后滕头村多样化生态农业的源头。20世纪80年代初,滕头人把近千亩高低不平、常年旱涝的低产田改造成200多块大小划一、沟渠纵横、排灌方便的高产田。

第二步,规模生产,专业经营。解决温饱之后,滕头人开始着手改善居住环境。他们在田边溪头植上果树苗木,房前屋后栽种花草盆景。同时,他们致力于提高农业劳动生产率,探索规模化经营和专业化生产,组建了集体农场、大型畜牧场、果蔬场、花卉园艺场、特种水产养殖场和农机服务队,把90%的劳动力从土地上分离出来以从事工业与第三产业的发展。

第三步,科技兴农,旅游战略。20世纪90年代,滕头人抢抓机遇,全面实施科教兴农战略。如与日本大和种苗株式会社合作成立了滕头种子种苗有限公司,同时又与浙江大学、省农科院联姻创建了滕头植物组织培养中心。今天,滕头村已经初步形成了创汇、精品、高效、生态,以农业观光园为主体的现代农业生产格局。

走过令人振奋的三大步码,目前滕头农业已形成了创汇、精品、高效、生态和以农业旅游观光为主的现代化农业生产格局,基本实现了农业现代化。

特色二:产业兴起。

党的十一届三中全会后,在改革开放的大背景下,滕头人已不仅仅满足于"米袋子",滕头人在稳定发展农业的同时,以市场为导向,积极寻求新的发展契机。

2001年初,滕头村开始兴建特色产业经济工业园区,引进纺织服装、电子信息、竹木工艺、机械五金等产业的42家企业落户。目前拥有60多家企业的滕头集团公司,已形成了以服装为龙头,电子设备、建材、机械、出口包装等行业共同发展的工业新格局。

面对已经取得的成绩,滕头人没有止步。在巩固发展第一、二产业的同时,滕头人还充分发挥自身优势,进行房地产、园林绿化、生态旅游等第三产业的深层次开发。滕头房地产公司以良好的品牌形象,多次获得嘉奖。滕头园林股份有限公司,已获国家城市园林绿化一级资质和风景园林设计甲级资质,是全国最具实力和规模的园林绿化、市政施工综合企业之一,目前已完成股份制改造准备上市。

滕头村很早就意识到了绿水青山与经济发展的重要意义,义无反顾地选择了"生态立村"的发展理念。1993年,滕头就成立了全国最早的村级环保委员会,把住发展经济的成色,实行引进项目环评"一票否决制",已经累计否决了50多个效益看好但可能影响环境的项目。产业的提升也是个循环渐进的过程,从发展清洁工业(服装为主),到园林绿化、生态旅游。目前滕头村绿色产业在经济总量中占比70%以上。

2018年,滕头村社会总产值97.43亿元,创利税10.45亿元,村民年人均收入达到6.5万元,比全国农村居民人均水平的4倍还要多。

(3)生态旅游崛起

走进滕头村,满村绿色映入眼帘。村内有吉祥瓜果长廊、根雕博物馆、田园阁廊桥、盆景园、滕头公园等景观,田地整齐、道路干净、两侧花木葱茏,好一幅"花香日丽四季春,碧水涟涟胜桃源"的江南美景!

生态旅游是滕头人的不懈追求。在不断地努力下,滕头人生态立村结出了硕果。1993年滕头村入选联合国"全球生态500佳",吸引了全国各界人士前来参观、学习和考察。1998年,滕头人开始真正把生态旅游当作产业来做。2001年,滕头村获得"国家首批4A级旅游景区"称号,2010年4月又被国家旅游局授予"5A级旅游景区"称号。在上海世博会上,滕头人打出了"乡村,让城市更向往"的主题,被参观者冠以"城市化的现代乡村、梦想中的宜居家园"。

滕头村的生态旅游不仅仅是对自然景观的欣赏,还有各种乡味浓郁的娱乐节目。在江南风情园里,可以看到水车、吊桶等农家器具;在石窗馆里,可以看到明清时期奉化一带石匠们雕刻的石窗;在婚育新风园里,一对对新人披红绸,坐花轿,抛绣球,生动地阐释了宁波十里红妆的特色婚俗;在百年老屋里,可以了解民间传统手工技艺;走在滕头村的田园里,可以采摘草莓、葡萄、黄花梨、小青瓜、水蜜桃、芋芳等。

2010 年,滕头村与溪口风景区一起申报宁波地区唯一一家 5A 级景区——溪口-滕头国家级 5A 旅游景区,为奉化构筑全域旅游框架,带动周边乡村旅游,为发展出力。滕头大力推动以游促村,通过"三农一体""三生"互促,实现休闲农业发展方式由粗放向集约、产品服务由低端向高端转变,探索形成"景区＋村庄""生态＋文化"的乡村旅游新格局,真正做到"处处是景区、家家是景点、人人是景色、时时有景致",把整个村庄打造成全国首家 5A 级乡村旅游景区。2018 年滕头旅游综合经济收入达 1.7 亿元。目前,滕头"追梦外婆溪"田园综合体被列入宁波市级创建项目,随机将会完成滕头民宿文化园、农业产业园等项目建设。

6.9.2 西塘:体验小镇的快乐、自在与闲适

西塘古镇隶属于浙江省嘉兴市嘉善县,位于江、浙、沪两省一市交界处,高速公路、320 国道、沪杭铁路穿境而过,距离上海、苏州、杭州均在 100 千米以内。该镇拥有千年的历史文化,早在春秋战国时期,就是吴、越两国的相交之地,故有"吴根越角"和"越角人家"之称。目前,西塘古镇核心保护区有近 25 万平方米的明、清、民国古建筑群,是我国迄今为止保存最完整,保存面积最大的古镇。经过十多年的发展,西塘古镇取得了飞速发展,现已被列入世界历史文化遗产的预

备名单,获得了"首批中国十大历史文化名镇""世界遗产保护杰出成就奖""最具水乡魅力影视基地""全国文明镇""全国环境优美乡镇""最具人文底蕴古城镇"等众多荣誉称号。2017年,西塘古镇通过国家5A级旅游景区评审,当年全年游客接待量达到了900万人次。

(1)坚持两个理念、处理好三大关系

西塘古镇在文化旅游开发中,坚持两个基本理念:一是合理追求GDP,保护文化DNA,当经济的GDP与文化的DNA发生冲突的时候,以保护文化的DNA为主要任务,切实保护传统文化的灵魂核心;二是古镇历史文化保护的核心是生活,西塘自古到今,虽经战乱和自然灾害,却一直繁衍生息,是生活着的古镇,生活是不可复制的。为此,西塘从打造原生态的江南古镇角度出发,努力使西塘古镇始终散发着原汁原味的江南气息,体现了未经破坏的原生态风貌。

与此同时,还要处理好三大关系:

第一,处理好保护与开发的关系。对于西塘古镇区以"保护为主",只有保护好古镇才能为以后的发展营造一个灵魂核心,从而在保护与开发中做到灵活平衡、互为补充。

第二,处理好政府与群众的关系。政府是古镇保护的主要责任人,群众是古镇的灵魂,通过积极发挥政府的主导作用和群众的主体作用,在政府和群众之间做到和谐人居、互利共赢。

第三,处理好历史与未来的关系。传递历史,才有真正的未来,通过不断挖掘、整理与展示古镇的文化价值,坚持传承传统文化与融合现代元素相结合,在历史和未来之间做到传承沟通、持续发展。

(2)科学规划保护抢救古建筑民居

早在1986年,西塘古镇就邀请浙江大学编制了城镇建设总体规划,开始提出"保护古镇"的思路,并先后制定了《西塘古镇保护管理实施办法》、"西塘省级历史文化保护区保护规划"、《西塘古镇保护暂行规定》、"西塘镇旅游发展总体规划"等。近年来,西塘古镇旅游发展更加注重对文化旅游资源的保护,为此做了大量工作。其中包括修编"西塘省级历史文化保护区保护规划"与"西塘镇旅游发展总体规划",对西塘古镇文化旅游发展的整体性、长期性、基本性问题进行统筹考量。与此同时,西塘古镇还出台了前置审批规章制度,外立面样式管理指导手册等,从方案、用材、施工队伍等细节入手保护古镇文化。截至目前,西塘共抢救了近25万平方米的明、清、民国时期古建筑。

(3)传承古镇风情,保留原生态生活样式

西塘古镇在抢救古建筑等物质文化的同时,十分注重对民俗风情等非物质文化的传承,从而原汁原味地保存西塘人的生活脉络,如田歌、越剧、七老爷庙会、跑马戏、摇燥船、荡湖船、踏白船、杜鹃花展、剪纸艺术等众多民俗文化。尤其值得一提的是,由西塘"田歌"改编的音乐剧《五姑娘》还荣获了第七届中国国际艺术节文华大奖。此外,西塘古镇还积极拓展旅游景点的文化内涵,如开展对王宅等景点的旅游资源进一步整合,在原有单一的古建筑体上增开了西塘平民文化展示馆、西塘名人馆等,形成以展馆为载体,集中展示西塘的建筑、饮食、儒商、名人等方面文化资源的综合景点,并配上图片、文字、音响,让游客实现从观光式旅游到体验式旅游的转变。以相同的方式,西塘正在深度挖掘瓦当馆、七老爷庙等其余10个景点,并建造顾锡东戏剧艺术馆、九德堂古玉博物馆等新的文化旅游景点,形成了家庭文化(醉园为代表)、建筑文化(木雕馆为代表)、商业文化(纽扣馆为代表)的西塘三大文化旅游资源。

与此同时,西塘古镇还维护了2600多户原住民"日出而作、日落而息"的原样生活。这一"西塘模式"赢得了众多专家、学者的高度赞赏。在2004年,时任浙江省委书记习近平同志前来考察时说:"这就是我梦中的江南水乡。"冯骥才先生也曾在公开场合表示:"江南古镇里,西塘的模式最好。它保留了原住民,没有大规模的商业化,保留了原有的生活形态。"

(4)注重宣传营销打造古镇旅游品牌

为了最大限度地扩大社会影响力,一直以来,西塘古镇借助电视、报刊、网络等媒体,大力开展旅游宣传,向游客介绍古镇的历史文化价值。西塘古镇还连续举办了10届"中国古镇西塘国际文化旅游节"、5届"国际旅游小姐中国区总决赛"、1届"国际旅游小姐亚洲区总决赛"、6届"中国西塘汉服文化周"以及民宿论坛等,对于宣传西塘古镇文化、打造古镇旅游品牌都起到了积极的推动作用。

西塘古镇历史文化的核心是生活,生活是不可复制的。西塘创5A拒绝走"迁民出城"的老路,而是努力保持了古镇原汁原味的生活氛围,体现了未经破坏的原生态气息,使古镇的生活成为独一无二的旅游资源。西塘古镇的5A创建之路上,最关键的环节在哪里?早在5A创建工作开启之初,西塘景区管理者们就达成了共识:当经济的GDP与文化的DNA发生冲突的时候,西塘主要的任务是保护文化的DNA,即"保护为主",留住西塘最为珍贵的文化、血脉、灵魂。在此基础上,积极举办"与千年古镇一起生活""探寻东方古镇,游访江南民宅""到西塘过中国百姓年"等文化主题系列营销活动,不断打响"国际牌"和"文化牌",让西塘的国际影响力和文化渗透力不断提高。

(5)1000多家风格各异的民宿

在西塘,1000多家风格各异的民宿散落各处,它们既包容着白日游人的热闹喧嚣,又独辟出一方静谧的天地,静静听时光流过。近日,西塘民宿协会推出了专门针对景区民宿制定的星级评分标准,从安全、服务、硬件等方面对提出申请的民宿客栈进行综合考量,最终以"三花""四花""五花"划分等级,朵数越多意味着品质越高。

西塘如今民宿遍地的形态,也许在部分人看来并非好事。过于良莠不齐,对古镇水乡风情的营造也有影响,显得过于商业化。不过,这里民宿的呈现度、活跃度都是其他几个古镇上看不到的。从西塘身上我们可以看到长三角民宿未来的发展趋势。

2017年4月14日,对于西塘民宿从业者来说是一个特殊的日子。当天上午,嘉善县公安、消防、旅游、工商等部门在西塘镇联合举行"特种行业许可证"颁发仪式。饮居九舍、下一栈、乐家等9家符合相关条件的民宿拿到了西塘古镇景区颁发的首批民宿"特种行业许可证",这意味着西塘民宿审批和监管走出了一条新路:西塘民宿有了统一的"入门"门槛,实现"有证经营,规范管理"。今后,在西塘开民宿将"没那么简单"。

据了解,此次向古镇内民宿发放民宿"特种行业许可证"为嘉兴市首次,未来将发挥正面溢出效应,引导更多民宿"转正"。

"在西塘开客栈这么多年了,之前客栈没有'特殊行业许可证',可谓'名不正言不顺'。现在得到了政府的审批有了这个证,我的客栈也可以称得上真正意义上的客栈了,心里也踏实了。"在民宿特种行业许可证颁发仪式上,"乐家"民宿经营者陆海斌拿到了期待已久的民宿"特种行业许可证"。陆海斌告诉记者,为了能申请到这张民宿"特种行业许可证",他们这群经营者可下了不少功夫。

2019年1月,嘉善县根据《浙江省人民政府办公厅关于确定民宿范围和条件的指导意见》和浙江省公安厅《浙江省民宿(农家乐)治安消防管理暂行规定》等有关规定,出台了《嘉善县民宿(农家乐)规范管理办法(试行)》,对全县的民宿(农家乐)管理提出了具体标准要求,鼓励民宿经营单位在健康、规范的政策下开展经营活动,并对其所辖民宿进行提升管理,对符合该规定相关条件的民宿,核发"特种行业许可证"。

管理办法出台后,由县公安局牵头、西塘古镇民宿(农家乐)整治工作领导小组召开民宿(农家乐)整治动员座谈会,对西塘民宿展开排摸整改;同时,引导民宿自觉地补办各类手续。在西塘派出所、西塘镇专职消防队、工商、客栈协会等相关部门的指导下,各民宿进行了一次"自我提升"。在硬件上,增加了烟感、喷淋等消防设施,每个房间增加了防烟雾面具、手电筒等逃生工具;在软件上,提升登记管理系统、明码标价、制度上墙等。做了这些"升级"工作,加上有关房屋的基础证明材料,民宿顺利通过了相关部门验收。

近年来,随着西塘古镇旅游业品质的提升,全镇特色民宿迅速发展。据统计,西塘古镇景区内外在营业的民宿目前已超过1000家。民宿生意火了,但由此带来的问题也日益显现。虽然民宿是类似旅馆的提供住宿的场所,但它作为新兴行业,无法套用现行的旅馆审批标准和程序。

"现在有了《浙江省民宿(农家乐)治安消防管理暂行规定》,明确了民宿(农家乐)经营应符合治安管理和消防安全基本要求,彻底解决了民宿管理上无法可依、无据可循的现状。"在9家民宿取得首批"特种行业许可证"之际,西塘的民宿整改行动也在紧锣密鼓地开展。西塘镇民宿客栈协会副会长沈炯表示,未来,西塘古镇所有民宿都要"持证上岗"。这样一来,西塘民宿管理有了"自治+法治"的双重保险,这将为西塘景区旅游业的发展营造一个和谐、有序的环境。

6.9.3 古堰画乡:乡村旅游金名片

古堰画乡实际有两个风景区,即古堰和画乡。古堰风景区位于丽水市莲都区碧湖镇和大港头镇境内。当我们来到这里,映入眼帘的不是仙境,却胜似仙境。走进古堰画乡,细听流水潺潺,坐看日升日落,春日烟波中的瓯江,闻得到白鹭声声,寻得到帆影点点。江堤古树人家,炊烟袅袅,让人误以为到了世外桃源。错落交织的古村落,挺拔雄壮的古樟树群,还有两岸河谷冲积平原和近河地段的湿地枫杨林,都是古堰画乡的精华所在。

2015年1月12日,习近平总书记与"中央党校第一期县委书记研修班"学员座谈时,记挂起在浙江任职期间曾8次视察过的丽水,并对莲都区的"巴比松画派"记忆犹新。丽水市莲都区委书记林健东在详细汇报古堰画乡发展情况时说,"古堰画乡已成功创建国家4A级旅游景区。"

(1)融合古今智慧打造文化景区

"古堰画乡这块宝地是历史留给莲都的宝贵财富,也是留给中国的宝贵财富,要好好挖掘,妥善保护。"这是世界遗产研究委员会秘书长、中国文物学会研究员丹青多次到古堰画乡指导时不断强调的话语。

2005年,在丽水市委、市政府着力打造"艺术之乡、浪漫之都、休闲胜地"的大背景下,古堰画乡用"生态""文化""休闲"三大特色全力打造三基地一中心:美术写生基地、创作基地、商品油画生产基地和生态休闲度假中心。2017年景区接待游客约150万人次,小镇核心区居民人均收入从2005年的4325元增至39000元,增长了8倍多。古堰画乡成为丽水对外旅游和乡村振兴一张名副其实的金名片。

在文昌阁旁看世界上第一座水上立交,在堰渠两边观苍劲挺拔的千年古樟,在堰头古街抚摸那写满故事的牌坊,在通济堰坝倾听那段神奇感人的过往。拜龙王、祭先贤,感受这里的传统民俗,听鼓词、赏乱弹,品鉴这里的民间技艺。这里有建于公元505年的国家重点文物保护单位通济堰。它与千年古镇、千年石函、千年古碑群、千年双龙庙会、千年古窑址、千年古村落、千年古樟树群、千年古墓群等人文胜景,共同展示给世人一篇独特而厚重的历史传承。如何将深厚的历史文化底蕴转化成为旅游吸引力,是古堰画乡景区建设的目标。

(2)打响油画文化品牌

古堰画乡的"古堰",说的是散落在瓯江两岸的古迹遗存,这里有建于公元505年国家级文物保护单位通济堰。它与都江堰、它山堰、郑国渠、灵渠齐名,是我国水利工程建设史上的一大不朽杰作;"画乡",说的则是这一地的文化风情,自20世纪80年代起,一群借鉴法国巴比松画派技法的画家、摄影家在此写生创作,逐渐形成了丽水巴比松画派,并由此聚集而成一个享誉全国的创作中心。本是两个独立的个体,却因为油画结下了不解之缘,融汇成一种难以言表的脱俗意境,让人心驰神往。

"这是一个现代艺术与历史文化相结合的小街,很适合创作。"中国国家画院书法篆刻院执行院长曾来德先生走在画乡里连连叫好。曾先生说:"'画乡'虽没北京的798(艺术区)和成都的宽窄巷子出名,但历史留下的痕迹让这条画街多了份韵味。"曾老先生还计划在这里建立一个国家性的创作基地,希望带更多的朋友走进古堰画乡,分享它独有的宁静和美。

古堰画乡的油画文化品牌,得益于景区坚持"塑品牌"的理念。他们积极采取多形式的宣传营销,推介古堰画乡油画和丽水巴比松文化,通过参加旅游交易会、文化产品交易博览会、举办油画展及到外地举办旅游推介会等方式,推介古堰画乡油画文化和景区旅游资源,搭建交流与合作的平台,使景区知名度和美誉度显著提高。古堰画乡每年定期举办"全国知名画家写生创作""摄影文化节""油画学术讲座"等互动交流活动,并注重搭建合作平台,通过古堰画乡小镇艺术节加强与国际国内学界的文化交流,提高当地画派的学术水平和技能,聘请知名专家学者到景区进行文化创意策划,为文化旅游产业大造声势。目前,景区美术馆馆藏名家写生创作作品已达320余幅;与丽水学院、丽水职业技术学院、缙云工艺美术学校等地方院校建立人才培养合作关系,培养油画人才,推进乡土特色进课堂。

(3)走特色发展之路

行走在古堰画乡,树丛中会突现一条活灵活现的青蛇盘桓在枝杈上;一只小浣熊吃饱后心满意足地回窝时仍警觉地回眸一望;几只昆虫懒洋洋地趴在树叶上……树丛中的小"惊喜"引得我们一行喜出望外;不过这不是动物园,而是散布在画乡角角落落的"微"风景——石头画、树洞画!

这些别出心裁的作品出自古堰画乡的油画家们,其创意来源于在网络上走红的"树洞画女孩"王月。那一个又一个藏匿在树洞里、石头间的童话世界,不仅为景区增添了妙趣与生机,也让"画乡"的味道愈加浓厚。

在大碗茶体验点,这是景区为了方便游客特地设置的休憩站,在这里贴心地奉上大碗茶,一解游客舟车劳顿之乏。据介绍,即便是免费开放,这里的每一张茶桌、每一把靠椅都是景区四处搜罗来的上好古物,一切都是为了协调景区的古色气息。如此巧思,不禁引得众人纷纷感慨:以小见大,美丽无处不在!

除了石头画、仿古服饰、大碗茶体验点等,游览过程中对于象形植物指示牌、摄影指示牌、景区二维码应用等,一大批别具特色的旅游细节,我们都表示出了浓厚的兴趣,纷纷拿起了自己的相机、手机,以微博、微信的方式向网络世界迅速扩展着自己的惊喜发现。

当前,古堰画乡景区以创建国家5A旅游景区为契机,以独有的"千年古堰"历史文化为依托,以其独特的风光优势,把国学文化与古堰画乡有机融合在一起,不断将创意融合到景区建设中去,以"生态""文化""休闲"为特色,全力打造美术写生基地、创作基地、商品油画生产基地和生态休闲度假中心，为游客提供了一种融主题性、文化性、娱乐性、休闲性为一体的新兴游乐方式，让人回味无穷。

如果说千年的古堰画乡是丽水人千年的生活遗迹，那这保存完好的古堰、古樟、古村对于现代人而言，更像是一个流传了千年的梦，一个寻找身体与心灵都能栖息的世外桃源的梦。古堰画乡的未来，必将如同它的名字一般，始终古韵绵长而不失现代典雅之风，清雅含蓄而不失西方艺术之美，在"绿水青山就是金山银山"的推动下，向更高品质的景区迈进。

近年来，文化旅游已经成为乡村旅游的重要标志，古堰画乡以国际化的视野为格局，用艺术生态的学术态度来审视"巴比松"油画群体的现象，从艺术介入乡村的视角，探寻助力乡村旅游乡村振兴的可行性和实现路径。

参考文献

[1]郑莹. 乡村旅游开发与设计[M]. 北京:化学工业出版社,2018.

[2]四川省旅游培训中心. 乡村旅游创新案例:乡村旅游操盘手实录
与经验分享[M]. 北京:中国旅行出版社,2018.

[3]马俊哲,耿红莉. 休闲农业和乡村旅游政策解读[M]. 北京:中国
农业出版社,2019.

[4]徐丁,李瑞雪,武建丽. 休闲农业与乡村旅游[M]. 北京:中国农
业科学技术出版社,2018.

[5]李军. 新时代乡村旅游研究[M]. 成都:四川人民出版社,2018.

[6]唐德荣. 休闲农业与乡村旅游实务/乡村振兴系列丛书·治理有效
篇[M]. 北京:中国农业出版社,2018.

[7]雷欣钰. 发展乡村旅游 助推乡村振兴[N]. 青海日报,2019-09-
16..

[8]鲍黎丝,黄明珠,刘红艳. 乡土文化遗产保护与乡村旅游的可持
续发展研究[M]. 成都:四川大学出版社,2019.

[9]赵永峰. 乡村振兴与乡村旅游耦合协调发展研究——以河南鄢陵
为例[J]. 价值工程,2019(26).

[10]马萱萱. 探究"互联网+"时代乡村旅游的可持续发展对策[J].
现代营销(经营版),2019(10).

[11]王胜昔,胡青青. 金融支持乡村旅游转型升级的路径思考[J].
中国集体经济,2019(26).

[12] 姚海琴. 我国乡村旅游业发展的就业特性、影响与效应研究 [M]. 北京：机械工业出版社，2018.

[13] 钟卫红. 经济新常态下乡村旅游与文化创意产业融合发展 [J]. 现代营销（下旬刊），2019（9）.

[14] 郭君平. "互联网＋"战略背景下精准化乡村旅游扶贫开发研究 [M]. 北京：中国农业科学技术出版社，2017.